COLLECTION HUGOLIENNE

Camille Pelletan

*   *   *

VICTOR HUGO
Homme Politique

PAUL OLLENDORFF
ÉDITEUR
50, Chaussée-d'Antin
PARIS

VICTOR HUGO

HOMME POLITIQUE

SAINT-DENIS. — H. BOUILLANT, 20, RUE DE PARIS. — 16.187

CAMILLE PELLETAN

Victor Hugo

HOMME POLITIQUE

TROISIÈME ÉDITION

PARIS
SOCIÉTÉ D'ÉDITIONS LITTÉRAIRES ET ARTISTIQUES,
Librairie Paul Ollendorff
50, CHAUSSÉE D'ANTIN, 50

1907

AVANT-PROPOS

L'étude qui fait l'objet de ce livre m'a été demandée par Paul Meurice, il y a déjà un certain nombre d'années. On sait ce que Paul Meurice a été pour Victor Hugo. Il était encore sur les bancs du collège quand il fut présenté chez le Maître, à la gloire duquel il a attaché toute son existence. Mme Victor Hugo, dans le livre qu'elle a écrit sur la vie de son mari, dit, à propos de la première représentation de *Ruy Blas* (1838) : « Une nouvelle génération arrivait. Quelque temps auparavant, un jeune homme de seize à dix-sept ans, qui achevait ses études au collège Charlemagne voisin de la place des Vosges, s'était présenté chez Victor Hugo : c'était M. Auguste Vacquerie. Il avait amené, bientôt après, un de ses camarades de classe, M. Paul Meurice. Tous deux devinrent et sont restés les plus sûrs et les plus intimes amis de M. Victor Hugo. »

Depuis lors, les noms des deux amis ont été inséparables. Ayant débuté, dans la presse politique, sous les auspices et sous la direction des deux, je dois constater la profonde différence de leurs caractères. Vacquerie avait un « moi » très puissant et très concentré sur lui-même; il conciliait, avec son admiration fanatique pour leur maître commun, le souci dominant de son œuvre personnelle. Meurice était plus expansif et, je puis le dire, prodigue de lui-même. Il s'était donné à Victor Hugo, ce qui ne l'empêchait pas de se donner à tous. Il semblait avoir la passion de quitter ses propres affaires pour s'occuper des affaires des autres, avec une ardeur désintéressée et infatigable. Ami de Michelet et de George Sand, il les soulageait ainsi d'une partie des tracas matériels de la production littéraire. Ce qu'il était pour ses illustres aînés, il l'était aussi pour les jeunes qu'il prenait plaisir à accueillir et à aider. Mieux doué pour la conception d'une œuvre littéraire que pour la forme, loin d'être avare de ses idées, il en faisait volontiers cadeau; et quand il dirigeait le *Rappel*, je me souviens avoir écrit tel article, qui fit quelque bruit en son temps, et dont toute la pensée lui appartenait. En un mot, il s'est largement dépensé pour les autres.

Cela n'empêche pas qu'il ne fût avant tout l'ami de Victor Hugo comme Eckermann fut celui de Goethe, mais avec une incomparable supériorité de valeur personnelle. Eckermann n'était qu'un écho; Henri Heine avait quelque raison de lui attribuer le plumage d'un perroquet. Meurice a marqué, par des

œuvres d'une conception puissante, dans l'histoire
du théâtre moderne. Il semble qu'il ait renoncé
avant le temps à la production littéraire, pour mieux
se consacrer à son admiration pour le maître. Nul
ne l'a mieux connu; nul n'aurait pu écrire, sur
lui, un livre plus intéressant, pour l'histoire du
xixᵉ siècle. Et il était tout désigné au choix que fit
Victor Hugo avant sa mort, de l'ami auquel il confie-
rait avec ses manuscrits, le soin de ses œuvres et de
sa gloire.

Meurice eut alors l'idée de faire une édition fort
luxueuse des œuvres complètes de Victor Hugo;
édition ornée de reproductions des vignettes romantiques des Tony Johannot, des Deveria, etc., à
laquelle il donna le titre d' « édition nationale ».
À cette édition devait être jointe, non pas une introduction, mais toute une série d'introductions confiées
à des écrivains différents et consacrées, l'une à la
biographie du grand poète, l'autre à son œuvre poétique, une troisième à son œuvre théâtrale, etc., etc.
Il me fit l'honneur de penser à moi pour retracer
la carrière politique de l'auteur des *Châtiments*.
Ce plan ne fut pas entièrement réalisé. Le seul qui,
avec moi, ait commencé la partie de la tâche qui
lui était confiée fut Louis Ulbach, chargé de la
biographie : il mourut avant de l'avoir terminée.
C'est ce qui explique comment je fus amené dans
la seconde et la troisième partie, à élargir le cadre de
mon étude, qui devait, dès lors, suppléer toutes les
autres.

Paul Meurice trouva mon travail assez intéressant

pour mériter une publicité moins restreinte, que
celle d'une édition d'un prix très élevé, et réservée
aux seuls bibliophiles. Peu de temps avant sa mort,
il me proposa de la donner au grand public. De là est
né le livre actuel. Je n'ai rien voulu y changer, et
quelques lignes portent la trace de la date à laquelle
l'étude a été écrite. Je crois en effet qu'elle a son
intérêt : d'abord, parce que toute l'histoire du siècle
est mêlée à la vie politique du poète qui en a été
la gloire la plus éclatante; ensuite, parce que Paul
Meurice m'a fourni des renseignements curieux sur
certaines époques de la vie de Victor Hugo. Notamment sur la seconde période du règne de Louis-Philippe, où le grand romantique, malgré son tempérament révolutionnaire, fut quelque temps, par ses
relations, comme prisonnier du monde officiel des
Tuileries, de l'Académie et de la Cour des Pairs.

On sait avec quel éclat il a, depuis, pris sa revanche.

Victor Hugo

HOMME POLITIQUE

1819-1830

I

L'homme public s'est développé tard chez Victor Hugo : mais on peut dire qu'il apparaissait dès ses précoces débuts. La poésie, chez lui, a toujours été mêlée d'un besoin d'action et de pensée politiques. Même à l'époque où il semblait le plus éloigné de prendre un rôle dans la lutte des partis, lui qui traduisait avec une puissance si nouvelle les profondes émotions de la nature et celles de la vie intime, lui, le prodigieux évocateur des visions étranges, précises et éclatantes, c'est vers les grands événements contemporains que l'inspiration le ramenait incessamment ; ses premières poésies étaient celles d'un enfant royaliste : l'*Ode à la Colonne* marquait la première évolution de son esprit, et la grandeur épique des révo-

lutions modernes remplissait, après 1830, les morceaux
les plus considérables de ses premiers recueils.

Ce n'est donc ni le hasard des événements, ni l'émula-
tion dans ce qu'elle a de plus noble, ni l'ambition dans ce
qu'elle a de plus élevé, c'est le caractère même de son
génie qui a fait de lui l'orateur de la Législative, le proscrit de Guernesey et le justicier des *Châtiments*. A dix-
neuf ans, dans sa ferveur de Jacobite, comme il l'a dit
plus tard, il écrivait : *le Poète dans les révolutions*. Dix-
huit ans plus tard, et neuf ans avant que la République de
Février le jetât dans les conflits de la vie publique, n'est-
ce pas lui qui s'écriait encore :

> Honte au penseur qui se mutile
> Et s'en va, chanteur inutile,
> Par la porte de la cité !

Le génie de Victor Hugo était un génie de combat :
aussi sa gloire a toujours marché dans un déchaînement
de passions furieuses. Il était donc dans sa destinée d'être
aussi violemment injurié dans son rôle politique que dans
son œuvre littéraire. On sait avec quelle colère et quels
ricanements ses adversaires, quand il était devenu l'incomparable champion de la démocratie, lui rappelaient ses
vers légitimistes et son siège de pair de France. Il a répondu à ces criailleries quand il y avait encore quelque raison
d'y répondre, en revendiquant comme un honneur ce
qu'on lui reprochait comme une suite de palinodies. « S'il
est vrai, disait-il, dans la préface d'une réimpression des
Odes et Ballades, s'il est vrai que Marat aurait pu montrer avec quelque orgueil son fouet de postillon à côté de
son sceptre de roi, et dire : « Je suis parti de là ! » c'est
avec un orgueil plus légitime, certes, et avec une conscience plus satisfaite, qu'on peut montrer les odes royalistes
d'enfant et d'adolescent à côté des poèmes et des livres
démocratiques de l'homme fait : cette fierté est permise,
nous le pensons, surtout lorsque, l'ascension faite, on a

trouvé en haut de l'échelle de lumière la proscription, et qu'on peut dater cette préface de l'exil. »

Aujourd'hui, ce serait entreprendre une besogne bien inutile que de défendre contre des injures tombées le développement politique de cette illustre existence. Eh oui! Victor Hugo, qui a eu ce périlleux privilège, qu'on n'a pu oublier aucune des opinions qu'il a traversées, parce qu'il les a toutes marquées par des chefs-d'œuvre vivants dans toutes les mémoires; Victor Hugo qui, après vingt ans de combats littéraires, n'avait qu'à écouter les conseils de l'intérêt personnel le plus évident pour jouir paisiblement d'une gloire devant laquelle s'inclinaient tous les partis, et qui ne pouvait demander à la politique ni le pouvoir, il avait mieux à faire, ni la grandeur de la situation, il l'avait déjà: eh oui! Victor Hugo, arrivé au terme définitif de son évolution intellectuelle, a jeté pour la cause populaire son repos, son grand nom, la flamme de son génie, dans toutes les épreuves et dans tous les périls des luttes politiques; eh oui! ancien royaliste et ancien pair de France, il s'est offert, pour l'idée républicaine, aux huées, aux balles du coup d'État, à l'exil, aux stupides coups de pierres de Bruxelles, aux lâches outrages qui s'acharnent sur toutes les causes vaincues! Nous avons beau nous creuser l'esprit, nous cherchons vainement à quel point de vue cela pourrait avoir besoin d'une justification.

Mais ce mouvement du grand poète, parti du royalisme catholique et arrivé à la cause de la Révolution, appelle autre chose qu'une apologie superflue: il mérite un examen attentif et une analyse aussi exacte que possible. Cet examen et cette analyse ont un intérêt d'autant plus grand, qu'ils ne se rapportent pas seulement à l'histoire du plus grand génie de notre temps: ils embrassent l'histoire de notre temps lui-même. La France a depuis longtemps dans le monde la gloire d'avoir fourni à la lutte contre les vieux pouvoirs politiques et religieux du passé sa plus magnifique phalange d'écrivains et de combattants. C'est ce qui lui a valu, malgré tant de chutes, cet honneur singulier que, partout autour d'elle, ceux qui représentent les aspirations vers les libertés populaires tournent les yeux de son côté.

On sait si pour continuer à cet égard l'œuvre du xviii⁰ siècle, avec ses grands esprits et l'explosion révolutionnaire qui a semé leur pensée sur le monde, notre xix⁰ siècle a donné à la cause de la démocratie un groupe éclatant de poëtes, de penseurs, d'orateurs et d'historiens. Eh bien ! reportez-vous par l'imagination aux environs de 1820 : où étaient ceux-là, et que faisaient-ils ? Si le futur auteur des *Châtiments* composait des *Odes* toutes pleines des passions de la droite, le futur auteur des *Girondins* était avec lui l'orgueil et l'espérance du parti royaliste. Un prêtre en qui semblait rallumée la flamme religieuse du xiii⁰ siècle, jetait comme un défi à son temps la formule la plus absolue de la théocratie romaine, et ce prêtre était le futur républicain, le futur socialiste qui allait, bravant les anathèmes du Vatican, prêter tout le mystique prestige de la poésie biblique aux plus brûlantes passions révolutionnaires. Un jeune homme encore inconnu, se cherchant lui-même, entrait un beau jour dans une église pour y demander le baptême refusé, sous le Directoire, à son enfance. Qui aurait deviné qu'il devait ressusciter, dans la poussière de l'histoire, toutes les révoltes des générations écrasées par les tyrannies du passé, et proclamer l'irréconciliable opposition entre l'esprit moderne et l'esprit catholique ? Et ce n'étaient pas là des exemples isolés. Toute une génération ardente, impatiente de marquer son passage dans la vie, arrivait à l'âge d'homme : c'est celle qui allait élever les barricades de Juillet ; et pourtant elle semblait presque toute entière, par réaction contre ses aînés, se retourner vers le moyen âge pour y chercher son idéal. Ainsi tout se réunissait pour faire croire qu'un abîme infranchissable était creusé entre la pensée du xviii⁰ siècle et celle des générations nouvelles qui allait être la France du xix⁰.

Comment la chaîne avait-elle été brisée ? Comment

allait-elle se renouer? Comment cette France, qui sous
son royalisme et son catholicisme superficiels était toute
façonnée par la Révolution et profondément imprégnée
de son esprit, allait-elle reprendre conscience d'elle-
même? Comment ce grand mouvement de liberté artistique et de recherche intellectuelle, qui s'appelait dès
lors le romantisme, allait-il, en dépit du costume gothique dont il s'était couvert, continuer la marche en avant
de l'esprit moderne? Telles sont les questions dont est
faite l'histoire intellectuelle de notre siècle dans sa plus
glorieuse période, histoire qu'on ne peut mieux suivre que
dans le développement du génie qui devait donner à la
pensée de son temps sa plus puissante et sa plus resplen-
dissante expression.

II

Il n'y a pas de phénomène historique plus frappant que
l'espèce de solution de continuité qui s'est produite dans
le mouvement des esprits au début du siècle actuel. On
n'imagine pourtant rien de si inoubliable que notre Révolution. — Cette conclusion du combat intrépide engagé
pendant le siècle de Voltaire par quelques hommes de
pensée au nom de la lumière du génie français, sans autres
armes que les flèches étincelantes de la discussion et de
l'ironie, contre toutes les forces qui avaient jusque-là
écrasé les peuples sans résistance possible; — cette coalition de tous les gouvernements européens contre une
seule nation, pour étouffer dans le sang la magnifique
révolte qui, si on la laissait se développer, allait ouvrir
une ère nouvelle pour l'humanité ; — le pacte avec la mor
qui éleva pendant quelques années, au-dessus d'elles-mêmes,
les intelligences et les énergies, et qui permit à une

poignée d'hommes inconnus la veille, obligés de tout
créer hâtivement, gouvernement et armées, dans l'effon-
drement de toutes choses, de lutter à coups de victoires à
la fois contre dix guerres civiles et dix armées étrangères; — cette incroyable improvisation d'institutions
étonnantes, droit civil, administration, poids et mesures,
sur un sol qui se soulevait et se déchirait, au milieu de
tempêtes meurtrières, dans un formidable bouleversement universel; — ces quelques années prodigieuses,
auxquelles les annales des autres temps et des autres
pays n'offrent, on peut le dire, rien de comparable, ni
pour la force de l'idée, ni pour la puissance des résultats,
ni pour la grandeur tragique des catastrophes... Dans
quel inconnu tout cela s'était-il perdu vingt ans après?
Le nom de la République semblait absolument oublié,
même par les insurgés de la Restauration. Dans les agitations qui accompagnèrent la chute de Napoléon, on ne
voit pas que le souvenir s'en soit présenté, ni à l'esprit du
peuple, ni à la pensée des hommes politiques, qui pourtant ne voulaient ni des Bonapartes, ni des Bourbons et
qui se trouvaient ainsi en face du néant. Encore quinze
ans plus tard, aux journées de Juillet, le peuple ne
s'aperçut qu'il venait de faire une révolution républicaine
qu'après l'avoir laissé escamoter. Jusque-là on ne vit en
face du parti de la royauté qu'un parti, celui de la Révolution, enivré de la gloire impériale. On eût dit qu'après
les crises de 92 et de 93, la France qui avait été pendant
quelques années électrisée, surmenée par son effort surhumain, n'avait, comme cela arrive après les crises nerveu-
ses très violentes, conservé de cette période sans précédents, avec la pesante lassitude qui brise les ressorts de
l'organisme et étreint le cerveau, que l'impression confuse
des convulsions où elle s'était débattue, un souvenir obscur d'angoisses et de souffrances incomparables, et
l'effrayante vision d'une large et affreuse mare de sang.

Chose plus étrange encore: ces masses profondes de la
nation, d'où étaient sortis beaucoup des chefs militaires de

la Révolution et quelques-uns de ses hommes politiques ; qui surtout, au lieu de recevoir l'impulsion des hommes d'État, la leur avait tant de fois donnée ; qui, en faisant par une inspiration spontanée le 14 Juillet et le 10 Août avaient exercé l'influence décisive sur la marche des choses ; ces masses profondes semblaient avoir disparu aussi soudainement qu'elles étaient apparues. Qui donc, sous l'ancienne royauté, soupçonnait dans la foule des pauvres, foule quelquefois turbulente à la vérité, mais ignorante et sans pensée précise, le peuple de 89 et de 92 ? Ceux mêmes qui, dans un large sentiment d'humanité, essayaient de l'affranchir, croyaient n'être compris que d'une petite élite. La brusque entrée en scène de ce peuple inconnu en 1789 avait été une surprise. Qu'était-il devenu dix ans plus tard ? Quand s'était-il montré depuis le Consulat ? Muet et soumis sous l'Empire, il avait eu, en 1814 et en 1815, un élan de patriotisme, mais sans volonté, sans action et, même aux heures des interrègnes créés en fait par les désastres, il avait laissé une poignée d'hommes disposer de lui. Jusqu'à 1830, aucun symptôme ne révéla son existence, et les révoltes préparées dans les troupes ou dans la jeunesse, l'avaient trouvé inerte, sinon indifférent. Les luttes politiques si ardentes qui remplirent cette époque restaient enfermées dans le monde restreint des lettrés. On pouvait presque croire que le rôle du peuple avait été dans notre histoire un accident passager : comme ces forces volcaniques qui à certains jours éclatent du fond des mers et font surgir, au milieu d'un bouillonnement effrayant, des îles, des montagnes improvisées. Puis tout s'effondre : toute cette puissance terrible de la flamme intérieure rentre, sans laisser de trace, dans les profondeurs secrètes de la nature ; et le flot reprend ses paisibles oscillations sur l'écorce refermée du globe terrestre.

Au moins les hommes qui avaient joué un rôle dans cette grande époque pouvaient-ils la rappeler aux générations nouvelles ? Écartons d'abord ceux qui, ayant suivi

les variations des temps, accepté ou sollicité la livrée
impériale, peut-être obtenu ou désiré la livrée du roi,
avaient les meilleures raisons personnelles pour avoir
effacé de leur esprit leurs souvenirs de la Révolution. Le
mot plaisant prêté à Fouché : « Robespierre me disait un
jour : Duc d'Otrante... » rend assez bien les erreurs de
mémoire auxquelles ils étaient condamnés. Quant aux
autres, on sait que les plus illustres avaient payé de leur
sang leur heure de gloire : de ceux qui n'avaient pas
succombé et qui étaient restés debout sous Napoléon, les
uns vivaient en exil comme régicides, d'autres, dans la
retraite, et bannis en quelque sorte à l'intérieur ; tous si
bien à l'écart de la France nouvelle, qu'un seul d'entre
eux, par je ne sais quel accident, entra dans les Chambres
de la Restauration, et que quand celui-là, le prêtre qui
avait proclamé sa foi religieuse au plus fort de la Terreur,
ut introduit par les électeurs sur les bancs du Parlement,
a chose sembla assez énorme et assez intolérable pour
qu'il en fût chassé sur l'heure.

Victor Hugo a évoqué, dans le Conventionnel des
Misérables, une image saisissante de l'isolement où se
trouvaient ces débris d'une époque dont on avait perdu
le sens. Rien de si poignant que les dernières années
obscures, sous l'Empire et au début de la Restauration, de
ces hommes qui après avoir, à l'âge où l'on débute, manié
les plus grandes choses de l'histoire, tenu tête à l'Europe
et préparé l'avenir, l'un ayant fixé les premiers plans
d'éducation démocratique, l'autre donné à la France son
Grand-Livre, l'autre élaboré, plus que personne, les cadres
des armées nouvelles, l'autre, laissé le plus grand souvenir de héros civil aux armées, l'autre enfin, organisé la
victoire, et trouvé peut-être le secret des guerres modernes,
maintenant achevaient de vivre en silence, tombés de leur
grand rêve de gloire et d'héroïsme, cherchant en vain ce
peuple pour lequel ils avaient tout fait, et qui les ignorait,
et qui s'ignorait lui-même ; calomniés et montrés du doigt
comme les survivants d'on ne sait quelle folle et sinistre

orgie de massacres ! Ces hommes de bronze restèrent entiers jusqu'au dernier soupir, l'histoire en témoigne, mais,
perdus dans quelque coin obscur de ce monde auquel ils
étaient devenus étrangers, ils durent plus d'une fois, avec
un doute amer et une sorte de douloureuse stupeur, prendre
leur tête dans leurs mains et se demander si toutes ces
passions et tous ces souvenirs qu'ils sentaient encore si
vivants et si éclatants dans leur cerveau, l'effort prodigieux
dont ils avaient eu leur large part, le dévouement qui les
avaient transportés, les grandes idées qu'ils avaient
servies, l'épopée sans égale où ils avaient écrit leur nom,
avaient été véritablement autre chose qu'un songe dissipé
par le réveil.

Ainsi, dans les sept ou huit premières années de la
Restauration, rien ne pouvait apprendre à ceux qui arrivaient à l'âge d'homme, ce que la révolution républicaine
avait été, ce qu'elle avait fait, ce qu'elle avait semé. Nous
l'avons tous vu souvent pour les choses auxquelles nous
avons assisté, il y a, pour chaque époque déjà passée, une
période intermédiaire, où, n'étant déjà plus dans les souvenirs personnels des nouvelles générations, et n'étant pas
encore entrée dans l'histoire écrite, elle se trouve en
partie oubliée d'un grand nombre, et à peu près complètement inconnue de la jeunesse. Le peu qu'on en sait tient
au hasard du milieu où l'on a vécu et n'a été transmis que
défiguré par les partis pris de toute sorte. Ce fut le cas
pour l'ensemble de la Révolution, et surtout pour la
République de 92, jusqu'en 1822 ou 1824. En dehors des
faits de guerre qu'on mettait à part, le verre de sang de
mademoiselle de Sombreuil, l'échafaud de Louis XVI et
le tribunal révolutionnaire semblaient résumer cette
grande époque. Jusqu'aux livres fameux qui firent, du
premier coup, la réputation de Thiers et de Mignet, on ne
voit guère que les écrivains les plus opposés à la royauté
aient songé à rectifier ou à compléter cette conception
trop sommaire. Ni les premières chansons de Béranger,
ni les pamphlets de Paul Louis, ni les discussions de tri-

bune ne se hasardaient à toucher à cet ordre de questions. On sait les fureurs que souleva une parole jetée en passant sur la condamnation du roi par Manuel, à propos de la guerre d'Espagne.

Le long silence du régime impérial n'avait pas médiocrement contribué à mettre une large interruption entre la Révolution et les premières années de la royauté restaurée. Tant que Napoléon fut là, toute l'histoire de France resta hors de France : elle campait en quelque sorte avec nos armées en Autriche, en Allemagne, en Espagne, en Russie; mais que pensait, que sentait ce pays dont l'existence se réduisait à suivre et à admirer de loin le conquérant, à fournir sans cesse des hommes à ses guerres dévorantes? Il faut se rappeler que, pendant quinze ans, la société sortie du xviii⁺ siècle n'eut ni d'autre droit, ni d'autre occupation. L'histoire ne parle pas de cet envers des campagnes retentissantes qui promenaient le drapeau tricolore de Séville jusqu'à Moscou; mais un certain nombre de témoins, Michelet dans ses *Mémoires*, Lamartine dans quelques mots épars, donnent l'impression de ce grand vide de quinze ans où l'on n'entendait rien que les bulletins des armées, du glorieux ennui de ce pays dont la pensée, l'existence, étaient ainsi absorbées et anéanties dans la contemplation lointaine du maître, du ciel de plomb qui pesait sur la France inerte et muette. Rien de frappant comme le tableau donné par Michelet de ses premières années dans ce temps où l'enfant, marqué d'avance pour les immenses hécatombes des guerres impériales qui allaient le prendre avant qu'il eût l'âge d'homme, perdait en quelque sorte jusqu'à son nom et, sur les bancs du collège, n'était plus désigné que par un numéro. Le despotisme qui avait ainsi accaparé la France de Voltaire et de Mirabeau, ne lui laissait d'autre distraction, à cette époque de pensée surveillée et de presse censurée, que la littérature creuse, sèche et puérile de l'Empire. Un murmure au théâtre faisait faire une rafle du parterre pour le régiment; un mot, dans un salon, faisait

reléguer une femme au fond de la province : plus d'autre
pensée. plus d'autre voix. que celle du maître, répétée à
satiété par tous les échos. Jamais un seul homme n'écrasa
si lourdement l'esprit public. Voilà ce qui s'ajoutait aux
terribles exigences des conquêtes meurtrières qui, à la fin,
prenaient des générations entières pour les armées avant
qu'elles fussent sorties de l'enfance. faisaient trembler
toutes les mères. et remplissaient de réfractaires les landes
et les forêts. Qu'on imagine. s'il se peut. l'énorme lon-
gueur. le douloureux ennui des quinze années ainsi remplies. et l'on comprendra peut-être l'explosion révoltante,
mais irrésistible de joie qui éclata quand l'entrée des
ennemis vainqueurs dans Paris annonça que cela était
bien fini. Rien ne peut excuser. mais il faut bien que quelque chose explique les cyniques transports des femmes qui
saluaient de leurs acclamations l'arrivée des Barbares, des
Cosaques sauvages. des haineux Prussiens de Blücher.
Quand on a vu les époques de grandes catastrophes, qu'on
a connu l'horreur des surprises colossales, les cruelles
angoisses d'un pays qui sont à tous les instants les plus
terribles hasards suspendus sur sa tête. et qui a perdu le
premier besoin de la vie, l'attente tranquille du lendemain. on sait quelle lassitude insupportable à la longue et
quelle lâche impatience de l'heure qui rendra à l'existence
son caractère normal. se glissent même au cœur des plus
forts et font accepter tous les désastres, tout le sang
versé pourvu qu'on voie arriver la fin. Véritablement la
royauté ramenée « dans les fourgons de l'étranger »
apparaît et devait apparaître à beaucoup comme une délivrance.

C'est pendant l'Empire qu'avait commencé le mouvement de retour à la religion qui devait se manifester dans
toute sa force durant les premières années de la Restauration. Phénomène surtout littéraire qui avait commencé
avec le *Génie du Christianisme* et les *Martyrs*. Rien de
lamentable comme la queue du mouvement intellectuel
du XVIIIe siècle, quand le besoin de repos qui suivit les

orages révolutionnaires et la jalousie soupçonneuse du despotisme impérial en eurent exclu ce qui était sa raison d'être, l'idée. Le plus fastidieux rabâchage constituait sa littérature, les plus vains jeux d'esprit sa philosophie. C'est ce qu'on laissait comme distraction à cette société condamnée à l'inertie sous la main de fer du despote, quand Chateaubriand lui révéla des sentiments inconnus, la poésie des cathédrales et des ruines. Comment la France, dans son mortel ennui, ne se serait-elle pas laissé bercer par cette musique nouvelle? L'Angleterre, l'Allemagne avec Gœthe et Byron, demandaient leurs inspirations aux mystères des émotions indéfinies qui font vibrer les fibres les plus profondes et les plus obscures de l'homme. Le vent qui soufflait, soufflait des bouffées de poésie mystique. Ajoutez ce besoin de changer les modes de la veille qu'apporte toute génération nouvelle, et vous comprendrez que la religion ait recommencé à être en vogue dans un temps qui n'en restait pas moins au fond profondément voltairien.

Il importe de définir quelle portée exacte eut l'influence très superficielle et surtout apparente de la religion romaine sur l'esprit public dans les vingt premières années du siècle. Plus on étudie cette époque, plus on y cherche vainement une résurrection réelle de l'idée catholique. La foi de l'ancien temps ne pouvait plus jeter de racines profondes dans une France façonnée par le XVIIIᵉ siècle Des générations qui ont lu Voltaire, Rousseau et Montesquieu, ne reviennent plus aux croyances du passé. Qu'est-ce qu'une renaissance intellectuelle du catholicisme à laquelle il manque l'élément essentiel de la pensée catholique, la théologie, et où personne ne connaît plus les graves problèmes de doctrine sacrée qui avaient si profondément remué le moyen âge et le siècle de Louis XIV ? Qu'est-ce surtout qu'une renaissance intellectuelle du catholicisme qui reste exclusivement entre les mains de poètes, de philosophes, d'historiens, d'auteurs laïques ? Car nul ne fut moins prêtre que le seul prêtre qui y ait joué un grand

rôle, Lamennais. On sait qu'il n'avait pris la soutane que
tard et sans vocation, comme l'uniforme de sa littérature,
et qu'il n'exerça guère, si l'on peut parler ainsi, que la
plume à la main. Les vrais représentants du dogme romain, ceux qui en avaient le sens, les jésuites, virent toujours avec une profonde et prophétique méfiance cet
étrange abbé qui n'avait rien d'ecclésiastique, ni dans
l'esprit ni dans le style; qui ne citait point les pères;
qui n'invoquait point la science sacrée, qui s'abandonnait
avec une témérité effrénée aux arguments périlleux de la
raison humaine; qu'à sa façon de dire, à ses procédés de
discussion, on eût pris pour un Jean-Jacques retourné; et
qui prêtait aux théories d'absolutisme théocratique, les
armes et le langage de la révolte. C'était pourtant encore
le plus catholique de tous. En dehors de lui, que reste-t-il?
Chez un petit nombre (de Maistre, Bonald), une pensée de
réaction politique qui s'associe à la religion ; chez la plupart, une sorte d'engouement littéraire et artistique. Les
hommes d'alors croyaient pénétrer l'esprit de l'Église,
incomprise, suivant eux, au XVIIIe siècle. C'est le contraire
qui est la vérité. Les hommes du siècle précédent avaient
connu l'Église par expérience personnelle ; ils avaient
senti sa main sur eux ; ils avaient vu de leurs yeux de
vrais moines et de vrais couvents. Les générations arrivées à l'âge d'homme de 1790 à 1820 n'avaient connu le
clergé que traqué sous la Révolution et despotiquement
maintenu sous l'Empire. Ils imaginaient le catholicisme à
travers le prisme magique des vitraux et les accents pathétiques de l'orgue. Saisis, dans leur vague mélancolie,
d'un besoin d'émotions nouvelles, ayant cherché des rêves
inconnus sous les voûtes gothiques abandonnées depuis
93, peut-être subissant l'hérédité que des siècles de foi
avaient laissée dans leur sang, ils ne pouvaient se défendre devant cette religion qui revenait à la lumière avec
ses pompes et ses mystères, d'une curiosité, d'un attrait
profond, comme de je ne sais quelle initiation.

Rien ne caractérise mieux cet état d'esprit que le baptème de Michelet que nous avons déjà rappelé. Est-il rien de plus étrange que le besoin subit qui poussa cet homme de vingt ans, fils de révolutionnaire, lui-même destiné à devenir un des apôtres de la Révolution, à aller demander au prêtre le sacrement réservé aux enfants?

Chose singulière ! presque tous les grands mouvements en avant ont pris les apparences d'un retour en arrière. C'est en croyant copier le passé qu'on prépare l'avenir. Un parti pris d'archaïsme a été mêlé le plus souvent aux grands élans de l'esprit moderne. La Renaissance s'est faite au nom de l'antiquité, la Révolution au nom de Sparte, le romantisme au nom du moyen âge. Une mode plus ou moins futile, qui devient le principal pour le gros public, fait copier le plus souvent d'après des modèles de convention jusqu'aux plus petits détails matériels de l'époque ancienne à travers laquelle on cherche l'idée à venir. Tout était grec sous la Convention, sous le Directoire et sous le Consulat ; si malgré la plus grande bonne volonté on n'était pas arrivé à refaire les lois de Lycurgue, au moins les femmes se déshabillaient avec des tuniques taillées d'après Phidias. Tous les jeunes esprits se portaient vers un moyen âge de romance un peu après 1815, et l'on se croyait, de la meilleure foi du monde, féodal et catholique.

C'est dans ces circonstances que parut, aux environs de 1820, le groupe de jeunes hommes qui devait élever si haut l'œuvre intellectuelle du XIXᵉ siècle. D'une part, il était séparé de la Révolution par un véritable abîme : il n'en connaissait ni l'esprit, ni les grandeurs. Il arrivait à une heure où l'idée des droits populaires était chose ignorée de tous, même du peuple ; où nul ne soupçonnait en France l'existence des problèmes sociaux. D'autre part, il trouvait autour de lui, se confondant avec la conception de la pensée nouvelle, un sentiment de sympathie pour la religion et la royauté. Ce sentiment était assurément loin d'être universel. Des colères profondes grondaient contre le régime imposé par l'invasion et reconstruisant le passé.

Mais ces colères étaient surtout celles des hommes qui avaient vu un autre temps. Il semble que jusqu'à l'avènement de Charles X, les nouveaux venus les sentaient bien moins profondément.

Ils avaient d'autres aspirations fort en dehors des querelles et des haines qu'ils avaient trouvées. Ils entrevoyaient confusément un monde intellectuel nouveau qu'ils brûlaient de conquérir. C'était la nature vivante et colorée avec son âme éparse et secrète ; c'était le passé de tous les peuples avec ses aspects divers, ses passions et ses croyances ; c'était le mystérieux et prodigieux Orient que la science commençait à explorer ; c'étaient les profondeurs vertigineuses d'abstraction que la métaphysique allemande entr'ouvrait au regard ; c'était un art nouveau, brisant les cadres étroits où étouffait l'art vieilli de l'époque précédente. Le cor d'Obéron sonnait au loin ; un vent enivrant passait sur les jeunes têtes ; des curiosités infinies s'y éveillaient... Rien n'est plus curieux, quand on lit ce qu'écrivaient alors les hommes devenus bientôt après les combattants les plus dévoués de la démocratie, que de voir combien toutes ces idées entrevues les accaparaient alors exclusivement.

Les lettres d'Edgar Quinet à sa mère, lettres où il met à nu le fond de lui-même, contiennent à peine un mot sur la politique du jour. Poètes, penseurs, historiens, peintres se sentent leur tâche à accomplir. Ils lui appartiennent tout entiers.

Pour cela, il leur fallait la liberté ; et les événements avaient tellement faussé les idées, la vie intellectuelle des premières années de la Restauration, déjà quelque peu menacée, mais si pleine, si libre pour qui la comparait à celle de l'Empire, paraissait autoriser de telles illusions, que beaucoup ne voyaient rien d'inconciliable entre la liberté d'une part, l'Église et la Royauté de l'autre. Qu'on songe aux années où les maîtres adorés du peuple des écoles s'appelaient Cousin, Villemain, Guizot ; où l'enthousiasme de la jeunesse ne semblait pas chercher au delà de

ces esprits plus que modérés ! Il paraît évident que si la
monarchie et le catholicisme avaient pu laisser aux nouveaux venus la liberté intellectuelle indispensable au travail du siècle, de longues années se seraient écoulées
avant que le conflit des principes éclatât.

III

Victor Hugo eut cette destinée singulière, d'avoir du
génie avant d'être lui-même. L'enfant de quatorze ans,
qui cachait, en 1816, à la pension Cordier, ses premiers
vers dans son pupitre, portait déjà en lui quelques-
uns des souvenirs décisifs qui donnent à l'esprit une
marque définitive. On sait quelle étrange fortune lui
avait fait voir Naples et l'Espagne conquise. C'est chose
bien frappante que l'influence exercée sur beaucoup des
hommes qui allaient faire le mouvement de 1830, par les
souvenirs d'enfance extraordinaires qu'avait imprimés
dans leur cerveau encore malléable les guerres impériales,
les voyages des familles de soldats et de fonctionnaires à
travers l'Europe bouleversée, la surprise de deux invasions. Ce mélange d'événements épiques aux premières
impressions d'une intelligence qui s'éveille, l'apparition
de spectacles étranges, de pays aux aspects exotiques, les
sensations directes, par les incidents d'une vie d'enfant,
des catastrophes historiques les plus colossales, semblent
avoir donné à beaucoup, pour la vie, une impulsion intellectuelle d'une rare puissance. On a souvent noté pour
Victor Hugo l'action du voyage d'Espagne, sur la forme
et le fond de toute son œuvre. Pour la forme, la terrible
netteté de la lumière, le pittoresque bizarre, le mélange
du sublime et du fantasque ; pour le fond, la vision grandiose de l'épopée impériale, et ses soudaines vicissitudes

de fortune. Mais ces impressions étaient encore au fond
du poète à l'état de germes non développés, quand ses
premières publications le firent qualifier d'enfant sublime.
Les *Odes* des deux premiers livres (de 1818 à 1823) éton-
naient déjà par le souffle lyrique, la puissance de l'idée,
une incroyable sûreté de main, sans rien révéler des
caractères personnels qui vont commencer à se faire jour,
avec l'*Ode à la Colonne* et les *Ballades*. Même l'esprit de
combat littéraire, qui va être le trait marquant de son
génie, semble encore endormi. Dans la troisième préface
des *Odes*, Victor Hugo, à vingt et un ans, plaide encore
pour le juste milieu entre les classiques et les romantiques. « Des conciliateurs, dit-il, se sont présentés avec
de sages paroles entre les deux fronts d'attaque. Ils seront
peut-être les premiers immolés ; mais n'importe. C'est
dans leurs rangs que l'auteur de ce livre veut être placé,
dût-il y être confondu. » Qui reconnaîtrait, dans ces paroles, l'homme qui, quelques années plus tard, allait être si
sévère pour les mêmes conciliateurs ?

L'auteur des premières odes est encore exclusivement,
par le fond, l'enfant d'une mère vendéenne. On sait qu'elle
exerçait sur ses enfants une influence d'autant plus exclu-
sive, que le père vivait à Blois absolument isolé de sa
femme et de ses fils. Elle représentait une opinion qui était
en train de disparaître : elle était à la fois, royaliste et
voltairienne, si résolument voltairienne que quand ses
enfants étaient à Madrid, elle les déclara protestants pour
qu'ils ne servissent pas la messe à l'école des pages Il
est curieux de rappeler que les premiers vers de Victor
Hugo enfant, sont à la fois voltairiens et royalistes. Rien
de bizarre, à cet égard, comme la pièce composée en 1819
pour un concours académique sur l'institution du jury,
dissertation écrite dans la langue la plus incolore de Boi-
leau sous la forme d'un dialogue, où Malesherbes aux
Champs Élysées rassure Voltaire qui craint d'avoir sa
part de responsabilité dans les horreurs de la Révolution.

> Défenseur des Calas, des Sirven, de La Barre,
> Dis-moi, des échafauds es-tu le dieu barbare ?
> Oh ! non, ta gloire est pure, et rien ne peut souiller
> L'éclat dont tes vertus la font encor briller.

Cette association singulière, à laquelle l'atmosphère de 1819 n'était guère favorable, ne devait pas durer, et l'enfant poëte devient bientôt le légitimiste complet des premières *Odes* et du *Journal d'un jeune Jacobite de 1819.* « L'histoire des hommes, dit-il dans une préface de 1822, ne présente de poésie que jugée du haut des idées monarchiques et des croyances religieuses. » Et deux ans après : « Si la littérature du grand siècle de Louis le Grand eût invoqué le christianisme au lieu d'adorer les dieux païens, si ses poëtes eussent été ce qu'étaient ceux des temps primitifs, des prêtres chantant les grandes choses de leur religion et de leur patrie, le triomphe des doctrines sophistiques du dernier siècle eût été beaucoup plus difficile, sinon même impossible. »

L'indignation contre les horreurs de la Révolution, telles qu'il les entendait décrire, voilà la grande inspiration du poëte jusqu'en 1823. *La Vendée, les Vierges de Verdun, Quiberon, Louis XVII, la Mort de Mademoiselle de Sombreuil,* voilà les premières odes, avec la pièce contre *Buonaparte* et celles qu'il consacra à *la Mort du duc de Berry,* à *la Naissance* et au *Baptême du duc de Bordeaux.* Déjà ardent patriote, déjà épris de gloire militaire, il sait ou comprend encore si singulièrement l'histoire, qu'il célèbre précisément, tantôt les Français à la solde de l'étranger qu'une flotte anglaise débarquait à la pointe de Bretagne; tantôt les jeunes filles qui allaient porter des fleurs au roi de Prusse envahissant la France ; et qu'il cite le nom du traître Pichegru parmi ceux de ses héros. Il est royaliste, et royaliste militant ; il croit devoir être catholique; il cherche un confesseur, et le veut vigoureux. Celui qu'on lui propose est trop accommodant: il va trouver Lamennais. Étrange rencontre des deux futurs répu-

blicains ! En somme le pénitent est aussi peu pénitent que
le prêtre est médiocrement prêtre : et après un premier
essai, les confessions se passent en causeries. En réalité,
le catholicisme n'a jamais pu mordre profondément sur
Victor Hugo : même dans ses quelques années de ferveur,
son inspiration est bien plus royaliste que religieuse ; et
la religion n'apparaît que comme l'accessoire du royalisme. Ce poète de vingt ans, si ardent pour la foi, n'allait
pas à la messe : et il écrivait dans ses *Mémoires d'un jeune
Jacobite* en représentant, il est vrai, les faits constatés par
lui, comme un immense malheur, mais en les constatant
néanmoins : « Jérusalem et Salomon choses mortes, Rome
et Grégoire VII choses mortes. Il y a Paris et Voltaire. »

Il importe de rappeler que ce zèle pour la monarchie
s'unissait, dès lors, à un profond attachement pour la
liberté. A vingt ans, Victor Hugo confondait les deux.
L'*Ode à la Liberté* indique comment il y arrivait. Le
Journal du jeune Jacobite réclamait « des garanties pour
le peuple », en même temps que des « pouvoirs pour les
rois ». Tel était l'état d'esprit, assez complexe et assez
difficile à maintenir, du grand poète jusqu'à vingt et un
ou vingt-deux ans. C'était aussi celui d'une grande partie
de la jeunesse en France.

Les premières années du règne de Charles X allaient
porter un coup mortel à cet état d'esprit. C'est surtout
entre 1824 et 1827 que le divorce se fit entre la vieille
monarchie et la France. Les violences du début avec la
Chambre introuvable et la Terreur blanche, n'avaient pas
eu un effet comparable. Ce n'étaient que les excès passagers d'un parti victorieux : on était encore tout près des
colères soulevées contre l'Empire : et les ultras comptaient
dans leurs rangs, nombre des plus célèbres écrivains du
royalisme. Mais quand on vit, après plusieurs années, le
retour offensif de l'absolutisme, l'impression fut profonde
et à peu près universelle. Elle devait être irrémédiable.

M. de Villèle attacha son nom à la politique qui perdit
ainsi la royauté. Mais l'entreprise avait des proportion-

singulièrement plus vastes que celles d'une politique ministérielle. C'était le gouvernement de l'Église prenant possession du pays. Il y eut matière à réflexion pour ceux qui avaient imaginé, d'après le *Génie du Christianisme*, un catholicisme romantique, avec l'élan des architectures gothiques vers le ciel, l'ombre rêveuse des cloîtres et des moines frères des troubadours de romances. On apprit à connaître quelque chose de plus sérieux, de plus terrestre et de plus pratique. La France se sentit avec terreur entre les mains d'une organisation occulte dont le centre et la direction étaient cachés et mal cachés dans la maison des jésuites de Montrouge. On se racontait avec stupeur les cérémonies mystiques, les humiliations dévotes auxquelles prenaient part, en signe de soumission, les plus hauts personnages. On voyait, à ciel ouvert, des solennités plus bruyantes. Des missionnaires d'une nouvelle espèce s'étaient donné pour tâche de convertir ce pays barbare, la France. Leur arrivée dans les villes était marquée par la pompe de vastes processions, où les autorités en uniforme, les troupes, se mettaient à la suite des convertisseurs, et que suivaient sur les places publiques des *auto dafés* d'ouvrages impies. En même temps paraissait une législation d'un autre siècle : la peine de mort appliquée à la profanation des vases sacrés, le rétablissement du droit d'aînesse. Cette résurrection de l'absolutisme théocratique était sans pitié pour tout ce qui ressemblait à un mouvement intellectuel. Déjà M. de Villèle avait fait chasser Chateaubriand d'un mot brutal. On ne comprit pas quelle clientèle d'intelligences traînait à sa suite l'homme qui avait remué si profondément son temps, et qu'une partie de l'esprit royaliste et catholique s'en allait avec celui qui lui avait prêté le prestige et la force d'une émotion et d'une mode littéraires. Comme pour consommer la rupture du siècle avec la jeunesse ardente qui cherchait des voies nouvelles, Cousin, Villemain, Guizot étaient chassés de leur chaire : le spiritualisme à moitié religieux, le royalisme constitutionnel, étaient frappés d'anathème.

L'anxiété devint de l'angoisse quand l'œuvre fut couronnée par la fameuse loi de Justice et d'Amour, qui semblait combinée pour tuer, avec l'imprimerie, la pensée dont elle est l'outil. Il fallut que l'émotion fût bien profonde, pour qu'un royaliste, un catholique, et des plus éprouvés et des plus illustres, pût du haut de la tribune avertir le ministère qu'après une pareille loi, il ne lui resterait plus qu'à détruire tout ce qui restait de la civilisation, qu'à faire passer la charrue sur les décombres des villes, et l'accusât de vouloir ramener l'humanité à « l'heureuse innocence des brutes ».

Il y avait loin de ces menaçantes réalités à ce qu'avaient pu rêver à travers des sympathies royalistes et religieuses, les jeunes gens épris de poésie, d'art, d'histoire et de pensée. Ailleurs, dans la portion de la population restée pleine de colère contre la monarchie, on se préparait à une lutte implacable, et la charbonnerie venait de donner une organisation, un corps et des moyens de propagande à l'esprit révolutionnaire qui renaissait. Deux jeunes écrivains racontant pour la première fois l'histoire de la Constituante et de la Convention, la dégageaient des légendes dans lesquelles elle avait jusque-là été perdue. Ainsi la tradition de la Révolution était renouée, en même temps que la cause opposée perdait tous ceux qui lui avaient donné un caractère intellectuel, et rejetait parmi ses ennemis Chateaubriand qui tournait contre elle sa redoutable puissance littéraire, Royer-Collard qui dénonçait avec un éclat incomparable la faction des Jésuites cachée derrière le pouvoir, Guizot et Cousin, qui allaient se faire affilier aux sociétés secrètes. Il est curieux de voir l'action profonde qu'un tel spectacle exerça sur les hommes les mieux disposés en apparence à approuver les plus violentes entreprises théocratiques. On aurait pu croire qu'on se rapprochait de l'idéal de l'abbé de Lamennais : on se serait fort trompé. Tout d'abord, il ne voit pas qu'on va trop loin, mais il sent les maladresses commises; il ne tarit pas sur les sottises du gouvernement. Encore quelques

années et sous le ministère Polignac, son meilleur ami,
son confident, le baron de Vitrolles, sera stupéfait de recevoir de lui, dans une lettre, cette déclaration : « Cet intérêt
particulier (celui du gouvernement) est-il celui de la
France, celui de la religion, celui de l'avenir? Je vous
confesse très franchement que je ne le crois pas : la société
ne peut être sauvée que par le développement complet du
principe de liberté. » Le baron n'en revenait pas. Dès lors,
en effet, la conception d'une sorte de catholicisme révolutionnaire s'ébauchait vaguement dans l'esprit du grand
apôtre de l'absolutisme. Quant à Lamartine, si bien considéré alors par les royalistes ultras comme un des leurs,
qu'à la veille du coup d'État, Polignac voudra l'appeler
auprès de lui, il écrivait de Florence à la chute de Villèle
en constatant qu'on avait fait « force sottises » : « Je crois
que les affaires allaient très mal et nous menaient grand
train à une belle et bonne révolution. » Et, rentré à Paris,
saisi brusquement par le nouvel état de l'opinion que
pendant quelques années il n'avait pu que soupçonner de
loin, en Italie, il notait avec terreur « de la folie ultralibé-
rale dans la jeunesse pensante et du bonapartisme dans la
population agissante ».

L' « enfant sublime » de 1819 devenait un homme, on
peut dire devenait Victor Hugo, durant les années qui ont
eu cette influence sur l'esprit public ; et les événements de
sa vie privée semblaient combinés, pour qu'elle agît plus
librement sur lui. Il venait de perdre sa mère. Livré à lui-
même, ardent et pauvre, jeté du foyer domestique au
milieu de la jeunesse fiévreuse d'alors, il allait à Blois
renouer ses relations interrompues avec son père, le vieux
soldat de la République et de l'Empire. Ceux qui l'ont le
mieux connu ont souvent constaté qu'il y a une part d'autobiographie dans ce qu'il raconte du Marius des *Misérables*, échappant à une famille passionnément légitimiste et
revenant à la Révolution par le profond travail intérieur
de sa vie de dénûment fier et de pensée repliée sur elle-
même. Il n'est pas jusqu'aux détails matériels de sa pau-

vreté, que Hugo, d'après le « Témoin de sa vie », n'ait empruntés à cette période de sa propre existence. Assurément, il ne faudrait pas tenter d'assimilation entre l'étudiant pauvre, inconnu, isolé, du roman, et le poète dès lors célèbre et fêté, voyant une existence de gloire s'ouvrir devant lui. Mais le tableau si vivant des idées qui bouillonnaient dans la jeunesse d'alors est évidemment tracé de souvenir. Et ces idées ébranlaient peu à peu les convictions de son adolescence. Il écrivait à la fin du *Journal d'un jeune Jacobite* :

« Le tout jeune homme qui s'éveille de nos jours aux idées politiques est dans une perplexité étrange. En général nos pères sont bonapartistes; nos mères sont royalistes.

« Pour nos pères, la Révolution, c'est la plus grande chose qu'ait pu faire le génie d'une Assemblée; l'Empire, c'est la plus grande chose qu'ait pu faire le génie d'un homme. Pour nos mères, la Révolution, c'est une guillotine; l'Empire, c'est un sabre...

« Dernièrement, je venais de soutenir ardemment, en présence de mon père, mes opinions vendéennes. Mon père m'écouta parler en silence, puis il s'est tourné vers le général L***, qui était là, et il lui a dit : « Laissez faire le « temps : l'enfant est de l'opinion de sa mère, l'homme « sera de l'opinion de son père. »

« Cette prédiction m'a laissé tout pensif[1]. »

Il ne devait pourtant pas se ranger parmi les ennemis déclarés de la Restauration. Il lui était attaché par les admirations qui avaient entouré ses débuts. Mais la transformation qui s'opère dans son esprit se lit à chaque vers. Jusqu'à vingt-deux ans, on l'a vu, l'horreur des scènes sanglantes de la Révolution est son inspiration habituelle. Cette inspiration tarit brusquement.

Il n'en est plus question après la pièce sur *la Mort de*

---

1. Cette page, en tête de laquelle on lit « Décembre 1820 », est évidemment antidatée. Victor Hugo ne semble pas avoir revu son père du vivant de sa mère.

Mademoiselle de Sombreuil (décembre 1823). Un an et demi plus tard, il écrit sur *le Sacre de Charles X* sa dernière pièce nettement légitimiste. La pensée de Napoléon l'obsède : il est curieux de voir la façon dont il en parle changer, depuis son *Buonaparte* (1821) jusqu'à la pièce intitulée *les Deux-Iles* (1825). Enfin un jour, en 1827, une nouvelle lue dans un journal fait éclater dans une explosion retentissante les idées qui s'élaboraient en lui depuis quelques années. Dans une fête à l'ambassade d'Autriche, on avait refusé aux maréchaux de France les titres que Napoléon leur avait créés avec le nom de leurs victoires. Victor Hugo est révolté : il écrit l'*Ode à la Colonne*, et il avait beau ménager la transition, il avait beau dire :

> ...La Vendée aiguisera son glaive
> Sur la pierre de Waterloo...

le lendemain, la presse royaliste se déchaînait contre lui : la presse libérale l'acclamait, la rupture était consommée.

C'est sous une forme bonapartiste que se produisait ce premier mouvement du grand poète vers l'idée opposée à l'idée royaliste. On sait qu'alors l'opinion publique, des deux côtés, distinguait mal la République de 92 et l'Empire. Il ne semblait pas qu'en dehors d'un personnel restreint, une pensée dynastique précise se mêlât à l'admiration pour Napoléon, qui se conciliait, chez beaucoup, avec le simple désir d'une royauté libérale. Il faut ajouter que l'époque de la Convention, ensanglantée par le souvenir de la Terreur, encore défigurée par la légende, et n'ayant point pour la réhabiliter ce qu'avait la légende bonapartiste : les souvenirs récents de l'armée, les restes d'une véritable idolâtrie, un personnel encore nombreux et puissant, s'effaçait singulièrement, dans l'esprit public, derrière l'épopée impériale.

IV

Une autre raison allait rapprocher Victor Hugo de la
Révolution politique : c'est qu'il accomplissait une révolution littéraire.

Rien de semblable dans les premières *Odes*. C'est par la
puissance du souffle lyrique qu'elles sont neuves : par leur
langue comme par leurs sujets et leur composition, elles
restent enfermées dans le cadre de la littérature antérieure.
Victor Hugo n'a pas encore brisé les vieux rythmes pour
en créer d'autres ; il n'a pas encore cette incomparable
richesse de vocabulaire qui va élargir si prodigieusement
les ressources d'expression de la langue ; ces heurts de
style et ces brusques jets de lumière, qui vont donner au
mot un relief audacieux, une coloration aveuglante : il n'a
pas encore abordé ce monde de conceptions étranges qui
soulèvera un tumulte autour de chacune de ses œuvres.
C'est avec les dernières *Odes*, les *Ballades* et *Han d'Islande* que les caractères définitifs de son génie se dégagent.

Une telle insurrection contre la poésie établie ne
pouvait plus s'accommoder avec les idées de l'enfant
royaliste. On sait comment Victor Hugo dans les *Contemplations*, définissait son action littéraire :

> ... Sur les bataillons d'alexandrins carrés,
> Je fis souffler un vent révolutionnaire ;
> Je mis un bonnet rouge au vieux dictionnaire...

Déjà, en 1826, il comparait la littérature antérieure au
« parc de Versailles », bien nivelé, bien nettoyé, qu'il
s'agissait de détruire pour le remplacer par la magnificence
des forêts vierges. C'est l'année d'après qu'il allait pousser

le grand cri de guerre, en lançant la préface de *Cromwell*.

L'école romantique a recherché tout d'abord le théâtre pour principal champ de bataille. Soit à cause de la place prédominante qu'il tenait dans l'existence sociale et littéraire depuis deux cents ans; soit parce que la lutte a, là, quelque chose de plus vivant, qu'elle y prend une réalité plus tangible qu'autour de la marche silencieuse du livre, qu'elle y tonne de la grande voix de la foule, que la victoire y a le retentissement immédiat d'un événement; c'est sur les planches de la scène qu'elle a tenu tout d'abord à planter son drapeau ; c'est pour un drame, que le poète, il est vrai, ne songeait plus à faire représenter après la mort de Talma, mais par lequel il s'essayait et se préparait à ses œuvres de théâtre, — c'est pour *Cromwell* qu'il écrivait le fameux manifeste de guerre autour duquel allait se rallier avec enthousiasme toute la jeunesse romantique. Et l'engagement décisif avait lieu peu après : dans l'hiver de 1830, les hommes paisibles voyaient avec terreur, de longs mois avant les journées de Juillet, une armée du désordre dont l'aspect seul était effrayant charger tumultueusement tous les soirs à *Hernani* sous la bannière de Victor Hugo.

Le poète sentait dès lors la solidarité des deux causes. Il la dégageait nettement dans la préface du drame: « Le romantisme tant de fois mal défini, disait-il, n'est que la libéralisme en littérature. Bientôt le libéralisme littéraire ne sera pas moins populaire que le libéralisme politique. La liberté dans l'art, la liberté dans la politique, voilà le double but auquel tendent d'un même pas tous les esprits conséquents et logiques. La liberté littéraire est fille de la liberté politique. Ce principe est celui du siècle et prévaudra. Les ultras en tous genres, classiques ou monarchistes, auront beau se prêter secours pour refaire l'ancien régime de toutes pièces, société et littérature; sortis de la vieille forme sociale, comment ne sortirions-nous pas de la vieille forme littéraire? A peuple nouveau, art nouveau... Elle voudra bien avoir sa littérature propre et personnelle et nationale, cette France actuelle, cette

France du XIX° siècle, à qui Mirabeau a fait sa liberté, et Napoléon sa puissance. »

Nous sommes loin du temps où Victor Hugo, poète enfant, écrivait que l'histoire n'avait de poésie « que vue du haut de la monarchie et de la religion. » A ce moment, Charles X règne encore. Victor Hugo a vingt-sept ans : et il a fait changer de camp le romantisme. L'école nouvelle est née catholique et royaliste : et la voilà qui se rattache à la Révolution.

Ce n'est point seulement une sorte de nécessité de situation qui devait forcément arracher au parti royaliste le chef de la grande insurrection littéraire de 1830. Victor Hugo, encore royaliste, avait un génie républicain. Il arrive souvent que tandis qu'un homme a été rattaché à une idée par la naissance ou les circonstances, qu'il en porte l'étiquette, qu'il l'a sur les lèvres et croit avec une entière sincérité l'avoir dans le cœur et dans l'intelligence, que peut-être il souffre, combat, s'expose pour elle, il arrive souvent, dis-je, qu'à ce même moment, tout ce qui s'agite au fond de lui, tout ce qui le remue profondément, tout ce qui féconde en lui la faculté créatrice appartient à l'idée exactement opposée. On ne dégage pas d'un coup la logique de sa propre nature. Des habitudes, des affections, pour ne pas dire des intérêts, ce qu'il y a de difficile à quitter ses amis pour aller parmi ses adversaires, tous les fils de la vie qu'il est si pénible de rompre, ont retenu longtemps, sinon toujours, plus d'un en dehors de la cause qui au fond était la sienne. Combien de révolutionnaires, et des plus dévoués, et des plus militants, appartenaient à la réaction par le tempérament et le tour de leur esprit ! Victor Hugo, à vingt-deux ans, avait la situation inverse : il y a toujours en une flamme de révolte intellectuelle dans le poète orageux et audacieux.

Son œuvre de théâtre, commencée à vingt-trois ans, offre à cet égard un caractère d'unité frappante. On sait quelle importance prépondérante il attachait au drame dans la première moitié de sa vie. Pour l'auteur du

manifeste fameux du romantisme, le drame, c'était la
forme suprême de la poésie au XIXe siècle, la plus haute
expression littéraire du temps. Combinant dans une puissante synthèse la poésie lyrique, l'épopée et la réalité de
la vie, mêlant l'histoire et l'idéal, contenant les deux
aspects de l'esprit, le sublime et le grotesque, le drame,
pour Victor Hugo, résume ce qu'il y a de plus haut et
de plus complexe dans la société moderne. C'est donc
dans son théâtre qu'il est naturel de chercher sa pensée.

Son premier poème dramatique, *Cromwell*, appartient
à l'époque de transition de son esprit. Il l'écrit du mois
d'août au mois d'octobre 1826, avant d'avoir vingt-quatre
ans. Il l'a étudié, médité auparavant. A ce moment, il n'a
pas encore écrit l'*Ode à la Colonne*. L'année précédente,
il célébrait le sacre de Charles X. Et pourtant, quelle
étrange inspiration pour un poète royaliste que celle qui
remplit son *Cromwell !* Assurément, il est impossible que
le public, derrière l'Angleterre du XVIIe siècle, ne cherche
par la France d'hier : un usurpateur de génie qui rêve la
couronne, le roi légitime à l'étranger, les complots ourdis
par ses partisans, et auxquels prennent part des républicains exaspérés, comment montrer tout cela aux hommes
de 1826, qui ont vu le Consulat, qui ont pu être mêlés
aux projets de Cadoudal et de Moreau, qui ont ramené la
monarchie d'exil, sans qu'à chaque mot ils retrouvent un
souvenir personnel ?

Eh bien, voici dans le drame, la noblesse qui entourait
le trône avant la Révolution. Les uns sont entrés dans la
domesticité de l'usurpateur, traîtres à leur ancien maître,
prêts à devenir traîtres au nouveau, vils courtisans du
Protecteur, parfois ses mouchards, et décidés à revenir
demain au service de la royauté restaurée. Quel spectacle
à offrir à une génération qui avait pu comparer *de visu*
la cour impériale à la cour de Louis XVIII ! D'autres
exposent leur vie pour ce roi détrôné et viennent cons-
pirer à Londres. Ils ont gardé cette fidélité dont on se
vantait si complaisamment dans la presse et à la tribune.

entre 1815 et 1830. Mais quelle bande d'étourneaux, de
fats ou de niais! L'un, poète ridicule et galant incorrigi-
ble; l'autre, juriste pédant, sorte de maniaque à citations
latines; l'un des moins sots, ignorant infatué de sa naissance, risquant de tout perdre pour une querelle de
cabaret; tous joués comme des enfants par le puissant
dictateur: voilà, à part un seul, la galerie de portraits
qui représente la portion restée loyale du parti monarchiste! La figure de Cromwell, malgré ses ruses et son
ambition, paraît singulièrement grande en face de cette
poignée de braves, quelque peu grotesques. Il a usurpé;
il est régicide ; mais le poète qui écrivait les *Odes* sur
Louis XVIII. Buonaparte, Verdun et Quiberon, s'aperçoit
maintenant qu'un usurpateur et des régicides peuvent
mettre haut leur patrie en Europe; et il montre à la
France de Charles X, les ambassadeurs des monarchies
européennes se disputant humblement l'alliance d'une
Révolution. Encore Cromwell représente-t-il dans le
drame, le génie intéressé et hypocrite: mais voici le
génie épris d'idéal, admirable d'honnêteté: et comment
s'appelle-t-il? — C'est Milton, le grand poète républicain ;
et le morceau lyrique du drame, celui où l'on sent que
Victor Hugo parle par la bouche d'un de ses personnages,
le premier exemple dans son œuvre de ces belles explosions d'éloquence poétique, par lesquelles tant de ses héros, depuis Saint-Vallier et Ruy Blas jusqu'à Gwinplaine,
feront retentir aux oreilles des puissants du jour, les
plus hautes revendications de la conscience, ce sont les
objurgations de Milton à Cromwell pour les libertés républicaines de l'Angleterre. Il y a de singulières hardiesses
sur le régicide dans le langage de Milton: mais le plus
curieux c'est que le poète se rencontre ici, par la pensée,
avec la fameuse lettre de Paul-Louis Courier (alors iné-
dite), sur Bonaparte se faisant empereur: « Il aspire à
descendre! »

> Fais sur les nations régner un peuple libre :
> Ne règne pas sur lui; sauve la liberté.

> Oh ! combien a rougi ce peuple en sa fierté
> Quand dans ce Parlement il a vu ton génie
> Mendier à prix d'or un peu de tyrannie !
> Démens tes vils flatteurs, montre-toi noble et grand.
> Juge, législateur, apôtre, conquérant,
> Sois plus que roi : remonte à ta hauteur première.

Il faut convenir que les temps et les hommes révolutionnaires n'apparaissent plus au jeune homme de vingt-trois ans, avec le même aspect qu'à l'adolescent de dix-sept ans. Il vient d'étudier la Révolution d'Angleterre ; il vient sans doute de lire, comme tout le monde, les premières histoires de la nôtre qui aient paru ; l'homme peut ne point se jeter dans la lutte contre la royauté : mais le poète n'est plus royaliste.

Le reste de l'œuvre dramatique est le plus frappant encore à ce point de vue. Les créations se succèdent dans le cerveau du grand poète. C'est *Marion de Lorme*, *Hernani*, (1829), puis *le Roi s'amuse*, *Lucrèce Borgia*, *Marie Tudor*, *Angelo*, *Ruy Blas* (1838), sept drames en neuf ans ! J'écarte *les Burgraves*, épopée presque mythique dont les personnages, moins des hommes que des titans, suivant le mot de l'auteur, ont fait fléchir et craquer les tréteaux de la scène sous leurs pieds. Pendant neuf ans, Victor Hugo a fait vivre l'histoire aux feux de la rampe. L'histoire du passé, c'est-à-dire l'histoire des rois. Quelle est sa conception invariable, aussi nette, aussi saisissante en 1829 c'est-à-dire en pleine Restauration, que neuf ans plus tard ? C'est la monarchie qu'il raconte. Comment la raconte-t-il ?

La monarchie, c'est le lourd ennui de Louis XIII, tremblant devant le ministre, son maître ; c'est la faiblesse de ce souverain, qui dans son somnolent affaissement, a laissé tomber de sa couronne son plus beau fleuron, le droit de grâce. La monarchie, ce sont les vices de François Iᵉʳ ; c'est la débauche sans scrupules et sans frein qui passe des malédictions de Saint-Vallier au lupanar de Saltabadil. La monarchie, c'est l'hébétement terrible des descen-

dants épuisés de Philippe II; c'est le roi d'Espagne, à la
fois souverain et prisonnier de son despotisme monas-
tique, s'échappant sauvagement dans une sorte de vie
animale de chasse et de course éperdue: cette figure
lointaine, qu'on dirait descendue d'un tableau de Velasquez, sa stupide chevauchée quotidienne, dans le vent, à
la suite des loups au galop, à fond de train, avec la bes-
tiale mâchoire héréditaire de sa race pointant en avant!
Ajoutez tous les démons de sang dans *Lucrèce Borgia*, et
tous les démons de sang et de luxure dans *Marie Tudor*;
mettez autour de ces souverains l'implacable cruauté de
l'homme d'État, — *l'homme rouge qui passe*, — la haine,
la ruse et la trahison du politique, — don Salluste, — la
corruption glacée et féroce du juge, — Laffemas, — les
courtisans complices et complaisants des débauches et
des crimes, les espions, les assassins à gages, et, à côté du
trône, celui en qui de Maistre saluait le premier ministre
du pouvoir royal: le bourreau; voilà la monarchie dans
les drames de Victor Hugo.

On pourrait tout au plus noter une exception: le
Charles-Quint de *Hernani*, mais avec une circonstance
curieuse si l'on songe à la date du drame, l'hiver de 1830,
l'heure de la lutte décisive pour la Restauration. Le Charles-Quint de Victor Hugo est médiocre comme roi, et superbe comme empereur. C'est la pensée de l'Empire qui le
redresse et qui l'élève. Livré d'abord aux vices ordinaires
de la royauté, il ne prend son essor qu'en contemplant le
monde à ses pieds du haut de ce faîte vertigineux d'où
Bonaparte sera plus tard précipité. Et la grandeur dont la
conception remplit le fameux monologue, rappelle confusément celle qui alors, par une sorte d'obsession, ramenait toujours la pensée du poète à la puissance napoléonienne, « Lui!... Toujours lui! »

Au milieu de ce monde monarchique, traîné sur la
scène avec cette force implacable, quelles sont les figures
sur lesquelles Victor Hugo fait tomber un rayon de lumière? C'est l'homme sans famille, de naissance inconnue,

Didier; c'est le révolté, le bandit Hernani; c'est l'homme
du peuple loyal et dévoué, Gilbert; c'est Ruy Blas, le
laquais devenu premier ministre, en qui s'incarne la soif
de la justice et de progrès de cette foule écrasée qui est
la nation et dont l'heure sonnera un jour.

Rien de si frappant que la conception générale, qui
se retrouve d'un bout à l'autre de ces peintures historiques. Une comparaison en fait sentir toute la portée.
C'est Walter Scott qui a donné aux hommes de 1830 les
premiers modèles de cette évocation vivante et colorée de
l'histoire. Son influence sur toute la génération romantique est capitale. Pour Victor Hugo, particulièrement, il
suffit de relire ce qu'il dit du romancier écossais dans
Littérature et philosophie mêlées, et de se rappeler que
sa première tentative de théâtre consista à tirer un drame
de *Kenilworth*, pour voir que, dans la mesure où une action pouvait s'exercer sur un génie aussi personnel, celle
de Walter Scott s'est exercée sur lui. Mais, entre les deux,
quelle différence de dessous intellectuel en quelque sorte !
Rois et prétendants chez le grand romancier d'outre
Manche ont toujours une sorte de noblesse native : leurs
vices les plus connus sont indiqués avec un contour ressemblant, mais adouci d'une main respectueuse. Même
sentiment pour la religion. Sitôt qu'on est sorti du lointain moyen-âge, quel que soit leur culte, tous les prêtres
sont pieux. Nul n'a tracé du catholicisme un portrait plus
flatteur que ce protestant. Y a-t-il une antithèse plus
frappante que celle qui saisit le regard tout d'abord entre
l'histoire mise en œuvre par Walter Scott et l'histoire mise
en œuvre par Victor Hugo? Dans le premier, le romancier est aussi fidèle sujet que l'homme ; et, avant que
la question de la République ait apparu même confusément en France, et par conséquent qu'elle eût pu se présenter à l'esprit du poète lié à la royauté par ses premiers
succès et ses relations, son génie se montre, peut-être à
son insu, passionnément républicain.

Et il importe de préciser les dates : car tel de ses adversaires (notamment Carrel, en 1830, à propos d'*Hernani*) a attribué à son mécontentement personnel le caractère de son œuvre. On sait en effet que le premier drame que Victor Hugo ait voulu donner au théâtre, *Marion de Lorme*, fut interdit par le ministère Martignac, et que Charles X, après une démarche faite auprès de lui par Victor Hugo, confirma la décision du ministre. Le poète était déjà pensionné ; comme compensation à l'interdiction de la pièce, le roi voulut augmenter la pension ; Victor Hugo refusa. Ainsi Victor Hugo, qui ne parla jamais de Charles X, même de Charles X exilé ou mort, qu'avec la plus grande déférence, se serait vengé bien bizarrement de lui, non pas sur lui, mais sur Louis XIII, François Ier et Charles II d'Espagne !

Cette misérable explication ne tient pas debout. D'abord, pour lui donner l'ombre d'une vraisemblance, il faudrait rayer *Cromwell*, antérieur de trois ans à l'interdiction ministérielle : mais surtout, il faudrait rayer *Marion de Lorme* elle-même, qui n'a été interdite, précisément, qu'à cause de l'esprit qu'il était trop facile d'y reconnaître. Ce n'est point ce qu'on peut appeler le caractère républicain des œuvres théâtrales de Victor Hugo qui a résulté de ses difficultés avec le pouvoir ; ce sont, au contraire, ces difficultés qui ont été les conséquences de ce caractère. Chose curieuse ! le poète était, dit-on, monarchiste sous la Restauration, monarchiste sous le régime de Juillet, et aucun des deux gouvernements ne pouvait tolérer ses œuvres à la scène ; et *le Roi s'amuse* était interdit comme *Marion de Lorme* ; tandis que trente ou quarante ans après, Victor Hugo étant en exil, et attaché depuis longtemps à la cause de la démocratie avancée, à mesure que sous l'Empire, ses drames d'autrefois pouvaient enfin reprendre possession de la scène, à chaque instant, un mot, un vers tombant droit sur le régime du 2 Décembre, éclatait au milieu des bravos républicains, tant l'œuvre de la période prétendue royaliste de sa vie, s'adaptait exactement au rôle du grand proscrit !

Victor Hugo, dès cette époque, c'est-à-dire à la fin de
la Restauration, est-il, par l'inspiration, plus catholique
qu'il n'est royaliste ? Ce n'est pas à son théâtre qu'on peut
demander la réponse. Détail significatif ! la religion en est
absolument absente. Dans cette forme dramatique qu'il
conçoit comme résumant toute la vie et toute la poésie de
la société moderne telle que le christianisme l'a faite, le
christianisme n'a point de place. Mais *Notre-Dame de
Paris* a été conçue dans les derniers temps de la Restauration. Le roman était promis pour 1829 ; toutes les recherches étaient faites, le plan était arrêté, les premières pages
étaient écrites, quand éclata la révolution de Juillet. On
peut donc au moins en considérer l'idée générale comme
appartenant à l'état d'esprit du poète à la fin du règne de
Charles X.

Voici assurément la poésie des cathédrales dans sa plus
complète expression ; toute l'œuvre se groupe autour d'une
cathédrale : et pourtant, que nous sommes loin de la pensée qui avait dicté le *Génie du Christianisme* ! Je cherche
en vain dans le livre ces pieuses architectures, que le premier romantisme rêvait, « agenouillées dans leur robe de
pierre » et faisant monter au ciel comme une fervente
prière, leurs ogives, leurs flèches et leurs nervures ! Sous
le regard visionnaire du poète, la sainte cathédrale prend
la personnalité fantastique et la vie fourmillante des vieux
temples païens de l'Égypte et de l'Inde. Une âme secrète
et multiple, pareille à l'âme éparse des champs et des bois,
emplit son peuple de statues, sa futaie de piliers, ses végétations touffues, les articulations monstrueuses de ses
arcs-boutants, la ménagerie de cauchemar des bêtes sata-
niques allongées sur ses gargouilles ou accroupies aux
angles de ses balcons, les essaims de cloches qui volent
en chantant dans ses tours. L'édifice est hanté par son
gnome familier ; ce qu'il abrite sous son ombre, c'est la
recherche impie du grand arcane : des formules de magie
sont écrites en symboles suspects dans les sculptures qui
tapissent ses murailles. Le seul prêtre qu'on nous montre

est un alchimiste. Je ne vois autour du monument sacré,
que des truands, des archers, des écoliers, des figures
comiques de bourgeois : et si, par aventure, quelque rite
religieux, quelque défilé sacerdotal est solidement ébau-
ché dans un coin du tableau avec la puissance de contour
et l'intensité de couleur qui appartiennent au maître, à
l'impression d'étrangeté et de terreur qui s'en dégage, on
dirait quelque cérémonie des antiques superstitions redoutables de l'Orient. Dans cette action si puissamment amal-
gamée au monument chrétien par excellence, si magnifiquement conçue en lui et par lui, une seule chose est
absente : la foi ; il ne manque à cette cathédrale que la
prière.

Et notez que le poète dégage, avec une clarté parfaite,
la signification de son œuvre à cet égard. Il détruit sciemment et expressément le moyen âge de convention qu'on
rêvait en 1820. Ce n'est pas moi, c'est lui qui compare nos
vieilles architectures aux pagodes indiennes ou aux temples égyptiens. C'est lui qui écarte expressément la légende
de l'élan religieux prêté à l'art gothique et qui laïcise les
cathédrales, en montrant avec la science dans le style prétendu religieux entre tous, la fin de l'art religieux et le
début de l'art civil. Il faut l'entendre opposer aux vieilles
églises romanes, « sombres, mystérieuses, basses et comme
écrasées par le plein cintre, presque égyptiennes au plafond près, toutes hiéroglyphiques, toutes sacerdotales
toutes symboliques ; ... œuvre de l'architecte moins que de
l'évêque ; première transformation de l'art tout empreint
de discipline théocratique et militaire » la famille des
églises gothiques, cette famille d'églises « hautes, aérien-
nes, riches de vitraux et de sculptures ; aiguës de forme,
hardies d'attitude, communales et bourgeoises comme
symbole politique ; libres, capricieuses, effrénées comme
œuvre d'art, seconde transformation de l'art, non plus hié-
roglyphique, immuable et sacerdotale, mais artiste, pro-
gressive et populaire, qui commence au retour des croi_
sades et finit à Louis XI ». Et plus loin : « La cathédrale,

cet édifice autrefois si dogmatique, envahie désormais par la bourgeoisie, par le commerce, par la liberté, échappe au prêtre et tombe au pouvoir de l'artiste. L'artiste la bâtit à son génie. Adieu le mystère, le mythe, la loi. Voici la fantaisie et le caprice. Pourvu que le prêtre ait sa basilique et son autel, il n'a rien à dire. Les quatre murs sont à l'artiste. Le lieu architectural n'appartient plus au sacerdoce, à la religion, à Rome : il est à l'imagination, à la poésie, au peuple. » Il est facile de comprendre que Chateaubriand n'ait pas aimé cette nouvelle traduction de l'art ogival. On lui prête ce mot mélancolique, sur *Notre-Dame de Paris* : « Il ne me restait qu'une église pour aller prier : on me l'ôte ».

Mais ce n'est pas tout. Où est, au point de vue religieux, la pensée maîtresse de l'œuvre, sinon dans le mot profond attribué par l'auteur à un prêtre ouvrant en face de la cathédrale un des premiers livres imprimés : « Ceci tuera cela ! » Et l'auteur traduit ce mot : « C'était l'épouvante et l'éblouissement de l'homme du sanctuaire devant la presse lumineuse de Gutenberg : c'était le cri du prophète qui entend déjà bruire et fourmiller l'humanité émancipée, qui voit dans l'avenir l'intelligence saper la foi, l'opinion détruire la croyance, le monde secouer Rome. Pronostic de philosophe qui voit la pensée humaine volatilisée par la presse, s'évaporer du récipient théocratique... Cela voulait dire : « La presse tuera l'Église ».

On sait en quels termes magnifiques, l'auteur développe et complète cette large conception, opposant aux gigantesques livres de pierre où l'humanité a si longtemps déposé son idéal, l'édifice intellectuel élevé depuis la Renaissance par l'esprit humain armé de la presse. Ainsi se caractérise l'opposition entre les deux œuvres qui, en France, ouvrent et ferment le mouvement littéraire inspiré par l'art gothique ; celui de Chateaubriand en 1802 ; celui de Victor Hugo, trente ans plus tard ; l'un essayant de ramener les générations nouvelles sous les voûtes mystiques où leurs pères avaient cru et prié, pour les agenouiller, repentantes, devant les symboles de la foi ancienne ; l'autre ressuscitant, il est vrai, les hommes d'autrefois autour de la vieille basilique catholique, mais en la reléguant dans un passé bien mort, et en évoquant en face d'elle, avec une signification de remplacement définitif et de victoire sans revanche, le prodigieux monument de la pensée moderne, la colossale Babel de la presse et de la science, toujours inachevée et toujours grandissante, par laquelle le génie humain escalade les cieux.

J'ai déjà remarqué que les croyances catholiques avaient paru de tout temps étrangères au génie de Victor Hugo. Il y a peut-être lieu d'insister et de préciser. Ce n'est pas seulement parce qu'il n'a jamais été pénétré à fond par le dogme romain : c'est encore parce qu'il avait un autre culte. Le sentiment religieux se manifeste à chaque ligne de ses œuvres : mais il avait sa religion à lui toute formée au fond du cerveau, longtemps, ce semble, avant de l'avoir aperçue, ou du moins nettement dégagée. C'était cette religion de la nature qui a souvent rendu, dans la première partie du XIXᵉ siècle, le spiritualisme si flottant et si voisin du panthéisme.

Le vieux culte est devenu à notre époque trop exclusivement chose de pure forme extérieure, et le sens s'en est trop perdu, pour qu'il y ait plus qu'un intérêt historique à rappeler combien le premier romantisme juxtaposait deux éléments contraires en essayant de fondre avec le catholicisme la passion de la nature. La préoccupation de la vie multiple qui sourd au fond du monde matériel, a toujours été inconciliable avec la foi profonde des religions monothéistes. Ce sont les civilisations et les littératures païennes qui ont aimé et décrit passionnément les spectacles de la terre et des mers. Il était dans leur génie d'y évoquer les esprits noyés dans les choses. *Mens agitat molem*. Depuis Sacountala jusqu'à Virgile, les aspects colorés des bois et des montagnes éveillent de profondes émotions. Rien de semblable dans les siècles absorbés par la contemplation d'un Dieu individuel. L'islam proscrit jusqu'à l'imitation par l'art, des animaux et des plantes. Le moyen âge s'est contenté de traiter les sciences de la matière en curiosités impies, la chair humaine en guenille suspecte, les jouissances de la nature en péchés, et d'ignorer le reste. On trouverait à peine une note de nature dans notre littérature avant le xv⁰ siècle, en dehors de quelques impressions fort profanes éveillées par les agréments du printemps. Il n'y a pas de paysage au fond des pieuses fresques des *trecentisti*. Et l'on sait qu'après l'âge redevenu païen de la Renaissance, dans la gloire du xvii⁰ siècle, le sentiment de la couleur et de la nature qui avait reparu s'éteint à mesure que la pensée catholique vient jeter un dernier éclat. Or, c'était le caractère essentiel du mouvement romantique que la restauration de la nature, non seulement par le vers et par la prose, mais par la peinture, que le paysage envahissait, et même par la musique, qui, dans les larges harmonies de l'orchestre, apprenait à mêler les voix indistinctes des choses aux accents des passions humaines.

Chez nul, plus que chez Victor Hugo, ce sentiment ne fut puissant. Non seulement, le poète révélait un sens du paysage, une passion de ses réalités, un éclat de couleurs inconnus avant lui : mais l'intensité de ses émotions devant la nature le conduisait bien vite à y chercher une véritable impression religieuse. Son œil visionnaire comme celui d'Albert Dürer faisait vivre les branchages des forêts ; il contemplait, avec une sorte d'admiration mystique, cette communion secrète avec l'âme des choses, qu'il prêtait si magnifiquement aux fauves, aux bêtes des bois, aux pâtres presque aussi engagés dans la vie animale que leurs troupeaux. De là cette foi en un Dieu plus ou moins mélangé de panthéisme, qui a trouvé son expression la plus forte et la plus grande dans le Satyre de la *Légende des siècles*. Sont-ce seulement les divinités mortes et inoffensives du vieil olympe, n'est-ce pas aussi le Dieu personnel et distinct du spiritualisme qui s'évanouit un peu devant cette énorme personnification de la

nature, devant ce géant terrible sur le corps duquel cou-
rent les fleuves, frissonnent les grands arbres, ruisselle
la vie universelle de la matière et qui crie aux puissances
du ciel confondues : « Place à Pan ! Jupiter je suis
Tout ! »

Il s'en faut que cette pensée ait la même netteté dans
les autres œuvres de Victor Hugo : mais elle se mêle toujours au déisme du poète. Il avait particulièrement un
profond éloignement pour l'anathème jeté par le catholicisme sur les joies de la nature qui lui semblaient choses
religieuses en quelque sorte, et l'on sait que l'auteur du
Sacre de la femme était arrivé à considérer certains
renoncements chrétiens comme de véritables impiétés.
Opposé de la sorte par le caractère même de son génie à
la conception de la nature qui fait partie de la religion
romaine, il ne l'était pas moins à sa conception politique.
On peut dire que tout son développement intellectuel
devait le séparer de l'Église.

Ce sentiment était celui de beaucoup d'hommes illustres
de la génération de 1830. Il est inutile de rappeler comment
Michelet allait devenir le génie le plus anti-chrétien du
siècle, et comment Quinet allait proclamer avec lui l'opposition irréconciliable de l'esprit moderne avec l'esprit
catholique. Mais il est curieux de trouver chez le premier
des disciples littéraires de Victor Hugo, précisément chez
celui qui devait se tenir systématiquement en dehors des
luttes politiques et philosophiques, chez le romantique
pur resté un « Jeune-France » convaincu jusqu'à son dernier soupir, une inspiration absolument et exclusivement
païenne : c'est Théophile Gautier qui allait écrire : « Le
Christ n'est pas venu pour moi. » Le romantisme était
bien loin de ses origines.

Est-ce à dire que la nouvelle école littéraire fut disposée à déclarer la guerre à l'Église? Il s'en faut de beaucoup. Tout ce que nous avons voulu montrer pour le romantisme en général et pour son chef en particulier, c'est
qu'ils étaient absolument sortis, en se développant, de

l'inspiration catholique et monarchiste; que surtout le génie de Victor Hugo appartenait, dès lors, par sa nature et par ses tendances, à l'inspiration opposée. Dès le début, la pensée qui devait, à la fin de sa vie, lui inspirer *Religions et religion*, s'ébauche dans l'esprit général de son œuvre. Le poète n'en devait pas moins rester pendant longtemps fort respectueux pour la religion catholique; soit parce qu'exclusivement engagé dans sa glorieuse bataille littéraire, il se refusait à prendre une part active aux conflits politiques ou religieux; soit parce que, se sentant moins éloigné du culte romain que de la sécheresse des doctrines qui représentaient alors la philosophie du dernier siècle, il lui conservait une sympathie qui s'adressait à l'idéalisme religieux en général; soit enfin, parce que les conceptions qui devaient à la fin l'éloigner du dogme, commençaient seulement à se dégager dans son esprit. De là les fluctuations qu'on peut noter dans son œuvre; tantôt il penchera vers l'esprit moderne, comme dans *Ceci tuera Cela*; tantôt, comme dans le *Regard jeté dans une mansarde*, il attaquera avec violence les « impiétés » du XVIII⁰ siècle. Il faudra la réaction cléricale de 1849 pour lui faire prendre un parti définitif.

Il faut noter un dernier trait qui, avant 1830, séparait Victor Hugo des idées conservatrices : c'était l'ardente pitié qui lui faisait détester, avec toutes les souffrances, tous les châtiments cruels, et particulièrement la peine de mort. *Le Dernier Jour d'un condamné* était écrit en 1829. On sait avec quelle persistance il a lutté pour la noble cause qu'il avait commencé à défendre à vingt-sept ans. Nous n'avons pas l'intention d'insister sur les magnifiques protestations contre l'échafaud, trop connues pour qu'il y ait lieu d'en indiquer la portée. Mais nous ne pouvons nous défendre d'un sentiment de tristesse, en nous rappelant l'espèce de recul qui s'est produit à cet égard dans l'opinion et en pensant que l'inviolabilité de la vie humaine, l'une des idées les plus chères aux grands esprits de 1830, comme Victor Hugo et Lamartine, semble aujourd'hui moins bien comprise qu'il y a quarante ans [1].

Quoi qu'il en soit, dès les dernières années de la Restauration, le génie de Victor Hugo était déjà profondément contraire, par le caractère de ses inspirations, au royalisme et au dogme; mais rien ne montre que le poète ait songé, à cette époque, à dégager la logique de cet état d'esprit, pour aboutir à une conclusion politique. La révolution de 1830 allait lui faire faire un pas de plus en même temps qu'à sa génération.

V

La révolution de 1830 offre ce caractère particulier, qu'elle fut tout autre chose que la victoire du parti qui, la veille du conflit, attaquait le parti condamné à être défait dans le combat : elle fut la brusque entrée en scène d'un tiers que personne n'attendait et qui apportait avec lui tout un monde de problèmes nouveaux — le peuple. — En sorte que, le lendemain, ceux qui profitaient du succès étaient plus effrayés par l'armée qui le leur avait donné, que les vaincus eux-mêmes.

Il faut rappeler combien la lutte du libéralisme contre la royauté restaurée, si grande à certains égards, fut étroite par certains côtés. Elle était grande parce qu'elle parlait au nom de la patrie et de nos gloires militaires; elle était grande aussi parce qu'elle défendait le monde contre le retour offensif de l'absolutisme clérical; et c'est ainsi que le général Foy, au nom de la première idée, Benjamin Constant et Royer-Collard, au nom de la seconde, purent s'élever aux plus magnifiques accents de l'éloquence. Mais la conception générale, au nom de laquelle

1. Ces lignes étaient écrites, il y a quelques années: on sait qu'elles ne seraient plus vraies aujourd'hui. Les idées justes ne sont jamais enterrées.

l'opposition parlait, était singulièrement restreinte. Elle s'arrêtait aux limites d'un passé militaire et politique récent, à de glorieux souvenirs de guerre et à l'idéal de libertés timides, qui formait le programme de la bonne bourgeoisie depuis le Consulat. Nul germe de pensée nouvelle, nulle ouverture sur l'avenir. Qui songeait alors à toutes ces hautes idées d'une refonte des vieilles institutions pour les besoins et les droits d'une démocratie moderne, à ces principes de liberté et d'égalité qui avaient si puissamment remué les esprits, de 1789 jusqu'à la dernière heure de la Convention, à tous les graves problèmes sociaux que posent la misère, le salariat, la souffrance, à toutes ces hautes questions économiques de crédit, de production, de circulation et d'échange, auxquelles le développement scientifique du siècle allait donner tant d'importance? On n'en trouverait pas trace dans les débats engagés alors. Les deux derniers ordres de préoccupations, notamment, semblent n'avoir été compris alors que par le génie solitaire de Saint-Simon, qui formait autour de lui un groupe de disciples encore inconnus. Couronner par les libertés nécessaires aux esprits cultivés, la reconstruction accomplie par Napoléon des institutions administratives de l'ancien régime dans la mesure où elles pouvaient s'adapter aux situations nouvelles, telle semblait être toute la pensée des hommes qui représentaient le libéralisme. Même sur l'ensemble de l'organisation gouvernementale, finances, administration, justice, et à part les questions de politique pure, la royauté ayant accepté de toutes pièces l'œuvre napoléonienne, et l'opposition ne semblant rêver rien au delà, on n'était guère séparé que par des nuances. En somme, le combat paraissait engagé entre des passés différents : l'ancien régime et l'Empire ou le Directoire; la foi du moyen âge et l'incrédulité de Voltaire. Les partis engagés semblaient regarder tous en arrière. Les libéraux étaient exclusivement des « conservateurs » en ce sens qu'ils se bornaient à défendre ce qu'on pouvait considérer comme acquis.

Ainsi restreinte par l'idée, la lutte ne l'était pas moins par le champ du combat et le nombre des combattants. Nous l'avons déjà dit, le peuple n'y paraissait pas, et on ne semblait croire d'aucun côté qu'il pût y paraître. Il pouvait rester dans de grandes portions des masses sociales un culte pour la gloire du conquérant disparu, des rancunes profondes suscitées par les vexations subies, surtout la vieille horreur du sang gaulois pour le pouvoir de la soutane. Mais on n'en concevait pas moins la politique comme le privilège des classes aisées, et l'on ne voit pas que les libéraux de la Restauration aient jamais eu un doute sur l'institution qui attachait les droits de citoyen à la possession de la fortune.

Le conflit eut souvent l'apparence d'une querelle entre les deux moitiés de la classe riche, entre la propriété du sol et la propriété de l'argent, entre la terre d'un côté, la banque et l'industrie de l'autre. La plupart des disputes sur les droits électoraux ont porté sur cette division : les libéraux faisant rendre, quand ils étaient écoutés, aux biens mobiliers, le pouvoir politique que la réaction reprenait dès qu'elle le pouvait pour les domaines. Un public encore fort peu nombreux faisait le succès d'un journal ou d'un livre. Là était, même pour les libéraux fort avancés, la vraie « nation » : la France paraissait tenir tout entière dans quelques salons. Et l'on put souvent se demander, si tout ne roulait pas sur la question de savoir si le pouvoir appartiendrait aux idées de M. de Villèle ou à celles des libéraux un peu plus hardis que M. de Martignac.

Il est aisé de comprendre comment, dans ces conditions, beaucoup d'intelligences jeunes, audacieuses, en quête d'avenir, hantées par le rêve d'une grande œuvre à accomplir pour leur siècle, tout en se passionnant pour la liberté, absolument nécessaire et liée à leur œuvre, n'ont vu dans la lutte soutenue par le parti libéral, rien qui répondît à leurs hautes aspirations. Si les profondes tendances intellectuelles que manifestaient dès lors non seulement Victor Hugo, comme nous l'avons montré, mais Michelet, Quinet, etc., s'étaient à ce moment dégagées assez nettement dans l'esprit de ceux qui les portaient en eux-mêmes pour aboutir à une formule politique précise, elle aurait sans doute paru aussi incroyable aux libéraux qu'aux royalistes. Il était donc assez naturel que des hommes encore jeunes et tout à fait en dehors des partis, pussent à peine avoir conscience eux-mêmes de la pensée où leur état d'esprit les menait.

Quoi qu'il en soit, malgré la puissante agitation soulevée en France par le dernier défi de Charles X au pays, c'était une opinion assez générale qu'il y avait là un conflit entre deux cabinets : et quand on put prévoir qu'on allait droit à une tentative de coup d'État, aucun de ceux sur qui cet acte de violence allait tomber, ne soupçonna qu'on pouvait songer à s'adresser à ces foules, pauvres, silencieuses et inertes depuis la Révolution.

C'est, au contraire, la réaction qui comptait sur le peuple. M. de Polignac répéta à plusieurs reprises que ce que les masses voulaient, c'était du pain ; c'est-à-dire du repos. Et ce n'était pas là une de ces illusions absurdes que la confiance et la légèreté font naître dans la tête de certains gouvernants. Quel langage tenait-on de l'autre côté? Nous n'emprunterons pas notre exemple à Casimir Perier : il était arrivé à un âge où l'on a plus de peine à se faire aux idées nouvelles et aux faits nouveaux. D'ailleurs, appartenant au monde de la haute banque, et représentant l'élément le moins avancé du libéralisme, il pouvait ignorer et méconnaître la foule. Thiers était plus jeune, plus ardent, plus rapproché du peuple par ses récentes années de pauvreté : ce n'est même pas à lui que nous demanderons la pensée des libéraux. Mais qu'écrivait celui qui, avec Thiers, avait donné, dans la presse, à la lutte contre la royauté de 1815, une âpreté nouvelle ; qui avait été prendre les armes pour la révolution espagnole, et qui allait, deux ou trois ans plus tard, devenir le chef du parti républicain, qu'écrivait Armand Carrel, non point une année, ni même un mois avant que le peuple descendît dans la rue, mais le 22 Juillet, c'est-à-dire à quelques heures de la Révolution?

On venait d'arranger la manifestation factice où un homme du peuple avait dit à Charles X : « Sire, croyez-moi, charbonnier doit être maître chez lui. »

Et Carrel répondait dans le *National* :

« Quand on s'est mis en opposition avec l'esprit public dans un pays, quand on ne peut s'entendre, ni avec les chambres qui le représentent légalement, ni avec les organes tout aussi légaux que lui fournit la Presse, ni avec la magistrature indépendante qui ne relève que de la loi seule, *il faut bien trouver dans la nation une autre nation que celle qui lit les journaux, qui s'intéresse aux débats des Chambres*, QUI DISPOSE DES CAPITAUX, *commandite l'industrie et possède le sol. Il faut descendre dans* CES COUCHES INFÉRIEURES DE LA POPULATION OÙ L'ON NE RENCONTRE PLUS D'OPINIONS, OÙ SE TROUVE A PEINE QUELQUE DISCERNEMENT POLITIQUE, et où fourmillent par milliers des êtres bons, droits, simples, mais faciles à exaspérer, qui vivant au jour le jour, et luttant à toutes les heures de la vie contre le besoin, n'ont ni le temps ni le repos de corps et d'esprit nécessaire pour songer quelquefois à la manière dont se gouvernent les affaires du pays.

« Voilà la nation dont il plairait au trône de s'entourer. Et, en effet, C'EST DANS LES BRAS DE LA POPULACE QU'IL FAUT SE JETER QUAND ON NE VEUT PLUS DE LOIS... Nous rions de ce projet désespéré, et maintenant si visible, d'*opposer les classes inférieures de la population à la classe dite des patentés.* »

Quand le plus hardi, le plus énergique des libéraux pensait ainsi, que devaient penser les autres? On sait qu'au moment du coup d'État, ceux qui furent les plus intrépides dans la protestation n'eurent aucune idée d'appeler le peuple aux armes. Il se leva pourtant, et, dans sa longue bataille de trois jours, il chercha vainement les chefs de ce libéralisme pour lequel il combattait. Telle

fut leur stupeur et un peu aussi leur inquiétude, leur ins-
tinctive méfiance devant cette explosion de multitudes
ignorées qu'ils traînèrent misérablement trois jours de
conciliabule en conciliabule, désemparés, comme perdus,
sans prendre un parti, sans faire une démarche, sans dire
un mot. Désignés par leur situation, par leur passé, par
leur autorité, soit pour donner à la révolte plus de force
et d'élan en se mettant à sa tête, soit pour restreindre
l'effusion du sang en faisant entendre aux chefs de la
résistance le langage de la sagesse, ils ne surent se
décider même à ce dernier rôle, que quand tout était déjà
comme fini. Vainqueurs, on ne sait quel engourdisse-
ment les empêchait d'aller occuper la forteresse conquise ; et, dans le premier moment, Paris fut sans pouvoir
d'aucune sorte ; deux inconnus, deux de ces excentriques
que les révolutions amènent à la surface pour une heure
purent s'emparer de la place vide et faire, à l'hôtel de
ville abandonné, une parodie de gouvernement. Les plus
hardis, les plus jeunes des chefs libéraux ne se réveillèrent qu'à la fin, pour aller vite chercher un autre roi,
un autre Bourbon. Pourtant le groupe d'hommes qui avait
tenu le drapeau de la liberté avec tant d'éclat en face de
la Restauration ne manquait ni de résolution ni de courage. D'où vient que, par le plus étrange paradoxe historique, on le vit d'abord énergique et intrépide dans une
suite de protestations qu'il jugeait presque sans espoir
contre la force brutale, et qu'on le vit ensuite empêché,
paralysé, nul et comme craintif, quand une invincible
armée d'alliés inattendus sortait pour lui du pavé de
Paris, et lui gagnait la victoire ? Rien peut-il mieux montrer combien ces libéraux devinèrent là tout autre chose
que leur cause ; comment ils sentirent avec effarement
crouler autour d'eux les murs étroits du petit monde bien
clos où s'enfermaient leur vie, leurs luttes, leurs conceptions de tout ; quel frisson leur donna le terrible vent
inconnu qui soufflait en tempête, et quelles sensations de
cataclysmes fit passer en eux l'apparition des horizons

oubliés qui s'ouvraient à l'infini derrière les ruines amon-
celées par l'orage ?

Le coup d'État royal avait eu en effet une conséquence
imprévue : ce peuple de 89 et de 92, enseveli depuis trente
ans, le voilà qui sortait de son tombeau. Il n'avait pas
besoin d'apporter d'exigences précises, de revendications
formulées : il suffisait qu'il se réveillât, qu'il vainquît,
même au profit d'autres, ou seulement qu'il existât, pour
que tout fût bouleversé. La veille, les droits établis, les
questions posées, les idées reçues reposaient intégralement
sur un fait : son absence. La veille, il vivait, il travaillait,
il gagnait son pain de chaque jour, il pouvait même donner
des héros à nos armées : mais, politiquement et intellec-
tuellement, il n'existait pas ; et tout d'un coup, voilà qu'il
entrait en jeu ! Évidemment, tout était renouvelé, les problèmes à résoudre et les conflits à soutenir.

Mais dans quelle étrange situation il revenait à la
lumière ! Il n'était pas seulement un inconnu pour les
hommes politiques dont il semblait défendre la cause : il
était encore un inconnu pour lui-même. Les pensées et les
colères qui le ressuscitaient et lui mettaient le fusil en
mains, s'étaient développées obscurément au fond de son
esprit. Le souffle, l'idée, la passion de la Révolution étaient
en lui, mais sans qu'aucun mouvement intellectuel antérieur eût pu lui donner la formule, le sens, la conscience de ses aspirations. On sait l'étrange histoire des
journées de Juillet : d'abord des foules sombres, pleines
d'une fureur sourde, mais indécise. Elles avaient compris
avec exaspération la menace du coup d'État contre la
France moderne : mais elles étaient si étrangères aux
querelles politiques d'alors ! Le premier qui fit la lumière
fut cet inconnu qui, le soir, promena par les rues un lam-
beau d'étoffe bleu, blanc et rouge. C'était la révolution
même qui palpitait au soleil, dans les trois couleurs qui,
sorties des ruines de la Bastille et promenées par nos
victoires à travers l'Europe, avaient laissé tomber de leurs
plis les droits populaires sur le monde entier !... Le len-

demain, Paris était debout : deux jours après, les rues étaient couvertes de cadavres ; mais le peuple était aux Tuileries.

Le mouvement révolutionnaire de 1830 eut évidemment, dans ces conditions, un sens républicain, une portée largement démocratique et de graves conséquences sociales. mais sans résultat possible, parce qu'en n'en soupçonnait rien huit jours avant. On n'improvise pas un parti et un programme dans la fumée d'un champ de bataille. Il faut, pour qu'une idée puisse profiter d'une victoire populaire. une élaboration préalable. Assurément, quelques heures de révolution changent terriblement les esprits et les choses ; elles peuvent entraîner la grande masse du pays vers un parti réduit la veille à une poignée d'hommes, vers des idées qui effrayaient toutes les timidités huit jours avant. Mais encore faut-il que les idées soient dégagées et que le parti soit formé ; non point seulement que des groupes de jeunes gens encore inconnus leur appartiennent de toute l'ardeur de leurs passions ; mais que leur ensemble soit entré dans les discussions politiques, et ait été mis, en quelque sorte, à l'ordre du jour de l'opinion. Quand le peuple, avec la jeunesse des écoles, qui seule alors, semble avoir été nettement républicaine, put, après la bataille, reprendre haleine et s'essuyer le front, encore tout grisé par l'odeur de la poudre, il savait bien qu'il avait chassé la royauté de 1815 ; mais il ne savait nullement ce qu'il mettait à sa place : on était en plein inconnu. Louis-Philippe se jeta hardiment dans la foule : tout dépendait d'une impression du moment ; il pouvait être chassé par les huées ou frappé d'une balle. Il arriva jusqu'à l'hôtel de ville, se montra, fut embrassé par La Fayette : on applaudit, il était roi. Il était roi, quoique Bourbon. Si un Bonaparte eût été là, comment douter, avec les idées alors répandues, que l'acceptation n'eût été plus facile et plus chaude ? Aucun fait ne montre mieux que, pour un prétendant, la présence est tout.

Telle fut la révolution de 1830, très restreinte par ses

résultats immédiats, immense par les idées qu'elle créait ou mûrissait, par la transformation qu'elle entraînait dans l'état social et dans la pensée du temps. Encore quelques années et les émeutes de Lyon allaient poser les questions ouvrières, et les écoles socialistes allaient naître, et les plus graves problèmes économiques allaient passionner les esprits. Un nouveau monde s'ouvrait.

Par une singulière contradiction, ce monde nouveau n'allait pas être compris, il allait n'être même entrevu qu'avec un sentiment de haine, par les libéraux qui avaient combattu le plus obstinément la Restauration ; il allait, au contraire, être admirablement compris et célébré, non seulement par la démocratie renaissante, mais encore par toutes les hautes intelligences qui s'étaient attachées d'abord à la cause de la vieille royauté.

Il n'y a peut-être pas dans notre histoire de contre-sens plus complet que le règne entier de Louis-Philippe. On a dit des émigrés qu'ils n'avaient « rien oublié ni rien appris. » Cette parole, inexacte pour beaucoup d'émigrés, est beaucoup plus vraie du groupe qui eut le dernier mot dans le gouvernement de 183) à 1848. Il n'a jamais avancé d'un pouce ni d'un jour : il est resté enfermé à vie dans l'année 1829. Lors de la lutte contre Polignac, beaucoup croyaient qu'après les élections Charles X céderait, qu'il serait même peut-être obligé d'aller un peu au-delà de M. de Martignac et qu'il se résoudrait à appeler la « gauche » d'alors avec Casimir Perier. Ce cabinet Casimir Perier, que Louis XVIII aurait formé à la place de Charles X, ce fut au fond tout le régime de Juillet.

Il semblait que rien ne s'était passé en 1830, hors une crise ministérielle. Par moments, M. Thiers paraissait bien soupçonner quelque chose de plus : mais le vieux roi le mettait à la raison en le congédiant. Quant à la révolution qui avait révélé le peuple, c'était un accident, une sorte de débordement d'orage. Il suffisait d'exhausser, de consolider les digues et de veiller aux fissures. Un article

fameux du *Journal des Débats*, l'organe le plus exact de
la pensée orléaniste, à l'occasion des profonds mouvements
sociaux qui secouèrent la royauté de Juillet, montra
comment les « libéraux » de 1830 jugeaient ces masses
populaires auxquelles ils devaient le pouvoir : c'était
« l'invasion des barbares. »

D'une façon générale, aucun gouvernement ne présida
à un plus grand mouvement intellectuel et matériel : aucun
n'y resta si complètement étranger. On sait que le roi de
1830 n'avait aucun goût pour la littérature et les arts de
1830. Le premier romantisme avait été, dans une certaine
mesure, associé à la Restauration ; le second se développa
tout à fait en dehors du régime de Juillet. Une énorme
révolution économique était en train de s'accomplir au
moyen des nouvelles applications de la science. Le gouvernement de Juillet fut dans le monde un de ceux qui en
comprirent le moins l'importance.

Tout le monde se rappelle les doutes et les hésitations
qui ralentirent de telle sorte la construction des chemins
de fer, que les premiers rails ayant été posés avant la
révolution de Juillet, c'est à peine si la plus courte de
nos grandes lignes était ouverte à la révolution de
Février, et que la France se laissa devancer par tous ses
voisins.

Qu'il s'agit de l'œuvre du siècle dans le domaine de
l'idéal ou dans le domaine des grands intérêts, les « libéraux » de 1829 lui furent aussi fermés qu'aux besoins, à la
puissance et aux revendications des masses. Ils restèrent
confinés dans un cercle aussi étroit au pouvoir que dans
l'opposition. Tout le grand élan de leur temps passa à côté
d'eux.

N'est-ce pas un curieux contraste de voir de l'autre côté
les plus illustres parmi ceux qui avaient d'abord été attachés aux doctrines de la vieille royauté unie à la vieille
religion, recueillir au contraire, au lendemain de la révolution, la pensée de rénovation qui se manifestait ? J'ai
essayé de montrer comment un véritable mouvement

d'idées, qui avait séduit de très grands esprits, avait été
mêlé à la Restauration, et comment des poètes, chez qui la
pensée était haute, avaient cru que là devait être la route
du XIXe siècle, route où notre époque rencontrerait la
liberté. J'ai essayé de montrer aussi comment, rebutés
ou ébranlés tout au moins par les actes de la monarchie,
ils avaient senti s'éteindre peu à peu la foi de leurs premières années. Mais, hommes d'idéal et de principes
avant tout, ils ne pouvaient rien apercevoir qui pût remplacer pour eux la foi ancienne, dans la « gauche libérale » d'avant 1830. La révolution de Juillet leur ouvrit
des horizons plus vastes, et, à la place du roi du passé,
ils virent le peuple de l'avenir.

A dater de ce jour, chez la plupart de ceux qui étaient,
par leur rôle, dans l'œuvre littéraire du temps, l'honneur
du parti légitimiste, le cœur peut rester fidèle à la dynastie
tombée, l'intelligence appartient à la cause nouvelle. Au
point de vue de la pensée, la révolution de 1830 détruisit
absolument l'ancienne royauté : de ce qui avait été la
légitimité, il reste un parti ; il ne resta plus une idée. Il
est assez étrange qu'au lendemain de cette résurrection
du peuple de 92, non seulement il n'y ait eu aucun mouvement d'horreur dans les hommes les plus autorisés du
parti légitimiste, mais encore qu'ils se soient presque
tous inclinés devant le mouvement populaire, et qu'ils
aient été surtout intraitables contre le régime qui l'avait
escamoté. L'ensemble des royalistes combattit beaucoup moins la révolution que le roi qu'elle avait laissé
couronner. Les plus illustres de ses écrivains firent
plus.

On le conçoit de ceux qui étaient jeunes encore : mais
Chateaubriand avait passé l'âge où l'on se renouvelle ; sa
vie, son œuvre, sa gloire semblaient l'éloigner à jamais
de la démocratie ; sa passion pour d'autres époques,
l'écarter du développement scientifique du siècle. Les
pages qu'il écrivit sous le régime de Juillet n'en sont que
plus frappantes. Voici ce que publiait, en 1834 et en

1833, l'ancien royaliste ultra, qui, en 1816, trouvait Louis XVIII trop avancé :

« L'Europe court à la démocratie. La France est-elle autre chose qu'une république entravée d'un roi? Les peuples grandis sont hors de page : les princes en ont été la garde noble ; aujourd'hui les nations, arrivées à leur majorité, prétendent n'avoir plus besoin de tuteurs...

« La découverte de l'imprimerie a changé les conditions sociales : la presse, machine qu'on ne peut plus briser, continuera à détruire l'ancien monde jusqu'à ce qu'elle en ait fondé un nouveau : c'est une voix calculée pour le forum général des peuples.

« Le règne de Louis-Philippe n'est qu'une apparente anomalie, une infraction non réelle aux lois de la morale et de l'équité... D'une énormité, consentie de Dieu, je déduis la preuve chrétienne de l'abolition de la royauté en France. Pour achever de discréditer la couronne aux yeux des peuples, il aura été permis au fils du régicide de se coucher un moment en faux roi dans le lit sanglant du martyr...

« Quand il ne s'agirait que de la propriété, n'y touchera-t-on point? Une société où des individus ont deux millions de revenus tandis que les autres sont réduits à remplir leurs bouges de monceaux de pourriture pour y ramasser des vers qui, vendus aux pêcheurs, sont le seul moyen d'existence de ces familles, elles-mêmes autochtones du fumier, une telle société peut-elle rester stationnaire sur de tels fondements, au milieu des progrès des idées ?

« Dix-huit cents ans depuis l'ère chrétienne n'ont pas suffi à l'abolition de l'esclavage...

« Le développement matériel de la société accroîtra le développement moral des esprits. Lorsque la vapeur sera perfectionnée, lorsque, unie aux télégraphes et aux chemins de fer, elle aura fait disparaître les distances, ce ne seront pas seulement les marchandises qui voyageront d'un bout du monde à l'autre, ce seront aussi les idées,

Quand les barrières fiscales et commerciales auront été
abolies entre les divers États comme elles le sont déjà
entre les provinces d'un même État; quand le salaire qui
n'est que l'esclavage prolongé se sera émancipé à l'aide de
l'égalité établie entre le producteur et le consommateur;
quand les divers pays, prenant les mœurs les uns des autres, abandonneront les préjugés nationaux, les vieilles
idées de suprématie, tendront à l'unité des peuples, par
quels moyens ferez-vous rétrograder la société vers des
principes épuisés ? »

Ces idées s'associaient chez le grand écrivain à des
déclarations d'attachement invariable à la famille tombée:
« Respectant le malheur, disait-il, et me respectant moi-
même, respectant ce que j'ai servi et ce que je conti-
nuerai à servir au prix du repos de mes vieux jours, je
craindrais de prononcer vivant un mot qui pût blesser des
infortunes, ou même détruire des chimères. Mais quand
je ne serai plus, mes sacrifices donneront à ma tombe
le droit de dire la vérité. Mes devoirs seront changés;
l'intérêt de ma patrie l'emportera sur les engagements de
l'honneur dont je serai délié. Aux Bourbons appartient
ma vie; à mon pays appartient ma mort. »

On le sait par les *Mémoires de d'Alton-Shée*, Chateaubriand songea à aller plus loin; et le projet fut
agité d'apporter à l'idée républicaine, que ne servait
qu'un parti naissant, l'autorité incomparable des plus
grands noms royalistes. Il voulait être accompagné des
deux champions les plus illustres du parti; ce fut, dit-
on, Berryer qui refusa. Il n'est pas indifférent de noter
pourtant que ce merveilleux artiste, beaucoup moins
« voyant » que Chateaubriand, beaucoup moins frappé
par la pensée de l'avenir, n'en parut pas moins sentir
combien l'idée royaliste était morte. On se rappelle ses
rapprochements avec les hommes des partis les plus différents, notamment avec les républicains, et ses efforts
pour devenir, en même temps que le porte-parole d'une
dynastie en exil, l'orateur de toutes les libertés.

Dès le lendemain de la révolution de Juillet, l'abbé de Lamennais allait beaucoup plus loin, peut-être avec moins de largeur de compréhension pour le développement scientifique du siècle, mais avec sa brûlante passion de conscience religieuse insurgée contre les misères terrestres. Tout le monde sait quelle étrange conception d'une Église catholique, prenant en main la cause des peuples contre les abus du passé, d'une sorte de papauté démocratique, s'empara alors de son esprit, et réunit autour de lui le groupe de jeunes gens dont faisaient partie Montalembert et Lacordaire ; comment, d'abord ménagé par la cour de Rome, mais peu disposé, avec sa rudesse de conviction, à accepter aucun doute, ni aucune équivoque, puis formellement condamné par le Vatican, il rompit avec le pontificat romain pour lequel il avait tant combattu ; comment enfin, dès 1834, il lança ce formidable petit livre qui s'appelait : *Paroles d'un croyant.* « C'est en deux mots, écrivait Lamartine, l'Évangile de l'insurrection : Babœuf divinisé. »

La vérité est que le prêtre révolté apportait à toutes les pitiés sociales et à toutes les colères de la Révolution la poésie terrible des prophètes juifs. On raconte que les typographes occupés à composer l'ouvrage en étaient si transportés, que leurs doigts ne pouvaient plus saisir dans leurs casiers les caractères de plomb. Lamennais ne devait plus changer : il est mort fidèle à la république sociale.

On a vu qu'avant les Journées de Juillet, Lamartine était considéré par ceux qui allaient tenter le coup d'État, comme un des leurs. Ils se trompaient : car le poète, dès lors, jugeait sévèrement leurs fautes. Mais il se rattachait à l'opinion légitimiste, sans enthousiasme : « la politique m'ennuie », écrivait il. La révolution de 1830 eut sur lui deux effets à peu près immédiats : elle l'attacha à la cause du peuple et lui donna la passion des affaires publiques. Un an après il publiait sa *Politique rationnelle* où paraît déjà le plus large sentiment démocratique. « La forme des gouvernements modernes, écrivait-il, n'est

plus soumise à la discussion, tous l'admettent ou tous y
tendent par le fait même de notre civilisation : c'est le
gouvernement libre de la discussion, du consentement
commun, c'est la République comme nous l'aurons plus
tard. » Il ajoutait, il est vrai : « La république mixte à plusieurs corps, à une seule tête : république mixte à sa base,
monarchie à son sommet. » Mais il définissait la seule
monarchie qui lui semblât possible : « royauté fictive et
conventionnelle dans un chef héréditaire ». Et il ajoutait :
« Qu'on le nomme président ou roi, peu importe ! » Le
programme qu'il indiquait en même temps dépassait
singulièrement son temps : suppression de la pairie héréditaire, unité de Chambre, liberté absolue de la presse,
séparation de l'Église et de l'État, l'élection à la base de
tous les pouvoirs, le suffrage universel, réglé, il est vrai,
d'une façon spéciale.

Longtemps, il poursuivit ce rêve de voir la royauté
nouvelle, contre laquelle il n'avait pas le parti pris de
Chateaubriand, développer la pensée de la révolution de
Juillet, inaugurer l'ère de la démocratie, et l'inaugurer
avec les éléments les plus modérés.

Entré à la Chambre, et le plus éloquent parmi les
orateurs du centre, il étonnait ses amis par son programme de rénovation sociale. Il sentait comme personne
le vice de la politique étroite qui gouvernait : « 1830,
disait-il à la tribune, n'a pas su créer son action et
trouver son idée. Le passé vous était fermé, il vous fallait
une idée nouvelle... Cette idée, je ne la développerai
pas, je me contenterai de la nommer : c'est l'idée des
masses, l'idée de l'organisation et de la moralisation du
peuple prise dans son sens le plus large. Ce gouvernement était né du peuple : il se devait tout entier au peuple,
il devait se faire gouvernement des intérêts et des droits
du plus grand nombre : il devait faire en bas ce que 89
avait fait en haut. »

Cette pensée ne cessa de mûrir dans son esprit, et le
jour où il vit qu'il fallait choisir entre le régime de

Juillet et les principes démocratiques de la Révolution,
il n'hésita plus : il écrivit *les Girondins*, prédit la « Révolution du mépris » et se mit à la tête du mouvement
qui conduisait à la république.

Il n'est pas inutile de noter que ce poète idéaliste se
montrait, comme Chateaubriand, passionnément préoccupé
du développement scientifique de son temps étroitement
associé dans son esprit à l'idée nouvelle, et que de grands
discours de la plus haute portée sur les chemins de fer et
le crédit accompagnaient son évolution.

C'est ainsi que les chefs du mouvement littéraire qui,
à son origine, se rattachait à l'idée royaliste, étaient
arrivés à l'idée de la révolution. D'ailleurs, dans ces éléments nouveaux, le romantisme à cette époque n'avait
plus aucun lien avec la cause de la vieille monarchie. Le
gothique continuait à y être une chose à la mode : mais
il n'y était plus autre chose. Dans la jeune génération qui
suivait et continuait l'impulsion poétique déjà donnée,
beaucoup élevaient la haine de la politique à la hauteur
d'un système : d'autres, qui se qualifiaient de « bousin-
gots » étalaient des sentiments violemment révolutionnaires ; et dans cette école décidée à stupéfier les « bourgeois » par des costumes excentriques, les gilets à la
Robespierre se mêlaient aux pourpoints du moyen âge.
Alexandre Dumas, alors l'un des maîtres de la jeunesse,
se donnait, avec son aplomb exubérant, le titre de « républicain », et mêlait aux joyeuses aventures de ses *impressions de voyage*, quelques mots émus sur la condamnation de ses frères de Saint-Merry. George Sand allait
écrire ses romans socialistes.

Chez la plupart, une religiosité assez marquée se
mêlait à ces manifestations démocratiques. On s'était mis
en tête de solidariser l'Évangile et la Déclaration des
droits de l'homme : équivoque facilitée par le spectacle
d'une réaction voltairienne, et qui devait faire donner par
le clergé aux arbres de la liberté de 1848, une bénédiction mortelle. Les premiers qui réagirent contre cette

fatale confusion furent les deux grands esprits qui représentaient le mouvement de 1830 dans le domaine de l'histoire, Michelet et Quinet, qui, eux aussi, étaient passionnément entrés dans le mouvement démocratique. Michelet allait s'arracher au moyen âge pour ressusciter la grande Révolution dans sa pensée et dans ses tragiques épreuves.

Quelle transformation s'opérait en même temps dans le poète des *Odes et Ballades* ?

« Après la révolution de Juillet, pendant les derniers mois de 1830 et les premiers mois de 1831, l'auteur reçut, de l'ébranlement que les événements donnaient alors à toute chose, des impressions telles, qu'il lui fut impossible de ne pas en laisser trace quelque part. » C'est ainsi que Victor Hugo exprimait l'effet produit sur lui par l'explosion du peuple. A dater de ce jour, il appartenait tout entier à la cause de l'avenir.

Écoutez, écoutez à l'horizon immense
Ce bruit qui parfois tombe et soudain recommence.
Ce murmure confus, ce sourd frémissement
Qui roule et qui s'accroît de moment en moment !
C'est le peuple qui vient ! C'est la haute marée
Qui monte incessamment par un astre attirée !

. . . .

Malheur à qui, le soir, s'attarde sur la grève
Et ne demande pas au pêcheur qui s'enfuit
D'où vient qu'à l'horizon on entend ce grand bruit!
Rois, hâtez-vous! Rentrez dans le siècle où nous sommes,
Quittez l'ancien rivage!... A cette mer des hommes
Faites place, ou voyez si vous voulez périr
Sur le siècle passé que le flot doit couvrir [1].

Comme Chateaubriand, comme Lamartine, ce que Victor Hugo saluait dans la grande révélation révolutionnaire des journées de Juillet, ce n'était pas l'étroit changement d'une formule politique, c'était l'idée nouvelle, avec toutes ses puissances à la fois populaires et scientifiques, se

1. *Feuilles d'automne.*

répandant sur le globe et soulevant l'Europe. On sait en
quels termes magnifiques, il célébrait l'avenir qui s'ouvrait à ses regards.

> Ce siècle est grand et fort : un noble instinct le mène,
> Partout on voit marcher l'idée en mission...

Et le poëte voit dans un horizon plein de lumière, avec
« la pensée sculptant les nations », l'échafaud vieilli qui
croule, la science sondant les mystères de la nature et
domptant ses forces.

> L'homme se fait servir par l'aveugle matière,
> Il pense, il cherche, il crée!...

La grandeur de la tâche à accomplir frappe alors ce
grand esprit. Il regarde autour de son pays affranchi, les
peuples encore courbés sous le joug.

> Je hais l'oppression d'une haine profonde.
> Aussi, lorsque j'entends dans quelque coin du monde,
> Sous un ciel inclément, sous un roi meurtrier,
> Un peuple qu'on égorge, appeler et crier!...
> Alors, oh! je maudis dans leur cour, dans leur antre
> Ces rois dont les chevaux ont du sang jusqu'au ventre!
> Je sens que le poëte est leur juge! Je sens
> Que la muse indignée, avec ses poings puissants,
> Peut, comme au pilori, les lier sur leur trône!...
> J'oublie alors l'amour, la famille, l'enfance
> Et les nobles chansons, et le loisir serein,
> Et j'ajoute à ma lyre une corde d'airain[1].

La corde d'airain qu'il ajoute à sa lyre dès le lendemain
de Juillet, c'est celle sur laquelle il fera sonner les
poëmes des *Châtiments*.

Ce n'est pas tout : dès lors, le mouvement de sa pensée
revêt une forme politique précise : Victor Hugo est républicain au lendemain de la révolution de 1830.

---

1. *Feuilles d'automne*, 1831.

A la suite de l'insurrection de juin 1832, Paris fut mis en état de siège, on put craindre à un moment une réaction sanglante, et il fut question d'insérer dans *le National* une protestation revêtue de signatures. Victor Hugo, en envoyant la sienne à Sainte-Beuve, lui écrivait, le 12 juin 1832 :

« ... J'espère qu'ils n'oseront pas jeter aux murs de Grenelle ces jeunes cervelles trop chaudes, mais si généreuses. Si les faiseurs d'ordre public essayaient d'une exécution publique, et que quatre hommes de cœur voulussent faire une émeute pour sauver les victimes, je serais le cinquième.

« ... Nous aurons un jour une république, et, quand elle viendra, elle sera bonne. Mais ne cueillons pas en mai le fruit qui ne sera mûr qu'en août. Sachons attendre. La république proclamée par la France en Europe, ce sera la couronne de nos cheveux blancs. »

Sainte-Beuve, en citant cette lettre, ajoute : « Le Victor Hugo de Jersey et de Guernesey était en germe dans cette lettre intime et levait déjà le front : déjà le tribun perçait sous le songeur. »

Victor Hugo a tenu, on le sait, à marquer lui-même l'évolution de son esprit, en mettant côte à côte en 1834, dans le même volume *Littérature et philosophie mêlées*, ses premières opinions royalistes, et ses nouvelles opinions démocratiques. « Jacobite » en 1819 ; « révolutionnaire » en 1830, c'est ainsi qu'il se définit lui-même. Il sent et il dit ce qu'il y a de mesquin, de faux, de caduc dans le régime bâtard installé à la place de la vieille royauté. « Tout ce qui se fait maintenant dans l'art politique, dit-il, n'est qu'un pont de bateaux. Cela sert à passer d'une rive à l'autre, mais cela n'a pas de racines dans le fleuve d'idées qui coule dessous, et qui a emporté dernièrement le vieux pont de pierre des Bourbons. » Et ailleurs : « La nouvelle génération a fait la révolution de 1830, l'ancienne prétend la féconder. Folie, impuissance ! Une révolution de vingt-cinq ans, un parlement de soixante, que peut-il résulter de l'accouplement ? » Et ailleurs encore : « Notre maladie, depuis six semaines, c'est le ministère et la majorité de la Chambre qui nous l'ont faite : c'est une révolution rentrée. » Et il va jusqu'à la conclusion qu'il ne croit pas encore possible immédiatement, mais qu'il annonce : c'est la république avec le suffrage universel. « Si l'intelligence n'éclaire encore aucune tête au sommet du corps social, que cette tête règne... Mais lorsqu'enfin l'ombre a disparu de partout, quand toutes les têtes sont dans la lumière, que tous régissent tout. Le peuple est mûr à la République : qu'il ait la République ! » « La République, selon moi, la République qui n'est pas encore mûre, mais qui aura l'Europe dans un siècle, c'est la société souveraine de la société : se protégeant, garde nationale ; se jugeant, jury ; s'administrant, commune ; se gouvernant, collège électoral. Les quatre membres de la monarchie, l'armée, la magistrature, l'administration, la pairie, ne sont, pour cette république, que quatre excroissances gênantes qui s'atrophient et meurent bientôt. »

Il dit un peu plus loin :

TRÈS BONNE LOI ÉLECTORALE *Quand le peuple saura lire* .
ARTICLE PREMIER. — Tout Français est électeur.
ART. II. — Tout Français est éligible.

Ajoutez qu'il conçoit la révolution de Juillet comme devant se répandre sur l'Europe : « On a tort de croire que l'équilibre européen ne sera pas dérangé par notre révolution. Il le sera... Une révolution combattra pour nous partout où nous le voudrons. » Ajoutez qu'il entrevoit déjà au bout des résistances monarchistes, une révolution nouvelle. « Vous avez une belle tribune en marbre avec des bas-reliefs de M. Lemot, et vous n'en voulez que pour vous ; c'est fort bien. Un beau matin, la génération nouvelle renversera un tonneau sur le cul et cette tribune-là sera en contact immédiat avec le pavé qui a écrasé une monarchie de huit siècles. Songez-y ! »

Ce ne sont point là, il faut le retenir, des opinions improvisées dans le premier entraînement de la victoire populaire, et disparues après, dès que le souffle de la révolution s'est calmé. Au contraire, il est frappant de voir, dans l'œuvre de Victor Hugo, le soin que le poëte a pris de ne point faire de manifestations politiques dans le premier tumulte du triomphe. Il a pris parti contre le régime de recul, on l'a vu, bien avant les journées de Juillet, dans la préface de *Hernani*, en solidarisant la cause du libéralisme avec celle de la rénovation littéraire. Il aurait donc eu, dans la réprobation universelle soulevée par le coup d'État manqué, le droit de se prononcer pour la cause victorieuse dès la première heure, sans paraître tourner avec la fortune. Dans son premier recueil publié après 1831 (*les Feuilles d'automne*), il n'en annonce pas moins qu'il ajourne les poésies politiques qu'il a en portefeuille. Il garde pendant plusieurs années les notes qu'il a écrites sous l'impression de la révolution. Et c'est en 1834, long-temps après que l'enthousiasme de Juillet s'est dissipé, que le ministère Perier a rudement mis fin au mouvement populaire, que le parti républicain a été écrasé au cloître Saint-Merry, que la monarchie nouvelle s'est assise et a arrêté son système de résistance, c'est alors que délibérément, après réflexion, le poëte publie sa nouvelle profession de foi politique.

Nous avons terminé la première partie de l'examen que nous devons consacrer au rôle de Victor Hugo dans les choses publiques. Nous l'avons vu passer du royalisme le plus ardent (l'opinion de son enfance), à l'idée de la République (son opinion de vingt-huit ans). Nous avons vu cette transformation s'opérer, non pas dans un homme politique, qui demande aux luttes des partis sa carrière et ses succès, mais dans le poëte encore exclusivement voué à son œuvre littéraire. A dire vrai, nous avons eu, pour cette première période, moins à écrire quelques pages de la vie du maître, qu'à rechercher, soit dans son œuvre, soit dans l'influence des circonstances environnantes, les symptômes du profond travail intérieur qui a effacé dans le génie du poète, durant ses premières années de virilité, les idées que l'éducation maternelle et l'action du milieu avaient imposées à l'enfant. Et nous avons reconnu, dans ce travail décisif, moins un mouvement isolé ou personnel de Victor Hugo, que le mouvement général de la génération qui allait porter si haut la gloire de la pensée française.

Au début, il y a comme un abîme d'oubli entre la plupart de ceux qui représentent l'avenir intellectuel du pays et la révolution pourtant si récente. Par la réaction contre l'Empire renversé, par le souvenir effrayant des sanglantes convulsions de 93, par le spectacle de décadence poussée jusqu'à la décrépitude qu'offrent les derniers héritiers de la littérature et des idées du xviiie siècle, par le besoin d'émotions et de pensées nouvelles, autant que par l'influence des plus récentes modes littéraires, les esprits les plus généreux, les plus élevés, les plus magnifiquement marqués pour conduire la marche en avant du siècle, semblent rompre avec leur temps et se retournent vers le moyen âge, pour lui demander son idéal et comme le modèle de l'avenir. Étrange illusion, qui met passagèrement au service des réactions les plus excessives de grands esprits ayant déjà toute leur envergure ! Une bonne partie des nouvelles générations se croit destinée à être royaliste et dévote.

La force des choses devait détruire ce non-sens. La royauté cléricale, poussée peut-être plus encore par la logique fatale de son principe que par les fautes du gouvernement, montre à la France épouvantée ce qu'il y a en réalité dans l'idée de l'ancien régime. La réaction des premières années de Charles X déchire les équivoques, et fait envoler les beaux rêves des romances gothiques. La génération qui porte en elle l'avenir de l'esprit français sent s'éteindre en elle la foi de ses débuts, et cherche une foi nouvelle. Elle se rapproche déjà de l'esprit de la Révolution, qu'elle commence à connaître. Mais entre un libéralisme bourgeois et un peuple silencieux et comme indifférent, où trouverait-elle une pensée assez haute pour lui montrer la voie?

Survient la brusque et magnifique explosion de 1830, et elle aperçoit ce qu'elle cherchait. Et dès le lendemain, plus ou moins ardemment, plus ou moins nettement d'abord, elle est revenue à la pensée de la Révolution, qu'elle développera avec son génie propre, et avec laquelle, comme nos pères de 1789, elle ébranlera l'Europe.

Victor Hugo était encore adolescent dans la première de ces trois périodes. Il a fallu qu'il écrivît déjà des odes immortelles à l'âge où l'on est encore sur les bancs des écoles, pour qu'on ait pu opposer ses vers royalistes à son œuvre républicaine. Comment, étant entré si vite et si résolument dans la pensée de la démocratie, avec la puissance révolutionnaire de son génie, n'a-t-il pris que dix-huit ans plus tard le rôle politique que faisaient prévoir les pages écrites en 1830? C'est ce que nous aurons à examiner au début de la seconde partie de cette étude. Mais dès qu'il a eu âge d'homme, Victor Hugo a appartenu à la cause de l'avenir; dès le lendemain de Juillet, il a conçu l'idée républicaine qu'il devait si magnifiquement glorifier dans les épreuves.

1830 - 1851

I

Nous avons montré quelle révélation avait été pour
Victor Hugo le spectacle des journées de Juillet. Le poète
qui publiait en 1834 le *Journal d'un Révolutionnaire
de 1830* aurait dû, à ce qu'il semble, achever son évolution républicaine avec ses illustres amis Lamartine et
Lamennais, et peut-être avant eux. Pourtant elle allait
subir un retard de quinze années. Si dès le moment où il
écrivait les déclarations décisives reproduites dans la
première partie de cette étude il s'était jeté dans la politique, s'il en avait vécu les péripéties, s'il avait été conduit
à en ressentir activement les impressions, il aurait continué,
sans nul doute, a la lumière des événements, le développe-
pement logique de son tempérament et de sa pensée. Il
l'aurait fait, comme Lamartine, hors des cadres officiels
des partis, en s'imposant à eux par la puissance du génie.
Mais il y avait entre eux une profonde différence de situation. Au lendemain de 1830, Lamartine, plus vieux de
dix ans, avait accompli la partie essentielle de son œuvre

de poète; il se sentait libre pour d'autres préoccupations
et poussé vers un champ d'activité nouveau; la tribune
l'appelait : il allait y devenir le plus grand orateur du
siècle. Victor Hugo, dans toute la plénitude de son inspiration poétique, dans tout le feu de son combat littéraire,
avait alors le théâtre pour champ de bataille et le romantisme pour drapeau.

Le théâtre et la tribune s'excluent, précisément à cause
de leurs côtés communs. L'un et l'autre ont le retentissement immédiat, le corps à corps direct avec le public,
l'aspect d'un combat livré. Nulle part la pensée, relativement tranquille dans le livre, ne trouve plus nettement
les conditions de la lutte et le caractère de l'action. D'ailleurs, l'un et l'autre exigent une élaboration matérielle,
une existence spéciale, un travail de coulisses ou de
couloirs, trop accaparants pour qu'on puisse se partager
entre les deux. On sait comment le théâtre sembla aux
débuts du romantisme la position décisive pour l'école
nouvelle. Dans toute la durée du xviii siècle, il avait eu
dans les mœurs littéraires une importance d'autant plus
significative, qu'il tient une place moins grande, au point
de vue du mérite, dans l'œuvre de cette magnifique époque.
Sous l'empire, cette importance s'était encore accrue, en
même temps que la médiocrité des productions. Comment
s'étonner que le romantisme à ses débuts ait semblé avoir
surtout à prendre la scène pour champ de lutte et à y
planter son étendard? C'est là que le chef de l'école nouvelle devait engager le combat; là qu'il devait installer le
drame moderne sur les ruines de la tragédie.

C'était si bien le sentiment général que l'armée romantique se mettait en mouvement à chaque pièce nouvelle.
Les « tribus » de jeunes gens groupés autour des poètes,
les artistes de l'école nouvelle, sortaient en masses
compactes du fond des cénacles et des ateliers, avec leurs
crinières mérovingiennes, leurs barbes hérissées, leurs
pourpoints flamboyants, leurs carmagnoles révolutionnaires, leurs costumes fantastiques qui déjà étaient autant

de défis aux gens tranquilles, pour livrer leur bataille quotidienne aux lueurs du lustre. Chaque représentation devenait une mêlée acharnée, au milieu des bravos, des sifflets, des échanges d'invectives. C'est grâce à ces bruyantes campagnes que la poésie nouvelle conquit les positions occupées par la poésie du passé. La place du chef d'école était là.

Les années qui commencent à la première représentation de *Henri III* furent remplies par cette guerre littéraire. Victor Hugo s'y donna sans réserve. *Marion Delorme*, *Hernani*, *Le Roi s'amuse*, *Lucrèce Borgia*, *Marie Tudor*, *Angelo*, *Ruy Blas*, *les Burgraves*, telle fut la série des combats livrés par lui de 1829 à 1842. On comprend très bien que durant cette période le poète se soit abstenu de se mêler d'une manière active aux luttes des partis politiques, et qu'il en soit resté aux déclarations de *Littérature et philosophie mêlées*.

Il n'y a pas de guerre éternelle. A la fin de ces treize années, la situation avait changé du tout au tout. D'abord, le romantisme n'avait plus à conquérir son droit de cité : il avait vaincu. Puis, à mesure que la littérature du siècle prenait tout son développement, il devenait plus difficile de croire que le drame dût rester sa forme principale. La pensée nouvelle donnait trop de place à l'homme intérieur pour s'enfermer tout entière dans le cadre du dialogue. Elle attachait en même temps trop d'importance à l'aspect matériel des choses et surtout au spectacle de la nature, pour trouver son expression complète sur les planches, où le poète doit abandonner au décorateur et au costumier la réalisation d'un des éléments essentiels de son idée. Elle était trop complexe, trop mêlée à la fois d'élans lyriques, de conceptions historiques ou sociales, de systèmes ou de rêves philosophiques, pour ne point déborder les planches du théâtre, si merveilleusement adaptées à l'idéal plus simple et plus sobre du xviiᵉ siècle. On voyait, d'une part, le roman prendre une grande partie de l'importance d'abord réservée à la scène ; d'autre part, le théâtre subir, entre les mains de spécialistes habiles, la transformation qui devait lui donner un caractère de plus en plus industriel.

Dès 1837, dès *Ruy Blas*, les bandes romantiques, qui naguère combattaient avec la passion des armées révolutionnaires, avaient disparu ou étaient dispersées. Les fanatismes étaient ailleurs. Dès ce moment, il semble que Victor Hugo ait, de son côté, senti son inspiration l'éloigner de la scène. Le premier drame qu'il conçut ensuite, les *Jumeaux*, est resté à l'état d'ébauche. Interrompu « pour cause de maladie », il ne fut jamais repris. La seule œuvre qu'il ait écrite après cela pour la scène, les *Burgraves*, témoigne mieux que toute autre de l'évolution de son génie. Elle marque la transition du drame à l'épopée ; on n'y reconnaît plus l'auteur d'*Hernani* : on y pressent le poète de la *Légende des Siècles*.

D'ailleurs la victoire du romantisme avait été si complète, que déjà une réaction se manifestait : il fallait au public un retour en arrrière. C'est aux *Burgraves* qu'on s'en prit. A distance, nous comprenons qu'il ait été difficile de faire tenir les personnages démesurés de ce magnifique poème féodal entre les rideaux de la scène et sous les oripeaux des comédiens ordinaires du Roi. Il aurait fallu les bouches d'airain des masques antiques à ces frères germaniques des géants de la Grèce primitive auxquels Eschyle prêtait sa langue surhumaine. Mais on a peine à comprendre que l'incomparable grandeur de l'œuvre n'ait pas frappé les contemporains. Les *Burgraves* ne rencontrèrent guère que la froideur des uns et les railleries des autres. Le public se portait ailleurs. Le besoin de revanche pour la tragédie vaincue faisait un succès foudroyant à la très médiocre *Lucrèce* du très médiocre Ponsard. Rachel vengeait Racine des victoires récentes du romantisme.

L'échec des *Burgraves* fut décisif pour Victor Hugo. Il résolut de renoncer au théâtre, et il se tint parole. Ce génie de combat n'était pourtant pas de ceux que les oppositions effrayent ou que les défaites abattent. Mais il avait achevé

son œuvre au théâtre : il avait donné son drame au roman_
tisme ; des inspirations nouvelles s'élaboraient en lui. Dans
toute la seconde partie de sa carrière, la plus magnifique
et la plus féconde, jamais sa pensée n'a plus revêtu une
forme adaptée au cadre de la scène, même au temps où la
reprise de ses œuvres théâtrales était une série de
triomphes. Au surplus, dès 1840, la pensée du siècle se
portait d'un autre côté. La révolution littéraire était
accomplie : un souffle de rénovation politique et sociale
passait sur la France. Victor Hugo se sentait une gloire
nouvelle à conquérir, et il était dorénavant libre pour la
tribune où Lamartine l'avait précédé.

Il faut remonter de quelques années en arrière, pour
comprendre, à la fois, la situation générale des partis
d'avenir, et la situation personnelle préparée à Victor Hugo.

II

Rappelons d'abord ce qu'était le parti républicain, qui
s'improvisa dans le combat de Juillet.

Le mouvement démocratique d'où il est sorti dépassait
singulièrement la question posée sur la forme du gouvernement. Il est impossible de l'isoler de l'immense mouvement intellectuel et matériel qu'opérait le génie du siècle.
En même temps qu'un art, une littérature et une pensée
naissaient, toute une société nouvelle sortait, soit des
découvertes et des transformations scientifiques qui
allaient multiplier dans des proportions colossales les
forces économiques du monde, soit des premiers conflits
qui allaient éclater entre le labeur des pauvres et le
patronat des riches. Les forces mécaniques, les chemins
de fer, l'organisation renouvelée du crédit, ne devaient pas
seulement décupler la puissance du travail humain : ils

commençaient à créer, à côté et au-dessus des vieilles aristocraties en décadence, des pouvoirs de banque et d'industrie auxquels l'avenir n'était que trop réservé. En même temps, la protestation des déshérités contre les injustices de la fortune éclatait en révoltes et se formulait en doctrines. Les premières insurrections économiques couvraient Lyon de cadavres; les ouvriers, soulevés par une question de salaire, apercevaient aux lueurs de la fusillade l'intérêt de la cause républicaine pour leur pain de chaque jour; et le sang versé scellait à jamais l'alliance entre les travailleurs affamés et le parti de la Révolution. Ainsi apparaissaient, à la fois, la puissance de la richesse moderne et les révoltes du travail pauvre. Chose étrange : les systèmes, qui donnaient conscience d'eux-mêmes à ces deux éléments contraires, sortaient de l'école du même grand esprit, à peu près ignoré de son vivant, et le Saint-Simonisme, par une bizarre antithèse, produisait en même temps les premiers socialistes et les fondateurs des pouvoirs financiers les plus modernes.

Le gros de l'armée républicaine se recrutait naturellement dans les masses ouvrières, révoltées contre leur annulation politique et contre leur sujétion économique. Le peuple d'alors était bien celui qu'avait révélé la bataille de mil huit cent trente : épris d'idéal, familier de naissance avec la poudre et les balles comme une armée de vieux soldats. Une foule d'hommes jeunes, d'écrivains, de savants, brûlant de la passion de la Révolution, apportaient aux masses populaires leur enthousiasme et leur intrépidité. C'était la génération des Godefroy Cavaignac, des Barbès, des Martin Bernard, des Blanqui, des Trélat. Ainsi se forma, d'ouvriers et de jeunes gens, cette légion de héros bravant, avec la même fierté intrépide, les juges de la royauté au banc des assises, et ses troupes sur une barricade; obstinés aux combats sans espoir, comme s'ils avaient fait avec la mort le fameux pacte des Conventionnels. Nul, même parmi ceux qu'irritaient les alarmes dont ils effrayaient incessamment le repos public, ne pouvait se défendre, devant un tel spectacle, d'une admiration qui hâtait singulièrement les progrès de l'idée républicaine. Cette admiration, Victor Hugo la ressentait mieux que tout autre : le magnifique tableau qu'il a laissé dans les *Misérables*, le prouve incontestablement. On peut modifier ses opinions avec le temps : on ne se refait pas des impressions. L'homme qui, avec ses souvenirs d'alors, a écrit « l'épopée de la rue Saint-Denis », a certainement contemplé, avec une profonde émotion, l'armée d'insurgés républicains qu'il a glorifiée dans des pages immortelles.

Mais pour former et diriger un parti, il ne suffit pas de héros, il faut encore des politiques. Et les politiques du parti républicain allaient être forcément recrutés dans les plus hardis des libéraux de la Restauration. C'était insuffisant.

Celui qui, sous Louis-Philippe, fut le chef incontesté jusqu'à sa mort, a trop noblement représenté une école dont l'influence a été décisive, pour ne pas arrêter sérieusement notre attention. Esprit net et vigoureux, caractère vaillant et loyal, polémiste redoutable par son talent d'acier nu, droit et agile comme un fleuret, Armand Carrel, qui avait si peu deviné la Révolution populaire de 1830, fut dès la première heure son défenseur le plus fidèle. Aussi, dès qu'il vit le régime nouveau la tromper, lui, le collaborateur et l'ami des hommes portés au pouvoir par la Monarchie de Juillet, il rompit avec eux et cria : Je suis républicain. »

Avec un nom déjà considérable, il apportait aux foules soulevées par l'idée nouvelle un esprit de nature toute différente. En réalité, Armand Carrel n'était que le représentant le plus fougueux et le plus énergique du libéralisme bourgeois (libéralisme assez autoritaire), tel qu'il s'était montré de la fin de la Convention à la chute de Charles X.

Quand le mouvement inauguré en 89 fut sorti de la crise de génie et d'enthousiasme qui permit à quelques inspirés d'entrevoir dans la tempête, à la lueur des

éclairs, des horizons d'idées indéfinies, il s'était formé,
en dehors du peuple lassé, décimé et rentré dans l'ombre,
dans la région des classes lettrées de tous les rangs, un
esprit d'attachement à la Révolution qui songeait plus à
ne point reculer qu'à avancer encore, et qui se fût très
bien contenté du Directoire sans son incapacité désor-
donnée, du Consulat sans la dictature, et du régime des
Cent jours sans le maître dont ce régime ne pouvait que
masquer passagèrement l'instinct incoercible de conquête
et de domination. Avec plus d'énergie et plus d'audace,
Armand Carrel ne semble guère avoir dépassé les limites
de cet esprit.

Au point de vue littéraire, il datait du Directoire, renversé avant sa naissance. Bien qu'il eût à peine deux ans
quand la gloire de Chateaubriand éclata, il nourrissait
une sorte de haine très batailleuse contre l'œuvre intellectuelle de son temps. N'est-il pas étrange de le voir, alors
qu'il n'avait pas trente ans, et tandis qu'il avait sous
les yeux la magnifique renaissance opérée par sa génération en poésie, en histoire, en peinture, en musique, écrire
ces mots significatifs: « Presque tous les arts sont en
fausse direction depuis dix ans; mais dans le spectacle
des siècles, *c'est un quart d'heure de folie.* » Et le *National* devait jusqu'au bout rester fidèle à cette aversion.

Tout lui est bon pour accabler la littérature et l'art
de son temps. A-t-il à entretenir ses lecteurs d'une œuvre
sur les poètes latins de la décadence? Il flétrit longuement,
à ce propos, le « culte du laid » qui « a donné naissance
aux vers de Victor Hugo, aux peintures de Delacroix,
et à toutes les monstrueuses productions de leur école ».
S'agit-il de théâtre? Pour écraser l'école romantique, il
glorifie jusqu'à son piètre précurseur, Népomucène Lemercier, il décide que ce médiocre oublié a tenté, à la
scène, une œuvre de renouvellement « bien plus habile
et plus intelligente que celle de nos novateurs d'hier ».
Parle-t-il peinture? Il en veut presque autant au paysage
moderne qu'à Delacroix: Huet, Corot, ne sont pas plus

épargnés. Parle-t-il musique? Peu s'en faut que pour
exprimer toute son horreur de Berlioz, il ne s'en prenne à
Beethoven. Il décide qu'on doit « aux rares aberrations du
grand maître (quel génie n'a pas les siennes) les erreurs
systématiques de l'élève ». C'est ainsi que les collaborateurs de Carrel développaient sa pensée. Ainsi, pour lui,
son temps, l'un des plus glorieux pour la poésie et pour
l'art, était une période de pure folie. Quelques éloges aux
vaudevilles et aux opéras-comiques du moment compen-
sent cette sévérité. Ces révolutionnaires étaient, en matière
d'art, au moins aussi bourgeois que le roi lui-même.

Au point de vue politique, il ne semble guère avoir
rien vu au delà de l'organisation napoléonienne com-
plétée par la liberté. Il définissait ainsi l'Empire : « Ce pouvoir qui ayant fait de bonnes lois, restait au-dessus d'elles. »
Ce qu'il reprochait au despotisme de 1802, c'était seulement la puissance personnelle qui se plaçait au-dessus
d'institutions, suivant lui, excellentes. Les hommes de 89
et de 93 avaient compris qu'un peuple maître de lui-même
ne pouvait plus vivre dans les cadres administratifs de la
monarchie ; ces cadres, la Constituante et la Convention
les avaient brisés ; le premier consul les avait rétablis
dans la mesure où il était matériellement possible de les
adapter à la France de 1800. C'est ce qu'Armand Carrel
appelait une « reconstitution générale », digne d'une appro-
bation à peu près sans réserve. Chose étrange! A cet égard,
vers 1834, Victor Hugo, naguère royaliste, devenu l'admi-
rateur passionné de Napoléon, était plus hardi que le chef
du parti révolutionnaire. Il qualifiait les organismes monarchiques que le Consulat a reconstitués, d'« excroissances gênantes » pour la République future, et destinés à
« s'atrophier et mourir bientôt ». Au contraire, en dehors
de la constitution politique, Carrel voyait, dans le plan
général du régime consulaire, au moins pour les traits
essentiels, la forme nécessaire de la société moderne. On
a dit que Louis XVIII s'était couché dans le lit de Napoléon
sans changer les draps. La République de Carrel aurait

fait de même. C'est, du reste, on le sait, ce qu'ont fait aussi tous les régimes, monarchiques ou populaires, qui se sont succédé en France depuis le début du siècle. Comme si des gouvernements de principes opposés pouvaient impunément ne différer que par les institutions centrales du pouvoir, et se servir, sans les modifier, des mêmes organes administratifs, financiers et judiciaires !

Les questions sociales devaient naturellement trouver mal préparé à les comprendre l'homme qui, à la veille des journées de Juillet, écrivait, sur l'incapacité politique des classes « inférieures », la page citée dans la première partie de cette étude. Il faut constater, cependant, qu'en ce qui concerne la capacité électorale, Carrel s'était rendu à la grande leçon de 1830 et aux nécessités de la situation nouvelle. Il fallait même qu'il se fît, sinon socialiste, au moins sympathique au socialisme, puisque le gros des troupes dont il était le chef, tout au moins nominal, était rallié au drapeau républicain par les revendications ouvrières. Mais ce fut une épreuve difficile pour cette intelligence résolue, dont les opinions étaient déjà absolument arrêtées, et qui n'avait ni la largeur pour qualité, ni l'excès de souplesse pour défaut. Obligé de parler le langage des siens, il y éprouvait un embarras visible ; quand il fallait discuter socialisme, il s'échappait sur la liste civile et les gros traitements ; tout ce qu'il trouvait à dire, c'est que les ouvriers étaient excusables de chercher à améliorer leurs situations par des coalitions, quand les princes et les gouvernants tentaient de tirer des contribuables le plus d'avantages personnels qu'il se pouvait[1]. Des lettres et des manifestes qui n'étaient pas faits pour la publicité et qui furent saisis par la police d'alors, indiquent plus nettement sa pensée. Il écrivait à Anselme Petetin[2] : « Nous sommes forcés de cacher les misères de gens qui s'appellent républicains comme nous, et avec lesquels

1. *National* du 28 novembre 1833.
2. 2 décembre 1834.

nous sommes bon gré, mal gré en solidarité... Nous avons une monarchie à renverser: nous la renverserons; *et puis nous lutterons contre d'autres ennemis.* » On dirait déjà le programme du massacre de Juin, Carrel ajoute : « J'ai pensé longtemps *qu'en se séparant nettement des furieux, on ramènerait à soi les honnêtes gens du juste milieu; mais ces honnêtes gens nous en veulent.* » On voit apparaître là, avec une précision suffisante, le rêve d'une République bourgeoise. Dans un autre style, un rapport secret fait à la Société des Droits de l'homme sur le thème socialiste est peut-être plus significatif encore. Carrel y attaque le socialisme avec des détours infinis, comme un homme qui se sent en présence d'une aberration qu'il veut à la fois détruire et ménager. Je supprime les précautions oratoires. Il s'en prend d'abord à la déclaration des Droits de l'homme, telle que Robespierre et Saint-Just la concevaient sur la propriété ; déclaration qui avait reçu l'adhésion de l'association à laquelle Carrel s'adressait. « Cette déclaration était dirigée contre la société, contre la civilisation, contre les principes de liberté conquis en 89!! » Il condamne jusqu'à l'impôt progressif, parce que cet impôt « attaque le riche, non comme le favori d'un monopole, mais comme riche, dans la pensée non avouée de le détruire, quelle que soit l'origine de sa richesse ». Son socialisme va tout au juste jusqu'au libre échange: «Cette classe de riches, qui ne serait pas riche sans le monopole, il n'y a qu'un moyen de l'atteindre avec efficacité : ce n'est pas la pompe aspirante de l'impôt progressif, c'est la destruction des primes et prohibitions. » Pour les autres privilèges de la fortune, c'est pour lui l'arche sainte, et il n'y faut point toucher.

Ainsi, sur presque tous les points, le caractère de son esprit était plutôt rebelle à l'avenir qu'il travaillait à préparer, et étranger aux instincts profonds des masses auxquelles il se consacrait. De là, sans doute, cette sorte de mélancolie qui n'excluait en lui ni la vigueur, ni la vaillance. On eût dit que cet homme de combat, toujours prêt pour tous les périls, avait une sorte de tristesse de ne se sentir ni foi, ni espoir, dans la cause à laquelle il s'est dévoué tout entier.

Il est mort trop tôt pour que ce contraste ait eu le temps de se développer. Mais il avait formé des disciples avant de succomber; ou plutôt la force des choses et les progrès de l'idée républicaine, en lui ralliant nombre d'hommes des classes moyennes, devait étendre considérablement le même état d'esprit. Le *National* a été le berceau de cette école de républicains, aussi fidèles à l'œuvre de la Révolution que les plus fidèles, aussi résolus que les plus résolus dans les heures d'épreuve, mais gardant au fond d'eux-mêmes, soit par leur éducation, soit par leur tour d'esprit, avec les régimes qu'ils assaillent, une parenté de conception d'abord inconsciente, qu'on entrevoit dès la période de combat, et qui éclate dans la possession du pouvoir. Bien vite inquiets devant les idées d'avenir qu'ils ont eu sincèrement sur les lèvres, plus peut-être qu'au fond de leur intelligence; bien vite effrayés par l'ébranlement inévitable qu'imprime à tout l'état de choses existant la pensée profonde des revendications sociales; imbus, par une sorte de préjugé de famille, qui leur est commun avec les conservateurs, de la conviction qu'eux seuls, dans le parti démocratique, appartiennent à la race qui peut comprendre quelque chose au métier du gouvernement, ils en arrivent rapidement à considérer les programmes qu'ils arboraient naguère comme un drapeau de révolte, et leurs compagnons de luttes comme des exaltés, des rêveurs ou des insurgés. Peut-être l'histoire leur refusera-t-elle la sagesse politique dont ils s'attribuent le monopole, et finira-t-elle par reconnaître en eux les principaux auteurs des revers de la démocratie. En effet, conduits à combattre au pouvoir les masses qui ont fait leur force dans la lutte, et restés trop républicains pour accepter ou obtenir l'appui solide de leurs anciens adversaires, comment n'auraient-ils pas laissé suspendus dans le vide tous les gouvernements qu'ils ont institués?

Il eût été impossible, entre 1830 et 1840, d'apercevoir des conséquences aussi éloignées des différences qui séparaient les divers éléments du parti républicain. Nous les retrouverons en 1848. Mais ce que l'on est obligé de constater, c'est que Carrel et les hommes de la royauté qu'il combattait étaient, aux deux pôles opposés, des esprits de même date, et, en quelque sorte, du même monde historique.

On comprend sans peine que le parti républicain ainsi dirigé ait été fort insuffisamment ouvert aux hautes intelligences d'avenir dont le mouvement des idées lui apportait la puissance et la gloire. Aussi l'évolution de ces grands esprits se fit-elle en quelque sorte en dehors du parti républicain proprement dit. Si Lamartine proclamait du haut de la tribune les nécessités de rénovation populaire et de réforme sociale qui s'imposaient aux gouvernements modernes, il le faisait comme l'un des chefs de la majorité qui défendait le ministère Molé contre les attaques de la gauche : tant les situations, dans la Chambre, étaient ou faussées ou factices ! Quand Chateaubriand conçut la pensée de passer ouvertement à la cause populaire avec les plus illustres champions de la vieille royauté, il ne semble avoir reçu ni invitation, ni encouragement de ceux auxquels il aurait apporté tant de force. Et l'on ne voit pas qu'ils aient rien fait pour amener à leur drapeau les écrivains illustres qui, comme Lamennais, Michelet et Quinet, y venaient peu à peu d'eux-mêmes.

Pour Victor Hugo, la situation était plus tranchée. Par suite de l'aversion profonde qu'Armand Carrel avait vouée à l'œuvre du poète, le combat contre le romantisme se confondait en quelque sorte pour lui avec le combat contre la monarchie de Juillet ; et l'on eût dit que sa haine infatigable de l'œuvre de Victor Hugo faisait partie du programme républicain. Le *National*, reparaissant en 1834 sous une forme nouvelle et avec un titre nouveau, débutait par un manifeste de littérature d'une rare violence, précisément au moment où Victor Hugo publiait

dans *Littérature et Philosophie mêlées* son *Journal d'un
révolutionnaire de 1830* : comme si le culte de Racine et
le dénigrement du drame moderne étaient pour la démocratie des articles de foi qu'il importait d'inscrire en tête
d'une feuille de combat. On se rappelle avec quelle énergie Armand Carrel condamnait, avant les journées de
Juillet, la solidarité que Victor Hugo voulait établir dans
la préface de *Hernani*, entre la révolution littéraire et le
libéralisme politique. Plus que jamais, après 1830, le viru-
lent polémiste repoussait le romantisme hors de sa cause.
Cette hostilité n'avait pas tardé à dépasser la mesure d'un
sentiment personnel. Et des républicains très différents
d'Armand Carrel semblent avoir fini par l'adopter. Assurément, si un journal restait alors séparé du *National*,
c'était le *Bon Sens* de Louis Blanc. N'est-il pas curieux
de voir, en 1836, lorsque Victor Hugo tira de *Notre-Dame
de Paris* un livret pour la musique de Mⁱⁱᵉ Bertin, l'organe
de l'illustre révolutionnaire, alors dans toute l'ardeur de
son premier socialisme, s'indigner, comme la *Gazette de
France*, de l'insulte faite à la religion par le spectacle d'un
prêtre « hideux d'impureté » sur la scène de l'Opéra? Le
Bon Sens reprochait sévèrement à la censure d'avoir permis ce scandale. Cet appel du journal de Louis Blanc au
bras séculier contre Victor Hugo, pour une cause aussi
imprévue que celle de l'Église, paraît quelque peu significatif.

Au moment où il était, en quelque sorte, repoussé de ce
côté, Victor Hugo trouvait d'un autre côté un accueil absolument contraire.

III

Nul, plus que Louis-Philippe, on le sait, ne resta fermé
à la magnifique éclosion intellectuelle qui fait la gloire de

l'époque où il régna. Son intelligence incontestable était
en toute chose attachée à une bonne médiocrité bour
geoise. Son poète s'appelait Casimir Delavigne ; son peintre. Horace Vernet. Poésie, démocratie, socialisme. tout
le monde d'idées qui soulevait le sol autour de lui lui
demeurait absolument étranger. L'aîné de ses fils était
loin de lui ressembler à cet égard. Il est de règle, en quelque sorte. qu'il y ait, à côté de tous les trônes. un prince
qui travaille à se rendre populaire ; qui semble partager
les passions de la foule ; qui se fasse l'ami des distribu-
teurs de renommée, soit par rivalité secrète contre celui
de ses proches qui règne, soit pour amortir l'opposition et
réserver l'avenir de la dynastie. Il y eut, à ce qu'il semble,
chez le duc d'Orléans, plus que cette attitude obligée. Ce
qui est certain, c'est que la séduction qu'il exerçait, soit
par son charme personnel, soit par son accueil amical aux
renommées et aux intelligences. soit par ses aspirations
nationales et son impatience connue de l'effacement de la
France. paraissait aux contemporains, pour la monarchie
dont il devait hériter, la meilleure chance de réconciliation avec l'avenir. Cela fut plus vrai encore. quand les
événements l'eurent doublé de la femme la mieux faite
pour l'encourager dans ce rôle.

Les vieilles monarchies avaient organisé. autour de la
royauté sortie de la Révolution de 1830. ce qu'on a appelé
le « blocus matrimonial ». L'usurpateur de Juillet se heurtait à des refus polis. toutes les fois qu'il essayait de s'allier à d'autres maisons souveraines. Il fallut mettre toute la
diplomatie en campagne pour découvrir une princesse qui
consentit à devenir la future reine de France. On finit par
trouver ce qu'on cherchait dans une famille princière fort
secondaire d'Allemagne.

Hélène de Mœcklenbourg descendait par sa mère de cet
Auguste de Saxe-Weimar qui eut la passion des grands
poètes de son temps. qui fut l'ami de Gœthe et même de
Schiller. et qui fit de sa cour le centre littéraire le plus
célèbre dans la plus magnifique floraison du génie germa-

nique. L'existence des maisons princières, dans ces États minuscules, tenait peut-être moins de la solennité des grandes monarchies que du caractère monotone et familier de l'existence bourgeoise de province. Les esprits trop larges et trop passionnés pour que, chez eux, l'orgueil monarchique, ridiculement rétréci, se forçât en sottise présomptueuse, étouffaient dans ces petites cours souveraines, en contact permanent avec la vie de leurs petites villes et des quelques villages environnants. Hélène de Mecklembourg enfant avait été élevée en pleine campagne, dans un endroit perdu, où elle avait reçu une forte éducatian et où elle avait eu le loisir de beaucoup rêver. Sa nature ardente, ambitieuse, enthousiaste, s'était repliée sur elle-même dans la concentration de la solitude ou dans l'ennui d'une cour lilliputienne Peut-être par réaction contre son entourage, peut-être par l'influence de ses maîtres, à seize ans, elle était passionnément éprise de notre mouvement littéraire et politique français. C'était une romantique, avec des sympathies presque révolutionnaires. Elle savait nos poètes par cœur; elle avait salué l'explosion de Juillet. Du coin étroit, silencieux et fastidieux de l'Allemagne où ses besoins d'action et d'expansion se consumaient, elle entrevoyait au loin, comme dans un songe sonore et lumineux, ce grand Paris qui remplissait le monde de son rayonnement. Si elle avait rêvé quelque part l'amour, la gloire, la puissance, la vie en pleine clarté, c'était assurément là.

Elle n'était pas tout à fait seule à éprouver ces sympathies. Sa parente, Augusta de Saxe-Weimar, mariée au prince Guillaume de Prusse, n'était guère moins romantique. C'est à elle qu'on doit l'ouverture de *Ruy Blas* par Mendelssohn. Le très classique musicien avait horreur de Victor Hugo ; mais il avait le culte des familles royales. C'est, dit-on, fort à contre-cœur, qu'à la demande de la future impératrice d'Allemagne, il écrivit une préface musicale pour l'œuvre du poète français. On était loin du temps où son royal époux devait incarner la haine achar-

[...] et rétablir contre elle l'empire germa-
[...] environs de 1835, le roi de Prusse, beau-père
d'Augusta et grand ami d'Hélène de Mecklembourg, représentait une sorte de libéralisme *sui generis* dans la grande
famille des despotismes européens, soit par une tendance
réelle de son esprit, soit par la rivalité naturelle de la
Prusse contre l'Autriche réactionnaire. Il avait été le premier à reconnaître la monarchie de Juillet ; il venait de
faire la plus cordiale réception au duc d'Orléans ; c'est
lui qui le maria à la princesse Hélène. Il eut pour cela de
véritables luttes à soutenir. Toute la vieille Europe des
légitimités monarchiques était soulevée. Il y eut échange
de propos très vifs avec le Czar. Dans la famille même de
la fiancée, ce mariage révolutionnaire révoltait. Le duc
Charles de Mecklembourg composa et distribua, à ce propos, un factum anonyme des plus injurieux, qui fit scandale, et auquel le roi de Prusse répondit lui-même. On
cherchait à épouvanter la princesse Hélène, en lui rappelant le sort tragique que la France réserve à ses monarchies. On perdait sa peine. Elle se bornait à répondre :
« J'aime mieux être un an duchesse d'Orléans en France,
que de passer ma vie à regarder ici par les fenêtres ceux
qui entrent dans la cour du château. »

Elle fit à travers la France un voyage triomphal. Le duc
d'Orléans était populaire ; l'amour-propre national saluait
avec une satisfaction inévitable, la princesse qui levait
l'interdit prononcé par la vieille Europe contre nos demi-
libertés. Sans être véritablement belle, elle avait beaucoup
de charme. Un de ceux qui furent envoyés à sa rencontre,
M. de Saint-Priest, loue en elle « la grâce, l'à-propos et
un aplomb singulier ». Dès qu'elle fut arrivée à Paris,
tout enivrée de l'accueil qu'elle avait trouvé partout, elle
demanda à voir les hommes qu'elle avait si passionnément
admirés dans sa solitude d'Allemagne. Le premier de tous
était Victor Hugo : elle ne semble avoir jamais éprouvé
beaucoup de goût pour Lamartine. Elle était si froide à
son égard, que quelques années plus tard, quand Lamar-

tine, à propos de la loi de la Régence, défendit authentiquement sa cause, elle accueillit ce concours par un mot de méfiance hostile, et blessa mortellement le grand orateur en évitant de lui faire transmettre le moindre mot de remerciement. Au poète des *Feuilles d'Automne* elle associait assez singulièrement (mais au second plan) le philosophe Victor Cousin. A peine arrivée, avec les habitudes simples des petites villes d'Allemagne, elle voulait qu'on lui présentât sur l'heure son poète et son philosophe. La présentation eut lieu peu après, — le 10 juin 1837, à l'inauguration du Musée de Versailles. Elle dit à Victor Hugo qu'elle savait ses poésies par cœur, lui proposa de la mettre à l'épreuve et comme il déclinait cette offre trop flatteuse, insista de telle sorte, que le poète dut désigner une pièce dont elle répéta aussitôt les premiers vers :

> C'était une humble église au cintre surbaissé,
>   L'église où nous entrâmes,
> Où, depuis trois cents ans, avaient déjà passé
>   Et pleuré bien des âmes.

En même temps elle disait à Victor Hugo : « J'ai visité votre Notre-Dame. »

On comprend sans peine les relations qui devaient s'établir après cette première rencontre. Passionnément éprise du prince qu'elle venait d'épouser, et avec lequel elle était d'avance dans une étroite communion d'idées, la duchesse d'Orléans n'eut pas de peine à lui faire accepter son admiration. Quelques mois plus tard, le poète, qui venait de publier les *Voix intérieures*, recevait un des tableaux qui avaient eu du succès au Salon précédent, avec cette inscription : « Le duc et la duchesse d'Orléans à Victor Hugo. » Quand il entra à l'Académie, dont sans doute cette sympathie princière contribua à lui ouvrir la porte, les deux époux ne manquèrent pas de venir entendre leur poète. On le remarqua d'autant plus que, depuis dix ans, on n'avait pas vu la famille royale à l'Institut. Il fallut un cérémonial de circonstance pour les auditeurs qu'attiraient au Palais Mazarin les sympathies littéraires d'Hélène de Mecklembourg.

Le public associait ces démonstrations à des idées politiques dès lors bien connues. Avant son mariage, le duc d'Orléans avait cherché à nouer des relations avec des hommes très éloignés des idées de Louis-Philippe. A la suite d'un article dont le patriotisme fort exigeant était en opposition violente avec la conduite du gouvernement, Edgar Quinet avait été loué et complimenté par lui. On devine si la nouvelle duchesse partageait ces tendances : « A la suite de son mari, le devançant même, dit l'historien orléaniste, M. Thureau-Dangin, elle avait été un moment en coquetterie avec les hommes de gauche. » Le pavillon des Tuileries où le duc et la duchesse habitaient, était devenu un centre où ces hôtes princiers réunissaient, avec des littérateurs et des artistes de la jeune école, des hommes nettement opposés à la politique représentée par le roi et ses ministres favoris. C'est ce qu'on appelait « la cheminée du duc d'Orléans ».

En 1847, le journal *la Mode* plaisantait en ces termes cette demi-opposition de famille, qu'il qualifiait de « fronde ».

« Le pavillon Marsan se prépare, dit-on, à une attaque plus sérieuse. Il recrute activement tous les jeunes cœurs qui battent dans une poitrine d'homme, ainsi que toutes les barbes de bouc et toutes les crinières flottantes qui décorent les lions de la poésie et du feuilleton. A la tête de cette phalange qui brûle d'en venir aux mains avec le pavillon de Flore, marche très haut et très puissant seigneur Victor Hugo... On assure que Mme la princesse Hélène, se voyant au moment de coiffer la couronne de France, aurait ainsi formé son Conseil des ministres :

Ministre de la guerre et président du Conseil : M. Victor Hugo.

Ministre des affaires étrangères : M. Théophile Gautier.

Ministre des finances : M. Alfred de Musset.
Ministre de la justice : M. Granier de Cassagnac.
Ministre de la marine : M. Alphonse de Lamartine.
Ministre de l'intérieur : M. Léon Faucher.

A la fin, Louis-Philippe fit remarquer à son fils qu'il n'y avait pas besoin de deux cheminées aux Tuileries, que la sienne chauffait fort bien, et que le duc et la duchesse lui feraient plaisir en venant y prendre place.

Mais les idées dont le pavillon de Marsan était le centre ne disparurent point pour cela. Même quand la mort tragique du duc d'Orléans eut fait disparaître le prince autour duquel elles se groupaient, la duchesse d'Orléans resta aussi fidèle à ses tendances politiques qu'à sa mémoire. C'est à cause de ses sympathies libérales bien connues qu'aussitôt qu'elle fut veuve, une loi la dépouilla de ses droits à la régence. C'est à cause des mêmes sympathies que plus tard, aux journées de Février, on devait mettre la Régence en avant pour essayer d'arrêter la Révolution déjà victorieuse. Elle persista dans le même esprit jusqu'à sa dernière heure : car dans l'exil, sous l'Empire, elle combattit énergiquement les premiers projets de « fusion. »

Dans tous les cas, la mort du duc d'Orléans n'a rien ôté aux sympathies très actives de la duchesse pour celui qu'on appelait « son poète. » Ce sont ses insistances qui ouvrirent à Victor Hugo, en 1845, les portes de la Chambre des pairs. Il y eut à surmonter des oppositions très puissantes et très obstinées, notamment celles du chancelier et du grand référendaire, les ducs Pasquier et Decazes. Sa nomination, maintes fois annoncée, fut maintes fois ajournée. La duchesse dut la réclamer comme une sorte de legs de son époux, comme l'exécution d'un désir souvent exprimé par lui. C'est ainsi que le poète eut au Luxembourg sa première tribune.

Au moment où cette sympathie princière était venue à Victor Hugo, il ne s'était lié à aucun parti. Il avait, sur les choses politiques, des opinions et des tendances qu'il avait exprimées, mais en restant exclusivement voué à son œuvre littéraire. On a vu dans quelle mesure, en même temps que Lamartine, il avait entrevu la République à l'horizon de la monarchie de Juillet; mais pour lui comme pour Lamartine, c'était alors un avenir encore lointain, vers lequel on devait s'acheminer par la transition d'une monarchie populaire largement ouverte aux idées nouvelles. Lamartine écrivait, au lendemain des journées de Juillet : « La forme des gouvernements modernes, c'est la République, comme nous l'aurons plus tard. » Et il disait un peu plus loin : « République à la base, monarchie au sommet. » A la différence de Chateaubriand qui ne pardonnait pas à l'usurpateur, il s'efforça longtemps de faire comprendre à la royauté bourgeoise le rôle démocratique qui lui appartenait. On a vu qu'en 1832 Victor Hugo écrivait à Sainte-Beuve : « Nous aurons un jour la République... mais ne cueillons pas en mai le fruit qui ne sera mûr qu'en août... la République proclamée par la France en Europe, ce sera la couronne de nos cheveux blancs. » En 1833, dans le *Journal d'un Révolutionnaire de 1830*, il reculait encore l'échéance : « La République qui n'est pas encore mûre, mais qui aura l'Europe dans un siècle. » En somme, en dehors de la petite armée engagée dans un combat sans merci contre le trône, ces sentiments étaient alors ceux des esprits les plus sympathiques au mouvement populaire. Il faut se rappeler que les souvenirs tragiques de 93, absurdement exagérés par les légendes qui s'étaient longtemps répandues sans contradicteurs, et qui continuaient à former sur notre grande Révolution l'opinion du gros public, attachaient à l'idée du régime républicain une véritable impression d'épouvante, comme si son nom suffisait à évoquer les fantômes sanglants de la Terreur. Une transformation populaire de la royauté semblait à beaucoup d'esprits indispensable pour préparer la République. C'est l'arrogant entêtement du ministère Guizot qui rendit irrémédiable la rupture de tous les esprits ouverts aux idées de l'avenir, avec le régime monarchique. On n'en était pas encore là en 1840.

On n'a point de peine à comprendre les sentiments que devaient inspirer à Victor Hugo, dans un tel état d'esprit, ses relations avec la duchesse d'Orléans. Tout d'abord, il eût été bien peu naturel que le poète fût resté insensible à l'admiration si entière, si expansive d'une jeune femme fêtée de tous, marchant d'ovations en ovations, dont le charme exerçait une séduction universelle, et qui devait être reine de France. Il eût été en même temps assez surprenant, que le poète qui allait se rapprocher de la politique active, où l'appelaient la fin de son œuvre dramatique et l'exemple de Lamartine, n'associât pas à ses propres aspirations de progrès démocratique, et au rôle que ces aspirations pouvaient lui réserver, l'action que son génie exerçait sur l'esprit d'une princesse dont les tendances libérales étaient connues de tous. Par quelle progression graduelle ces deux sentiments se sont-ils développés et amalgamés au fond de Victor Hugo ? Il serait difficile de le dire. Un détail semble curieux. Au moment où il fut présenté à la duchesse, Victor Hugo était encore dans toute la force de son inspiration dramatique. L'année suivante, il écrivait un drame nouveau : et la maîtresse figure de ce drame était Ruy Blas, l'homme de génie, j'allais dire le poète, que l'admiration d'une reine fait premier ministre, et qui renouvelle par des réformes populaires une monarchie vieille et corrompue.

Le mariage de la duchesse d'Orléans est du mois de mai 1837 : c'est probablement dans l'hiver de 1838 que Victor Hugo conçut le plan de *Ruy Blas*. Le poète a eu dans ces dernières années un détracteur minutieux et laborieux entre tous. M. Biré, qui a consacré à éplucher haineusement tous les détails de sa vie et de son œuvre trois volumes peu dangereux pour sa gloire, à cause du puéril excès d'acharnement qui les a inspirés, et souvent curieux par les recherches qu'ils contiennent. M. Biré dé-

nonce *Ruy Blas* comme le décalque d'un drame d'Edward
Bulwer, la *Dame de Lyon*, joué à Londres en février 1838,
et dont les journaux ont pu donner l'analyse à ce moment.
Il est inutile de dire que, là encore, l'intention malveillante
du critique reste tout à fait impuissante. En admettant que
le drame d'Edward Bulwer ait fourni des indications à
celui de Victor Hugo, *Ruy Blas* ressemble beaucoup moins
à la *Dame de Lyon*, que *Roméo et Juliette*, le *Cid* et l'*Avare*,
ne ressemblent aux œuvres où Shakespeare, Corneille et
Molière ont puisé. Quoi qu'il en soit, s'il faut conclure des
rapports qui existent entre les données des deux drames,
que la pièce de Bulwer a suggéré à l'esprit de Victor Hugo
les premiers éléments de son drame, ce serait au mois de
février ou de mars 1838 qu'il en aurait conçu le plan. Les
indications du manuscrit fixent la composition du drame
lui-même à la période comprise entre le 8 juillet et le
11 août de la même année.

Je n'ai pas à discuter ici *Ruy Blas*, à mon avis, l'œuvre
dramatique la plus parfaite et la plus complète de Victor
Hugo. Tout au plus pourrait-on s'étonner du parti pris
d'ignorance qui a fait taxer de monstrueuse absurdité la
fortune d'un ancien laquais devenant premier ministre,
à une époque où Mazarin, Dubois et Albéroni ont été au
moins accusés d'avoir eu des débuts aussi humbles que
ceux de Ruy Blas : ce qui n'a pas empêché l'un des trois
de devenir l'amant et même l'époux d'une reine de
France.

Ce qu'il faut noter, c'est que nulle part Victor Hugo ne
semble avoir plus mis de lui-même que dans ce beau
drame. On y retrouve, toute vive, l'impression de *tra los
montes*, dont son cerveau d'enfant avait emporté pour
toujours la vision nette et colorée. Velasquez n'a pas mieux
peint, de sa brosse large et vivante, cet étrange monde
espagnol du XVIIe siècle : depuis ses idoles monarchiques,
gênées et prisonnières dans leurs lourdes robes toutes
roides de gemmes, jusqu'à ses bohèmes en loques, avec un
grand rayon de soleil sur leur franc éclat de rire. On entre-

voit par les fenêtres ces plaines d'amadou où il faut faire
des lieues pour trouver la petite fleur bleue de Maria de
Neubourg, et où passe au fond, dans le grand vent qui
galope à l'aise sur les pierres nues, la sinistre chevauchée
du roi à la poursuite des loups. Toutes les figures épisodiques, don César, don Guritan, la duègne, sont vivants
comme des portraits et comme des souvenirs personnels ;
don César, surtout, dont la gaieté, toute de nature, n'a
peut-être pas d'analogue dans les créations comiques de
Victor Hugo. Je ne crois pas que le poète ait retrouvé
ailleurs cet étourdissement de joie, jetant par poignées à
tous les passants avec ses doublons des mots étincelants
et frappés comme eux.

Mais rien ne fait oublier que tout le drame est construit
sur l'admiration d'une reine pour un génie réformateur.
Ce serait évidemment pousser la comparaison jusqu'à l'absurde, que de vouloir chercher entre les deux situations
une assimilation qui impliquerait un rêve romanesque,
si confus, si obscur, si inconscient qu'on l'imagine. Victor
Hugo n'avait rien de Ruy Blas, pas plus que la femme très
éprise du prince le plus séduisant de ce temps ne ressemblait à l'épouse du lugubre descendant de Philippe II.
Mais les poètes sont fatalement conduits à mêler, peut-
être à leur insu et par le jeu secret des ressorts du cerveau,
les préoccupations qu'ils sentent au fond d'eux-mêmes à
la trame purement imaginaire des passions qu'ils mettent
en jeu. Chose curieuse : on a relevé dans ce drame une
inexactitude historique, d'autant plus certainement volontaire, que Victor Hugo a écrit son drame avec les mémoires de Mme d'Aulnay sous les yeux : la reine que le
drame devait mettre en scène n'était pas Marie de Neubourg, que Mme d'Aulnay n'a pas vue : c'était une princesse
d'Orléans. Victor Hugo a changé la date pour changer le
nom.

Il avait, d'ailleurs, voué à la princesse romantique une
affection profonde qui devait survivre à ses conséquences
politiques. On trouve, dans ses derniers recueils, un

témoignage significatif et peu connu de ce sentiment. C'est
une pièce de vers datée de la fin de 1853, et qui ne fut
jamais publiée de son vivant : elle n'a paru qu'en 1888,
dans le recueil intitulé : *Toute la Lyre*. Au moment où
elle fut écrite, Victor Hugo était exilé ; il avait donné les
Châtiments ; c'était le proscrit républicain et socialiste qui
faisait horreur à tous les partis conservateurs. Il se sou-
vint alors d' « un enfant » à qui ces vers sont adressés,
et dans lequel il est aisé de reconnaître le comte de
Paris.

> Quoique je sois de ceux qui se sont autrefois
> Penchés sur ton berceau plein de ta jeune voix,
> Tu commences, enfant, à ne plus me connaître...

C'est de sa mère que le poëte veut lui parler et il lui en
parle avec un enthousiasme que les années et la séparation
n'ont pas diminué.

> Oh ! fixe ton regard sur ses yeux adorés !
> Ici-bas, c'est ta mère, et plus haut, c'est ton ange !
> Cette femme a subi plus d'une épreuve étrange !
> . . . . , ...
> Naguère, elle brillait aux regards éblouis...
> Naguère, elle brillait ; maintenant elle pleure,
> Ce rayon n'a duré que le temps d'un éclair,
> Mais la pensée auguste habite en son œil fier ;
> Mais le malheur, qui, même en nous frappant, nous
> A mis des ailes d'aigle à ses épaules d'ange.   [venge,
> Dieu, caché dans la nuit de cet être souffrant,
> Brille et fait resplendir son sourcil transparent,
> L'albâtre laisse voir sa lumière immortelle,
> Son œil luit...
> Qu'importe que la foule ignore ou méconnaisse !
> J'ai vu, moi, quand l'angoisse étreignait sa jeunesse,
> Comment elle a souffert, comment elle a lutté,
> Et j'ai dit dans mon cœur : Cette femme eût été
> Archidamie à Sparte, et Cornélie à Rome...
> Jamais, sous le ciel bleu, jamais devant l'orage,

> Jamais, retiens cela, quoique tu sois petit,
> Dans un plus noble sein plus grand cœur ne battit!
>
> . . . .
>
> Si le sort m'eût donné, douce et charmante loi,
> Le grand devoir des fils qu'il te confie, à toi,
> Oh! comme elle eût dormi sous ma garde fidèle,
> Et lion pour autrui, j'eusse été chien pour elle!

Revenons au moment où le poète écrivait *Ruy Blas*.
Tous les ans il partait, vers l'époque des vacances, pour
quelque excursion, soit en France, soit près de la frontière. Précisément cette année-là et l'année suivante, cette
excursion le conduisit vers la première patrie de Marie
de Neubourg et d'Hélène de Mecklembourg, l'Allemagne.
Pèlerinage fécond où le voyageur, épris de cathédrales et
de ruines, allait sentir, chose nouvelle, un véritable programme politique se mêler, dans son esprit, au profil
bizarrement déchiqueté des cités gothiques et des burgs
croulants, et d'où devait sortir un livre unique en son
genre : le *Rhin*.

Quoi qu'on en ait dit, il n'est pas vrai que les lettres
dont se compose ce merveilleux récit de voyage aient été
écrites pour la publication. On le croirait, sans doute, à
en juger par les apparences. Nulle part la prose de Hugo
n'est plus magistrale, plus définitive, j'ajouterai : plus
éloignée de l'abandon épistolaire. Il y a là des passages
où l'on trouve, avec la sensation saisissante de la nature,
la prodigieuse maîtrise de l'écrivain et la puissance épique
du poète. Tout, jusqu'aux dimensions de certaines lettres,
semble indiquer des morceaux composés pour le livre et
travaillés à loisir. Il faut refuser de se rendre à cette apparence, depuis qu'on a publié, dans les œuvres posthumes,
des notes ou des lettres de même genre sur la Provence,
la Normandie, la Belgique, le pays Basque, notes ou lettres
qu'il n'a jamais ni réunies, ni publiées, et qui ne sont ni
moins achevées, ni moins magistrales que le *Rhin*. Telle
page définitive, restée parmi les plus belles du maître,

comme l'admirable chapitre sur les navires de guerre
repris dans les *Misérables*, a été écrit de la sorte sur une
table d'auberge, dans une soirée de voyage. On a objecté,
pour le *Rhin*, le luxe singulier d'érudition étalée dans certains endroits, et que la mémoire la plus prodigieuse
n'expliquerait pas. L'objection tombe, quand on sait que
Victor Hugo, voyageant à petites journées, avec de longs
arrêts, travaillait longtemps dans les bibliothèques partout
où il passait quelques jours. D'ailleurs, des témoins encore
vivants ont vu arriver par la poste, pendant qu'il remon-
tait le Rhin, les volumineux paquets qui ont servi à former
le livre. Philippe Burty écrit dans son curieux ouvrage
Maîtres et petits maîtres : « Deux au moins de ces lettres
à un ami ont été conservées. Nous les avons vues, avec les
ratures et les surcharges d'un texte improvisé, et ornées,
sur la marge, de deux dessins extraordinairement précis
et précieux : le *Chat* et la *Souris*, les deux burgs qui se
regardent menaçants sur les deux rives du Rhin. »

Un peu plus tard, de graves incidents remuaient l'Europe. Contre nous, le nouveau roi de Prusse s'était rapproché des autres monarchies, pour prendre à l'exclusion
de la France, dans les affaires d'Égypte, des mesures qui
parurent à notre égard une provocation et une injure. Louis-
Philippe, pour la première fois, sentit l'affront. Il menaça
les ambassadeurs de Prusse et d'Autriche de lâcher sur la
vieille Europe le « tigre » révolutionnaire qu'il avait jusque-
là muselé. Toute la France frémissait : la *Marseillaise*
chantait à tous les échos : Alfred de Musset lui-même
était pris de passion guerrière et écrivait le *Rhin allemand*;
d'énormes préparatifs militaires se faisaient à grand bruit.
On attendait l'étincelle qui allumerait la guerre entre la
France et le monde germanique.

On devine sans peine le contre-coup de ces événements
au pavillon de Marsan. Nulle part l'explosion de l'esprit
public ne pouvait trouver plus d'écho que dans le duc
d'Orléans, impatient de se montrer dans une grande
guerre, et depuis longtemps irrité, pour la fierté nationale,

de la politique paternelle. Mais la duchesse voyait aux prises ses deux patries, on peut dire ses deux familles en raison de ses liens étroits avec la maison royale de Prusse, et elle n'entendait de tous côtés que menaces contre son pays d'origine.

Louis-Philippe finit par capituler, bien entendu. C'est quelques mois plus tard que Victor Hugo réunissait en volume les seules notes de voyage qu'il ait publiées, pour aboutir à un manifeste de politique extérieure. Et quelle était la pensée de ce manifeste? Une étroite union entre la France et l'Allemagne ; une conciliation entre les aspirations belliqueuses du pays refoulé sur lui-même par les traités de 1815 et la grandeur de la Prusse absorbant le monde germanique. Une seule question divisait les deux puissances, celle de la frontière du Rhin. Que la Prusse nous abandonnât la rive gauche du fleuve; on lui donnait en échange tous les petits États entre lesquels l'Allemagne était alors morcelée; et les deux grandes nations unies, rejetant la Russie vers l'Asie, confinant l'Angleterre dans ses possessions lointaines, reléguant au second plan les États vieillis comme l'Autriche et l'Espagne, domineraient le monde et marcheraient à la tête de la civilisation.

Ce premier programme politique du poète revêtait une forme romantique faite sans doute pour surprendre un peu les diplomates de profession. L'exposé de la situation européenne était présenté avec ces énumérations de détails étranges, ces couleurs intenses, ce dessin puissant et singulier du style qui caractérisaient Victor Hugo. On pense, devant ce tableau des puissances modernes signé par l'auteur d'*Hernani*, aux contours curieux des monstres héraldiques et aux nuances éclatantes du blason. Le programme n'indique pas moins, à un certain point de vue, une singulière prévision de l'avenir politique. Le poète voit, avec une netteté rare, la fortune destinée à la Prusse, la puissance moderne du monde allemand. Il veut que cette fortune se fasse au profit de la France, au lieu de se faire contre elle, et c'est là qu'il est moins clairvoyant.

Nous avons des raisons de comprendre quel danger la
Prusse, telle qu'il la concevait, constituait pour la
France.

Une telle erreur semble aujourd'hui inconcevable. Il
est difficile de ne point mêler le présent aux idées qu'on
se fait du passé. N'a-t-on pas été jusqu'à reprocher aux
philosophes du xviiie siècle, comme un crime contre la
patrie française, leurs rapports avec le roi de la nation
qui devait, au siècle suivant, nous prendre l'Alsace-
Lorraine ? Notre pays était très loin, non seulement en
1740, mais même en 1840, de l'état d'esprit actuel. Le fort
des rancunes patriotiques, après 1815, s'était porté, au
point de vue national, sur l'Angleterre, qui avait été la
plus acharnée de nos ennemies pendant la Révolution, et,
au point de vue de la liberté, sur l'Autriche, qui avait
incarné toutes les haines d'ancien régime. Entre les deux
grandes éclosions de poésie, d'art et de pensée qui, à des
périodes successives, ont donné à l'Allemagne Gœthe,
Schiller, Beethoven, Weber, Fichte, Schelling et Hegel ;
à la France Hugo, Lamartine, Musset, Michelet, Quinet,
Delacroix et Berlioz, il y avait une sorte de parenté qui entraînait, à défaut des gouvernements ou même des peuples,
le groupe d'esprits illustres qui présidait au mouvement
intellectuel. Nos philosophes avaient été, de l'autre côté
du Rhin, se mettre en communication avec la pensée de
l'Allemagne ; nos musiciens s'inspiraient de ses maîtres ;
nos peintres donnaient souvent des formes et des couleurs à sa poésie ; le cor mystérieux de Freischutz n'avait
pas peu contribué à éveiller les premières émotions
romantiques dans une foule d'intelligences cherchant encore leur idéal, pendant que de l'autre côté du fleuve
germanique Meyerbeer venait donner à Paris tous ses
chefs-d'œuvre ; que Schumann faisait passer à travers
l'une de ses plus hautes inspirations le chant sublime de
la *Marseillaise*, et que le plus grand entre les héritiers de
Gœthe, Henri Heine, était à moitié Français de génie,
avant de le devenir par sa vie et par sa mort.

Il est curieux de trouver, dans les pages très patriotiques et très belliqueuses écrites dès 1840 par Edgar Quinet[1], les traits essentiels de la pensée exprimée l'année suivante par Victor Hugo. Il disait aux écrivains allemands, à propos de la Révolution de 1830 : « De l'Elbe au Danube, vous avez salué plus haut que personne, la rénovation de notre pays », et il les invitait, en même temps, à nous laisser la rive gauche du Rhin. Puis il condamnait, comme deux monstrueux contresens, l'alliance anglaise et l'alliance russe. Il dénonçait les deux puissances comme les ennemies de la France libre. Michelet, si ardemment patriote lui aussi, a souvent exprimé sa profonde sympathie pour le peuple allemand. Lamartine répondait aux vers belliqueux de Musset par la *Marseillaise de la Paix* où il montrait les génies des deux nations s'abreuvant fraternellement aux eaux du grand fleuve. On avait oublié Blucher, et l'on ne voyait pas les efforts trop fructueux accomplis pour perpétuer contre nous, dans les peuples germaniques, les vieilles haines de la Révolution et de l'Empire.

On s'explique donc aisément, en se replaçant dans le milieu de l'époque, la théorie exprimée par Victor Hugo. Mais est-il possible de la séparer des conditions toutes particulières dans lesquelles la pensée d'un rôle politique s'offrait alors à son esprit? Le programme que le poète formulait si nettement, à l'heure où, sur les questions intérieures, il s'enfermait dans une abstention rigoureuse, était le mieux adapté à la situation d'une princesse allemande étroitement unie à la maison de Prusse et future reine de France. Ruy Blas aurait pu le proposer à Maria de Neubourg, en se conformant, à la fois, aux conceptions des plus nobles esprits de son temps et à sa profonde sympathie pour sa souveraine.

1. 1815 et 1836. *Avertissement au pays.*

IV

Les relations de sympathie durable, créées entre le
poète et son admiratrice princière, ont, on peut le dire,
introduit, dans l'existence de Victor Hugo, une sorte de
contresens de sept ou huit années. Elles avaient, en effet,
pour conséquence inévitable, de le faire vivre dans des
milieux bien peu adaptés au caractère de son esprit. Lui,
l'homme de combat, révolutionnaire en littérature, avant
de l'être en politique ; lui, le génie audacieux, dont la
gloire était faite de défis à toutes les timidités, et de coups
frappés à grand bruit sur toutes les traditions ; lui, le
chef des bandes tumultueuses de poètes et d'artistes, dont
l'aspect hérissé et l'humeur provocante faisaient frissonner
d'horreur les gens tranquilles, le voilà, en quelque sorte,
prisonnier à la fois de tous les mondes officiels, les Tuileries, le gouvernement du suffrage restreint, puis l'Académie, puis la Cour des pairs ; et les lourds et grands
oiseaux de l'espèce bourgeoise qui dominait alors, dans la
gravité pacifique de leur majestueux jabot, dans leur
pesante et solennelle allure attachée à la terre, l'envo-
lement étant interdit à leur race, virent, pendant une
longue suite d'années, avec un étonnement peut-être un
peu inquiet, cet aigle aux ailes repliées se mêler à leur
troupe.

Certes, si deux hommes semblaient peu faits pour se
rapprocher, c'étaient Louis-Philippe et Victor Hugo. Pourtant voilà le poète d'*Hernani* dans des rapports presque
intimes avec le beau-père de la duchesse d'Orléans. Rien
n'indique aucune communion d'idées littéraires ou politiques ; mais on voit naître ces habitudes qui créent à la
longue une véritable sympathie réciproque. Probablement

Louis-Philippe ne prenait l'avis de Victor Hugo ni sur les
choses publiques, ni même sur les choses littéraires, pas
plus que Victor Hugo ne pliait son génie impérieux aux
préférences et aux convenances du roi des classes moyennes.
Mais ils s'accoutumaient ensemble à de longues causeries.
Tantôt le souverain s'amusait à raconter sa jeunesse, à
dire comment il était tombé amoureux de Mme de Genlis,
« son précepteur », qui rudoya de la belle façon cette
passion d'enfant. « Elle couchait alors avec Mirabeau »,
ajoutait-il. Tantôt ils riaient ensemble des tête-à-tête
exagérés de M. Guizot et de la princesse de Liéven. Ou
Louis-Philippe prenait Victor Hugo à part pour dauber
sur ses anciens ministres, sur Thiers, sur Casimir Périer[1].
Une fois, l'un de ces entretiens se prolongea si avant dans
la nuit, que quand ils se séparèrent, tout le monde dormait
déjà au château, croyant le roi couché, et qu'il dut recon-
duire et éclairer le poète dans l'escalier [2]. Je trouve un
témoignage curieux du sentiment que ces relations ont
laissé à Victor Hugo dans le portrait de Louis-Philippe
qui figure dans les *Misérables*, portrait merveilleux, évidemment ressemblant, mais quelque peu flatté et comme
amical.

On comprend sans peine que Victor Hugo ne voulait ni
ne pouvait être un des hommes politiques de Louis-Philippe. Tout le monde, on l'a vu, le désignait, du vivant
même du duc d'Orléans, comme le ministre de la duchesse.
Il est vrai qu'elle avait été exclue de la régence par une
loi. Mais quelle importance faut-il attacher, en pareil cas,
aux dispositions les plus formelles ? On a vu, à la mort de
Louis XIV, ce que valent les précautions de cette nature,
et pourtant on était alors sous une monarchie absolue,
sans pouvoir d'opinion organisé, sans contestation ni péril
pour l'autorité royale. Est-il croyable que si Louis-Philippe était mort aux Tuileries, on aurait, dans ce pays

1. *Choses vues*, 1844.
2. *Madame de Girardin*, citée par M. Biré.

soulevé déjà par tant de révolutions et au milieu de partis guettant les occasions, compliqué les dangers d'une transmission du trône et d'une minorité sous une régence impopulaire? Quand vinrent les journées de Février, Louis-Philippe dut se résigner, dès le commencement de la défaite, à son abdication et à la régence de la duchesse d'Orléans. Cet expédient, qui ne dura que quelques heures, aurait été la solution forcée, si contre toute probabilité, la monarchie avait survécu au vieux roi.

Ce n'est pas seulement du souverain que Victor Hugo se trouve ainsi rapproché: c'est de tout le monde officiel. Il est lié avec les Guizot, les Molé, les Pasquier. Il est assidu au Palais Mazarin, puis au Luxembourg, comme aux réceptions ministérielles. Cela devient si bien son train de vie ordinaire, que les notes qu'il jette le soir sur le papier et qu'on publiera plus tard sous le nom de *Choses vues*, ne relatent pour cette série d'années que visites au Palais, dîners officiels, séances d'Académie ou de la Chambre des pairs. C'est aussi ce dont il entretient sans cesse ses intimes, les poètes romantiques, dont l'un m'a conté qu'en l'entendant sans cesse parler de ce que lui avaient dit ces personnages de la bourgeoisie académique gouvernante, ils lui demandaient: « Mais que peuvent vous faire tous ces gens-là? » Le fait est qu'aucune communion d'esprit ne pouvait s'établir; mais des relations se créèrent, dont Victor Hugo se souviendra après 1848. Et M. Guizot, exclu par son impopularité, et restant en Angleterre, même après le retour de l'opinion aux conservateurs, recueillera, dans l'*Événement*, des marques répétées d'une de ces sympathies personnelles auxquelles Victor Hugo fut toujours fidèle, même envers ceux dont le mouvement de ses opinions l'avait le plus éloigné.

Rien ne prouve mieux combien il est faux de représenter le génie de Victor Hugo servant tous les partis, se pliant à toutes les causes, passant de la Révolution à la royauté, et de la royauté à la République, que ce moment de son existence: celui précisément qu'on a le plus reproché au radical de 1849. Libre alors vis-à-vis de toutes les opinions et cherchant sa politique, il a pu donner au monde orléaniste une large part de sa vie matérielle; il ne lui a rien donné ni de son œuvre, ni de sa pensée. J'ai montré, jusque dans ses premiers drames, le poète déjà républicain d'instinct. Quand il le sera consciemment et résolûment, sa passion démocratique débordera en poèmes éclatants, en pages magnifiques. En dehors d'un certain nombre de compliments au roi et à la famille royale ou à la dynastie, dans quelques discours de ce temps, — compliments qu'aucun engagement avec aucune opinion ne lui interdisait, — ces dix ans de relations personnelles étroites avec le gouvernement de Juillet ne laissent pour ainsi dire aucune trace, ni dans son œuvre, ni dans sa pensée. Il semble appartenir au milieu conservateur; et l'esprit conservateur ne lui souffle ni une page, ni un vers. Chez lui, l'homme, même étranger aux partis, peut vivre en rapport avec le monde des Tuileries : son génie reste en dehors. Avant que le poète eût âge d'homme, ce génie a été profondément, ardemment royaliste : il a trouvé dans ses passions politiques d'enfant ses premières inspirations; mais il ne courbera jamais sa tête impérieuse sous l'idée bourgeoise de 1830.

Aussi cette période officielle de la vie du poète présente-t-elle un caractère surprenant de stérilité. On a peut-être trop peu remarqué l'étonnante lacune qu'elle crée dans l'œuvre de Victor Hugo. De 1842 à 1850, il ne publie rien. Si jamais la nature forma un cerveau fécond jusqu'au prodige, toujours en travail de créations énormes, comme s'il ignorait et la fatigue et les défaillances, c'est assurément celui du poète qui, a quinze ans donnait déjà des chefs-d'œuvre, et qui, soixante-cinq ans après, couché sur son lit d'agonie, sentait encore sous son crâne des essaims de vers voleter dans le crépuscule de la nuit éternelle. De 1822 à 1842, il n'avait pas cessé de tenir le public haletant. Comptons : deux volumes d'*Odes*, un volume d'*Odes et Ballades*, les *Orientales*, les *Feuilles d'Automne*, les *Chants du Crépuscule*, les *Voix intérieures*, les *Rayons et les Ombres;* — *Cromwell*, *Marion Delorme*, *Hernani*, *Le Roi s'amuse*, *Lucrèce Borgia*, *Marie Tudor*, *Angelo*, *Ruy Blas*, les *Burgraves*, la *Esmeralda;* — *Han d'Islande*, *Bug Jargal*, le *Dernier jour d'un Condamné*, *Claude Gueux*, *Notre-Dame de Paris*, *Littérature et philosophie mêlées*, *Le Rhin;* — huit recueils de vers, neuf drames, un opéra, cinq romans, un volume de critiques, un volume de voyages, vingt-cinq œuvres diverses en vingt ans! Et ce magnifique débordement de création reprend en exil : *Châtiments*, *Contemplations*, *Légende des Siècles*, *Chansons des Rues et des Bois*, les cinq parties des *Misérables*, les *Travailleurs de la Mer*, l'*Homme qui rit*, *Napoléon le Petit*, *William Shakespeare*. Et cela ne s'arrête plus même dans l'extrême vieillesse, tant le travail de création incessante est devenu la fonction et la vie de ce cerveau! Eh bien! dans cette existence si féconde, il y a comme un énorme trou de huit à dix années : et précisément au moment où le génie de Victor Hugo est dans toute sa puissance, entre les *Burgraves* et les *Châtiments*.

Si l'on examine en détail les dates de production, que Victor Hugo a presque toujours indiquées au moins sur les manuscrits, le résultat ne sera pas moins singulier. Dès le début de 1840, le *Rhin* est composé (sauf le manifeste politique qui le termine) : les dernières pièces des *Rayons et des Ombres* sont achevées. Le poète n'écrira plus que les *Burgraves*, qui lui prendront un mois de l'année suivante. En dehors de ce mois, que fait-il? Parmi les vers écrits de 1840 à 1848, il a choisi un certain nombre de pièces pour les *Contemplations;* les autres ont été insérées dans *Toute la Lyre*. Si l'on range chronologiquement les vers datés de cette période, on est étonné de n'en trouver qu'un nombre infime. Certaines années (1844 et 1845) sont à peu près entièrement vides. Trois pièces seulement portent ces deux dates. Ajoutons que la plupart des poésies de cette période, bien qu'elles soient d'une forme magistrale entre toutes, n'ont, par l'éclat et la dimension, qu'une importance très secondaire dans l'œuvre. Le terrible malheur qui frappa alors Victor Hugo et qui lui arracha des cris de douleur sublimes, la mort de sa fille, semble presque seul lui avoir fait retrouver à ce moment l'émotion poétique. Deux pièces de la *Légende des Siècles*, empruntées à nos vieilles chansons de geste, *Aymerillot* et le *Mariage de Roland*, complètent l'œuvre de cette période, et aucune œuvre de prose n'est sur le chantier. C'est seulement en 1847 que son génie, comme engourdi ou paralysé, se ressaisit magnifiquement pour donner la première version des *Misérables*. Jusque-là, quelques discours à l'Académie ou à la Chambre des pairs composent tout le bilan de cinq ou six années. Ses amis paraissent avoir été inquiets de cette sorte de crise. Il y a, dans *Toute la Lyre*, une pièce adressée à Louis Boulanger en octobre 1846, et qui semble une réponse à des observations portant sur ce sujet :

> Non, je n'ai pas changé ; tu te plains à tort, frère...
> Quoique dans nos travaux, rudes et pourtant doux,
> Le sort jaloux souvent vienne et nous interrompe,
> Non, je n'ai pas changé, Louis ; ton cœur se trompe ;
> Je suis l'homme pensif que j'ai toujours été...
> J'ai créé, pour souffrir et vivre par l'amour,
> Deux musiques en moi qui chantent tour à tour,
> Dans la tête un orchestre, et dans l'âme une lyre.
> Cette création que je tâche de lire,
> Avec les univers, les lueurs, les splendeurs,
> Remuant mon cerveau jusqu'en ses profondeurs,
> En fait en même temps vibrer toutes les fibres.
> Je veux les peuples grands, je veux les peuples libres ;
> Je rêve pour la femme un avenir meilleur ;
> Incliné sur le peuple et sur le travailleur
> Je leur suis fraternel du fond de ma pensée...

On voit que le poète avait besoin d'assurer à ses amis qu'il était encore « l'homme pensif » qu'il avait toujours été.

Nul doute, en effet, que ce repos n'ait abrité un profond

travail intérieur. C'est l'intervalle qui sépare les deux époques de Victor Hugo : l'une, toute romantique, avec les passions de ses drames en pourpoint, ses horizons gothiques découpés de créneaux et de flèches, les fières et puissantes mélancolies d'Olympio : — l'autre, à la fois épique, moderne et comme visionnaire, avec l'accent profond de toutes les douleurs contemporaines, et le frisson effrayant du Mage devant l'abîme de l'infini. Chacune a sa forme nettement marquée : car Victor Hugo a su deux fois renouveler le vers français. Aux chefs-d'œuvre du début, martelés et éclatants comme les pièces d'une armure, succède la phrase poétique largement drapée de la *Légende des Siècles*. Ce n'est qu'à Guernesey, dans le long tête-à-tête du poète avec l'Océan, que la transformation s'achèvera. Mais elle a déjà commencé. Les *Burgraves*, *Aymerillot*, le *Mariage de Roland*, annoncent et préparent la *Légende* ; et les *Misérables* vont être mis sur le chantier. De pareils renouvellements ne se font pas sans une longue élaboration préalable.

Comme je viens de le rappeler, les *Misérables* sont le premier résultat de cette élaboration. Une bonne partie de l'œuvre, sous une forme différente de celle que nous avons, appartient à cette période. Elle a été écrite en 1847 ; et en 1848, M. Vacquerie, à qui le maître en avait lu quelques chapitres, le pressait de la publier. Il est facile de reconstituer l'idée autour de laquelle cette magnifique épopée moderne est venue grouper tous ses épisodes. C'est la réhabilitation de toutes les déchéances. Victor Hugo était alors préoccupé de l'exemple donné par un forçat libéré, qui gagnait sa vie à casser des pierres sur la grande route, et qui, comme pour expier, recueillait et nourrissait de son travail des enfants abandonnés. Joignez au forçat la prostituée ; — par exemple, la fille des rues que Victor Hugo, peu avant, avait fait sortir d'un poste de police[1] : faites recueillir par le forçat l'enfant de la malheu-

---

1. *Choses vues*, 1841, L'origine de Fantine.

reuse, et vous avez la donnée première des *Misérables* : Jean Valjean, Fantine et Cosette. Le roman de 1847 commençait par l'entrée de Jean Valjean à Digne, —début plus saisissant que le début actuel, mais qu'il fallut rejeter plus loin quand le portrait de Mgr Myriel eut pris trop de développements pour pouvoir être intercalé dans l'action. Bien entendu, à ce moment, l'épisode du Conventionnel n'existait pas. Le roman allait dès lors jusqu'à la seconde partie. Un des morceaux lus par Victor Hugo à ses amis, en 1848, était la scène de Montfermeil, la délivrance de la petite Cosette par Jean Valjean. Tout cela a été ou refait, ou complété plus tard. Le récit de Waterloo, qui précède cette scène, est expressément daté de l'exil.

Incontestablement, les *Misérables* d'alors n'étaient pas ceux que nous connaissons. Il est plus que douteux que les barricades y dussent figurer, et aucun évêque n'allait y demander la bénédiction d'un homme de 93. Mais la pensée maîtresse y était, le titre seul l'indique assez. L'œuvre rentrait dans la grande famille des romans à tendances sociales, qui parut durant les dernières années de Louis-Philippe. C'était le temps où les romans et les drames prêtaient toute la puissance des émotions littéraires au besoin d'émancipation des déshérités. George Sand faisait succéder, à ses révoltes contre le mariage ou à ses rêves italiens, de véritables plaidoyers pour le relèvement des classes ouvrières. Eugène Sue venait d'obtenir son plus grand succès avec ses romans socialistes, qu'il est impossible de ne point rapprocher des *Misérables*, au moins sous certains rapports matériels. C'est que la pensée du siècle poursuivait son évolution. Le grand mouvement littéraire et artistique de 1830 était accompli : les problèmes sociaux remuaient profondément les esprits. Il est signi ficatif de voir Victor Hugo, familier des Tuileries, demander à ces préoccupations nouvelles ses plus puissantes inspirations. On imaginerait difficilement une œuvre moins « orléaniste » par l'idée qui la soutient d'un bout à l'autre ; et rien ne montre mieux combien le génie

du poète restait fidèle à lui-même, jusque sous l'habit du
pair de France. Même dans leur forme primitive, les *Misérables* offraient la négation la plus absolue de cette béate
prépondérance des classes moyennes sur laquelle reposait
toute la monarchie de Juillet.

En ce qui concerne la politique proprement dite, que
pensait, que disait alors Victor Hugo ? — Là encore, les
faits montrent avec quelle force son génie se refusait aux
opinions et aux inspirations du monde où il se trouvait
placé.

Qu'à la suite de ses relations avec la duchesse d'Orléans,
il se soit tourné de propos délibéré vers la politique, tout
se réunit pour le démontrer. J'ai signalé, dans la conclusion du *Rhin* (août 1841), un véritable manifeste sur les
affaires publiques. C'était le second. Peu de temps avant,
en juin, il était reçu à l'Académie. Son discours était
attendu comme un des événements littéraires du siècle.
On voyait le chef du romantisme entrant, après de nombreux assauts, dans la citadelle de l'ennemi. Quelle occasion pour l'auteur de *Cromwell* et de *Hernani*, de déployer
son drapeau, ou tout au moins d'adresser au public le
bulletin de victoire de la poésie nouvelle ! Ce fut une
véritable surprise, j'allais dire une véritable stupeur, d'entendre un discours où il était aussi peu question de poésie
que possible, et qui était consacré presque en entier à
Napoléon, à la Convention, à la monarchie de Juillet, à la
situation des partis. Victor Hugo était reçu par M. de Salvandy, ministre, dont les œuvres (s'il en a composées), sont toujours restées inconnues. Le public eut
lieu d'être étonné, en entendant, par un étrange renver-
sement des choses, dans cette séance de l'Académie,
Victor Hugo parler politique, et Salvandy lui répondre
littérature. C'est que, pour Victor Hugo, le fauteuil
d'académicien était un lieu de passage au fauteuil de
pair de France. Il voulait la tribune : il était impatient d'y
paraître.

Eh bien ! de la contradiction qui existe entre sa situa-

tion et son génie, sort cette autre contradiction, qu'au
moment même où il est résolu à prendre un rôle politique
il lui est impossible de prendre parti dans les questions
auxquelles il va se consacrer. Il est en quelque sorte
paralysé. Assurément, il est aisé de relever, dans ce qu'il
a écrit alors, des adhésions très nettes à la monarchie de
Juillet. On en cite deux ou trois, que, comme je l'ai déjà
remarqué, il n'avait aucun motif de refuser, n'étant lié
alors à aucune opinion, mais dont le ton est évidemment
différent de celui du *Journal d'un révolutionnaire* publié
en 1834. La royauté de 1830 n'est plus pour lui ce « pont
de bateaux » destiné à être emporté à la première crue. Il
dit à l'Académie : « La tradition importe à ce pays ; la
France n'est pas une colonie violemment faite nation ; la
France n'est pas une Amérique... Elle ne peut pas plus
briser avec le passé que rompre avec le sol. Aussi, à mon
sens, est-ce avec un admirable instinct que notre dernière
révolution a compris que les familles couronnées étant
faites pour les nations souveraines, à de certains âges de
races royales, il fallait substituer à l'hérédité de prince à
prince, l'hérédité de branche à branche... C'est avec raison
qu'elle a transformé en jeune dynastie une vieille famille
monarchique et populaire à la fois, pleine de passé par
son histoire, et pleine d'avenir par sa mission. » On a pu
citer quelques phrases du même genre dans la conclusion
du *Rhin*, dans le discours adressé au nom de l'Académie
à Louis-Philippe pour la mort du duc d'Orléans, dans le
discours de la Chambre des pairs pour l'abrogation de la
loi d'exil qui frappait la famille Bonaparte. A propos du
duc d'Orléans, il disait au roi : « La mort fatale du prince
eût pu ébranler le trône ; ce deuil public et national con-
solidera la dynastie. La France qui vous consacrait, il y a
douze ans, par l'unanimité de son adhésion, vous consacre
aujourd'hui une seconde fois par l'unanimité de sa douleur. » Dans le discours sur la famille Bonaparte, il
appelait Louis-Philippe « le plus éminent des rois d'Europe. » J'ai tenu à reproduire au complet ces passages,

précisément à cause du plaisir que les détracteurs de Victor Hugo éprouvent à les citer.

Il n'y a rien de plus, dans ces quelques mots, avec une acceptation du régime existant — acceptation qui allait alors fort loin, jusqu'à la gauche dynastique, et que devait imposer au poète l'espérance d'une transformation populaire de la monarchie ; — il n'y a rien, dis-je, que les compliments qu'on pouvait attendre sans peine de Victor Hugo, en raison de ses relations.

Mais en même temps, il tenait à faire des déclarations répétées de neutralité entre les partis. Il écrivait en 1840 (*Les Rayons et les Ombres*, Préface) : « Des choses immortelles ont été faites de nos jours par de grands et nobles poètes personnellement et directement mêlés aux agitations quotidiennes de la vie politique. *Mais, à notre sens, un poète complet que le hasard ou sa volonté aurait mis à l'écart, du moins pour le temps qui lui serait nécessaire, et préservé pendant ce temps de tout contact immédiat avec les gouvernements et les partis, pourrait faire aussi, lui, une grande œuvre.* » Et, indiquant son programme de neutralité politique, il ajoutait : « Aucune haine contre le roi dans son affection pour le peuple ; aucune injure pour les dynasties régnantes dans ses consolations aux dynasties tombées ; aucun outrage aux races mortes, dans sa sympathie pour les rois de l'avenir. »

Il est aisé de traduire ces quelques lignes. Après un hommage amical à Chateaubriand et à Lamartine, Victor Hugo définit sa situation : il se « met à l'écart » pour le temps « qui lui est nécessaire ». Il est décidé à avoir une pensée politique. Le moment n'est pas encore venu.

Et dans le recueil que cette déclaration précède, une pensée analogue revient. Il hésite entre la foi du passé et l'idée de l'avenir :

> La royauté décroît, et le peuple se lève,
> Hélas ! l'homme aujourd'hui ne croit plus, mais il rêve,
>   Lequel vaut mieux, Seigneur ?

Dans la pièce intitulée : *Sagesse*, le poète fait parler les trois voix qu'il entend au fond de sa pensée. D'abord celle du dogme qui damne le siècle ; puis, celle du déisme philosophique, tolérant et religieux ; puis, celle de la religion panthéiste de l'éternelle nature, indifférente à nos passions. Et il ajoute :

> J'écoute ces trois voix : si mon cerveau fragile
> S'étonne, je persiste ; et, sans peur, sans effroi,
> Je les vois accomplir ce qu'elles font en moi. —
> Car les hommes, troublés de ces métamorphoses,
> Composent leur sagesse avec trop peu de choses ;
> Tous ont la déraison de voir la vérité,
> Chacun de sa fenêtre et rien que d'un côté...

Rien de si différent du Victor Hugo connu, que cette conclusion du scepticisme. Une telle situation d'esprit n'a été chez lui que passagère. Il cherche ou plutôt il se cherche. Il écoute ce que disent les idées les plus contraires. Il les laisse « accomplir ce qu'elles font en lui. » Le temps viendra où il prendra son parti.

Même hésitation, en juin 1842, quand il est reçu à l'Académie. Pour lui, la « mission du poète » est de « respecter dans tous les partis, tout en s'écartant d'eux quelquefois, les innombrables formes qu'a le droit de prendre l'initiative multiple et féconde de la liberté. » Et plus loin : « Le miroir de la vérité s'est brisé au milieu des sociétés modernes : chaque parti en a ramassé un morceau. » On n'a plus à défendre ni « la royauté », maintenant à l'abri de la guillotine de 93 ; ni « la liberté », maintenant à l'abri de la dictature de 1810. (Comme s'il n'y avait pas de moyen terme entre le trône et l'échafaud, entre la liberté véritable et le despotisme absolu.) Donc, le poète n'a plus à servir que « la civilisation ». Tout cela est admirablement dit, dans des formules précises qui accentuent l'indécision de la pensée. Et pourtant, l'indécision est un défaut que comportait peu le génie de Victor Hugo. Elle n'en caractérise que plus fortement la situation.

Trois idées se dégagent pourtant de la manifestation politique par laquelle Victor Hugo a pris possession de son fauteuil à l'Académie.

D'abord, la gloire de Napoléon, qui ne l'a jamais plus magnifiquement inspiré. Tout le début du discours est un morceau d'une puissance incomparable, d'un essor superbe, consacré au prodigieux conquérant. Il faut déterminer le bonapartisme du poète. Dès la fin de la Restauration, l'épopée napoléonienne a exercé sur son esprit une action qui devait toujours aller croissant. Louis Bonaparte, devenu criminel, n'effaça point cette impression. Il sera seulement « Napoléon le Petit. » Le 2 Décembre sera « l'expiation » du grand homme, pour le crime du 18 Brumaire. Il me souvient d'avoir entendu, il y a une vingtaine d'années, Victor Hugo, arrivé à la fin de sa vie, juger l'*Origine des Bonaparte :* le livre dans lequel Michelet ramenait à des proportions réduites la campagne d'Italie. L'indignation lui jaillissait du fond du cœur.

Je dis qu'il y avait là une admiration profonde pour l'épopée napoléonienne. Victor Hugo n'a jamais loué autre chose : la grandeur de l'homme. Cette admiration ne l'empêchait pas de juger sévèrement les attentats commis contre la liberté. Il le disait dès 1842, précisément dans le discours de l'Académie, en louant de leur fière attitude devant le maître Chateaubriand et Mᵐᵉ de Staël, à propos de Népomucène Lemercier. Il l'a dit plus nettement encore dans les *Châtiments* et dans les *Misérables.* Chose plus rare et que j'ai indiquée plus haut, cela ne l'empêchait pas d'imaginer pour la société de son temps une organisation différente de l'organisation consulaire. Il avait l'esprit plus large et plus libre. Il célébrait le culte d'une gloire éblouissante : il ne subissait pas le joug d'un passé.

J'ajoute que cette admiration, déjà ancienne chez Victor Hugo, n'avait rien qui pût effaroucher ses relations des Tuileries. L'effacement et la médiocrité systématiques de la monarchie de Juillet aimaient à s'abriter sous les ailes de l'aigle napoléonien, comme si de cette attitude il pouvait résulter une compensation au lieu d'une antithèse. Cette sorte de bonapartisme historique de la royauté orléaniste semble avoir surtout été de mode chez le duc et la duchesse d'Orléans, où elle pouvait sembler moins paradoxale. Alexandre Dumas a raconté comment il avait pleuré la mort du duc avec le prince Jérôme, je crois. Et nombre d'amis et d'amies de la famille déchue figuraient dans la maison de la duchesse. Il n'y avait donc rien d'étonnant à ce que Victor Hugo, à ce moment, pût se dire le poète de Napoléon, pendant qu'on l'appelait le poète de la princesse Hélène.

Mais il est plus significatif de le voir, dès cette époque, mettre en regard de la gloire de l'Empereur, la gloire de la Convention Oh! il le fait avec beaucoup de précautions oratoires. Si cependant on se rappelle que quelques années plus tard, à la veille des journées de Février, Ledru-Rollin effraya encore nombre des ennemis de la royauté eux-mêmes en portant un toast à l'Assemblée révolutionnaire, on sera frappé de cette apologie prononcée sous la coupole du Palais Mazarin. M. Aulard attribue à Auguste Comte l'honneur d'avoir presque le premier mis Danton à peu près à sa place. Avant la publication de la *Politique positive*, Victor Hugo avait signalé dans ce discours Danton comme l'« homme de premier ordre », « l'intelligence capitale » de la période révolutionnaire après Mirabeau et Sieyès. (On sait combien Sieyès fit longtemps illusion à ses contemporains et à l'histoire.) Il était assez hardi (malgré nombre de restrictions) de tracer, dès 1842, en pleine Académie, le tableau suivant de la Convention :

« C'est, à mon sens, une volonté de la Providence, que la France ait toujours à sa tête quelque chose de grand : sous les anciens rois, c'était un principe ; sous l'Empire, c'était un homme ; pendant la Révolution, ce fut une Assemblée. Assemblée qui a brisé le trône, et qui a sauvé le pays; qui a eu un duel avec la royauté comme Cromwell et un duel avec l'univers comme Annibal; qui a eu à la fois du génie comme tout un peuple, et du génie comme un seul homme; en un mot, qui a commis des attentats, mais qui a fait des prodiges, que nous pouvons détester, que nous pouvons maudire, mais que nous devons admirer! »

Quand il arrivait au présent, Victor Hugo indiquait largement le caractère social de la politique telle qu'il la concevait. Il parlait en termes saisissants « de ces générations encore couvertes d'ombre, qui languissent faute d'air et d'espace, et que nous entendons heurter tumultueusement de leurs passions, de leurs souffrances et de leurs idées, les portes profondes de l'avenir ». Il est à peine besoin de rappeler que cette préoccupation du peuple qui travaille, qui n'a pas sa part au soleil, et qui est oublié par le régime bourgeois, est celle de tous les grands esprits d'alors; qu'elle revient à chaque instant dans l'œuvre littéraire du poète; qu'il y voit dans le pré-(sent comme d'ailleurs on commençait à le comprendre) la pensée dominante d'un gouvernement moderne. Il faut ajouter que Victor Hugo n'accepte pas pour cela les doctrines et les passions socialistes qui se font jour de tous côtés. Au contraire, il les voit grandir avec une certaine inquiétude. Il recommande « le dédain des populaces, et l'amour du peuple ». Il éprouve le besoin de « ménager dans le pouvoir, tout en lui résistant au besoin, le point d'appui, divin selon les uns, humain selon les autres, mystérieux et salutaire selon tous, sans lequel toute société chancelle». Une ou deux années après, il est plus explicite dans les conclusions du *Rhin*. Il parle d' « un peu de défiance mêlée à la sympathie des hommes sages pour les classes souffrantes ». Il a conçu les réformes politiques et sociales par une royauté ouverte au progrès; et il entend gronder la marée montante d'une Révolution nouvelle.

Telles sont les incertitudes de ce puissant esprit devant

les résolutions à prendre au sujet des choses publiques auxquelles il se consacre. Ces incertitudes restent les mêmes quand enfin il a la tribune de la Chambre des pairs; et il est visible qu'elles l'empêchent d'y prendre un rôle. Pourtant, le moment est décisif. Le régime de 1830 craque de toutes parts. La Révolution du mépris va éclater. Entre les masses profondes du peuple et ce qu'on appelle « le pays légal », l'antagonisme s'aggrave de jour en jour. L'entêtement et la morgue de M. Guizot, l'étroite obstination du vieux roi, l'aveuglement des majorités du suffrage restreint, rendent cet antagonisme mortel. La nation étouffe sous une politique sans grandeur, sans fierté, sans principe, sans racines dans le passé, sans vues sur l'avenir, dont une honteuse corruption traduit les vices en scandales. Au souffle qui passe sur les foules, tout le groupe des grands esprits qui sont l'honneur du mouvement intellectuel de 1830, Michelet, Quinet, George Sand, Lamennais, sentent frémir en eux le génie de la Révolution. Lamartine est le premier de tous. Admirable d'inspiration nationale et de clairvoyance politique, c'est lui qui fait retentir à la tribune la voix de la France. Certes, si un homme semblait destiné à lui disputer ce grand rôle, c'est celui qui, dès 1834, montrait le large courant de la démocratie emportant le pont de bateaux, sans attache avec le sol, substitué par l'expédient orléaniste au pont de pierre de la vieille royauté. Mais, au moment où le mouvement se prononce, il y a entre Victor Hugo et l'esprit public l'épaisseur du Luxembourg et des Tuileries. De là ce fait singulier, qu'ayant enfin la tribune qu'il a désirée si longtemps, il n'y prononce aucune parole décisive, il n'y exerce aucune action et ne joue, à la Chambre des pairs, qu'un rôle relativement effacé.

Il faut dire que la Chambre des pairs lui était peu sympathique. Par le caractère de sa gloire, par le tour de ses idées, par le relief de son langage, Victor Hugo devait heurter et blesser au premier abord tous les milieux parlementaires, celui-là plus qu'aucun autre. On imagine de

quel œil tous les retraités de la Haute Chambre pouvaient
regarder l'orageux poète d'*Hernani*. La forme que revêtait
sa pensée n'était point faite pour les rassurer. Les parlements aiment les gens qui parlent la langue de tout le
monde. Ceux d'alors admettaient plus volontiers que nos
contemporains une certaine grandiloquence oratoire,
mais à condition qu'elle fût du style reçu. Rien ne pouvait
mieux effaroucher un tel auditoire que cette originalité
presque provocante ; ces chocs brusques et retentissants de
mots aux couleurs éclatantes ; ces symétries ou ces heurts
d'idées à l'aspect étrangement romantique. Ajoutez à cela
la hauteur d'attitude familière à ce front olympien, et une
solennité de débit alors aggravée, sans doute, par cette
timidité des premiers discours qui, en essayant de se maî-
triser, prend si aisément l'apparence de la roideur. On
comprend sans peine que, sauf une seule peut-être, les
rares apparitions du poète à la tribune de la Chambre des
pairs aient été très froidement accueillies.

Il y a pourtant là des choses superbes ; une des plus
frappantes à mon sens est un discours ou plutôt un
ensemble de deux discours prononcés sur les travaux
publics. Victor Hugo voulait-il, comme Lamartine, s'essayer à l'éloquence des questions pratiques qui semblait
nécessaire pour lester un homme d'État ? Je l'ignore : en
tout cas, ce qu'il apporta à la tribune, c'était beaucoup
moins un discours d'affaires qu'une admirable marine. Il
s'agissait de la défense des côtes normandes que le poète
connaissait si bien. Dans une langue très simple, il évoque
magnifiquement l'image de l'Océan assiégeant de son
assaut perpétuel nos falaises et nos grèves. Tout y est,
la terrible force des vents et des eaux, les ruines formidables dont les flots sèment leur domaine, les lentes et
fatales transformations cosmiques que leur puissance
élabore irrésistiblement, les luttes de la science contre
les armées innombrables et éternelles des vagues. On
retrouve là, tout entier, le poète qui a le mieux compris
et rendu l'Océan : le futur auteur des *Travailleurs de la*

ner. Ces pages superbes ennuyèrent fort la noble Assemblée. Peu s'en fallut la première fois que le président, au bout de dix minutes, ne retirât la parole à Victor Hugo qui, au gré de cet important personnage, « sortait de la question » et « perdait le temps de la Chambre ».

Les trois discours politiques que le poète prononça à la Chambre des pairs se ressentent de la situation que j'ai définie. Il était réduit aux sujets sur lesquels son large esprit de progrès populaire pouvait s'exprimer sans tourner en agression contre le régime de 1830. Il parla sur trois questions : l'écrasement de la Pologne, l'abrogation des lois d'exil qui frappaient les Bonaparte, et les premiers actes de Pie IX, qui offrait alors au monde le spectacle inattendu d'un pape réconcilié avec les libertés modernes.

Le discours sur la Pologne, son début à la Chambre des pairs, si l'on met à part de courtes observations sur les marques de fabriques, fut accueilli avec une froideur glaciale. Il est vrai qu'il fut le moins bon. Les ardentes sympathies que la France a vouées à la généreuse nation slave ont toujours été paralysées par la difficulté d'exercer une action effective si loin de nos frontières. Il y a eu presque toujours, dans les reproches adressés à l'inaction des gouvernements français, une contradiction évidente entre l'énergie des sentiments et le caractère illusoire des solutions. Il ne semble pas d'ailleurs que Victor Hugo ait retrouvé là les cris de passion si puissants que lui avait déjà maintes fois inspirés et que devait lui inspirer encore la cause des nations écrasées; peut-être parce que, pour son début, il ne voulait prononcer aucune parole violente. En tous cas, privé à la fois de ces deux éléments, une conclusion nette et la pleine et pathétique énergie de son indignation, l'orateur était deux fois gêné. Le discours fut un échec marqué.

Le discours pour la rentrée des Bonaparte eut, au contraire, un réel succès; il est d'ailleurs très beau de forme et de mouvement. L'expérience semble avoir mal

justifié la pensée politique qui l'inspirait. C'est dans ce
discours que Victor Hugo a dit des princes « que l'exil en
faisait des prétendants et que l'air de la patrie en ferait
des citoyens ». Les faits n'ont confirmé cette opinion, ni
en 1851, ni en 1871. Par une frappante antithèse de la destinée, moins de cinq ans après, un prétendant de la
famille à laquelle Victor Hugo rouvrait les portes de la
France devait le remercier en l'exilant. Cette réponse
de l'histoire à la généreuse erreur du poète rend deux fois
odieux le crime du prince.

Il faut d'ailleurs le dire : il y a dans ce discours quelques
mots significatifs adressés à l'aveuglement et à la corruption de la monarchie de Juillet. Le danger, disait l'orateur, n'est pas du côté des prétendants; il est ailleurs. Et
il ajoutait : « Tournez vos regards, non du côté des
princes, mais du côté des masses, du côté des classes
nombreuses et laborieuses où il y a tant de courage, tant
d'intelligence, tant de patriotisme, où il y a tant de germes
utiles, et en même temps, je le dis avec douleur, tant de
ferments redoutables. C'est au gouvernement que j'adresse
cet avertissement austère. Il ne faut pas que le peuple
souffre! Il ne faut pas que le peuple ait faim! »

Et quelques minutes avant, il avait dit plus sévèrement :

« Quant à moi, en voyant les consciences qui se dégra-
dent, l'argent qui règne, la corruption qui s'étend, les
positions les plus hautes envahies par les passions les plus
basses; en voyant les misères du temps présent, je songe
aux grandes choses du temps passé, et je suis par moment
tenté de dire à la Chambre, à la presse, à la France entière :
Tenez, parlons un peu de l'empereur, cela nous fera du
bien. »

Le discours de Pie IX a soulevé plus d'orages.

On sait combien les débuts du pape permettaient peu
de prévoir le *Syllabus*.

Au sortir du long pontificat de Grégoire XVI, qui avait
représenté l'absolutisme du moyen âge sous sa forme la

plus entêtée et la plus obscure, l'Europe vit soudain un pape qui prêtait aux idées de liberté et de patrie le prestige de la plus vénérée des traditions, la puissance des plus hautes autorités morales, l'influence de la plus disciplinée des hiérarchies et les émotions du plus savant des mysticismes. Tout ce qui avait jusque-là fourni des ressources et donné des armes à l'esprit du passé semblait jeté aux aspirations de l'avenir. Toutes les nations tressaillirent à ce spectacle stupéfiant; il s'éleva de toutes parts une longue acclamation d'enthousiasme.

Il est aisé de deviner l'impression produite sur Victor Hugo, alors attaché au beau rêve d'une sorte de Révolution politique, sociale et nationale, opérée pacifiquement par les pouvoirs monarchiques. L'œuvre que Pie IX accomplissait était précisément celle à laquelle Victor Hugo liait toutes ses idées d'avenir dans les choses publiques. Écoutez en quels termes il s'empare de ce grand exemple :

« Cet homme qui tient dans ses mains les clefs de la pensée de tant d'hommes, il pouvait fermer les intelligences, il les a ouvertes... Ces principes éternels que rien n'a pu arrêter et que rien ne pourra détruire, *qui ont fait notre Révolution et qui lui ont survécu*, ces principes de droit, d'égalité, de progrès qui, il y a cinquante ans, étaient apparus au monde, grands sans doute, mais farouches, formidables et terribles sous le bonnet rouge, Pie IX les a transfigurés, il vient de les montrer rayonnants de mansuétude, doux et vénérables sous la tiare!... *Pie IX enseigne la route bonne et sûre aux rois, aux peuples, aux hommes d'État, aux philosophes, à tous... Il est venu, révolutionnaire rassurant*, faire voir aux nations, à la fois éblouies et effrayées par les événements tragiques, les conquêtes, les prodiges militaires et les guerres de géant qui ont rempli la fin du dernier siècle et le commencement de celui-ci; il est venu, dis-je, faire voir aux nations que pour féconder le sillon où germe l'avenir des peuples libres, il n'est pas nécessaire de verser le sang, il suffit de répandre les idées! »

Ce magnifique langage n'échauffa point la Chambre des pairs. Elle appréciait fort, assurément, un pape libéral qui pouvait atténuer certains antagonismes avec une monarchie bourgeoise; mais elle ne tenait pas à s'engager dans la route que, d'après Victor Hugo, Pie IX enseignait aux rois, aux hommes d'État et aux peuples. Là où l'on se fâcha tout à fait, ce fut quand Victor Hugo ajouta que « Rome allait peut-être enfanter l'unité de l'Italie... » Que « ce mot magique. l'Italie », allait, grâce au pape, « redevenir non seulement le résumé d'une grande histoire morte, mais le symbole d'un grand peuple vivant »; et que la France devait aider de toutes ses forces à ce résultat désirable. Devant ces idées de bouleversement, l'Assemblée conservatrice se sentit exaspérée. Les derniers mots de l'orateur furent couverts par un tumulte de violentes interruptions.

Il faut insister sur ce discours; celui qui traduit le plus exactement la pensée politique de Victor Hugo à cette époque. En réalité, comme tous les grands esprits ses contemporains, il avait compris depuis 1830 que l'Europe moderne devait continuer la Révolution : la continuer par l'affranchissement des patries opprimées, par l'expansion des libertés politiques, surtout par les réformes sociales. Seulement il ne croyait cette œuvre possible par les pouvoirs du passé assez éclairés pour préparer l'avenir. De même que Lamennais y avait invité la papauté dix-sept ans plus tôt, de même que, dix ans avant, Lamartine l'indiquait à la monarchie de Juillet comme sa véritable mission, il l'espérait encore du roi, probablement d'une régence, où son rôle paraissait désigné. Il voyait dans cette étrange illusion où nous le verrons flotter jusqu'en 1849, d'accomplir le progrès Démocratique avec les éléments de la monarchie. Tel était le degré auquel les hommes avec lesquels il était en relation l'empêchèrent de suivre les conséquences restées entières au fond de son génie qu'il s'obstinait à chercher chez les chefs de la réaction, des « réactionnaires rassurants », et à compter que les

éternels ennemis de tout progrès auraient l'obligeance de
« féconder le sillon où germe l'avenir des peuples libres. »

La date du discours a son intérêt. Treize janvier 1848.
Trois semaines avant la Révolution.

V

La France n'avait pas de telles illusions. Le 24 février,
elle proclamait la République.

On a répété : « C'était une surprise ; la France n'était
pas républicaine ; elle a fait une révolution sans le vouloir ; elle n'y était pas préparée, et elle allait le regretter. »
Tout cela peut être vrai. Tout cela ne rend que plus pro-
bante la signification du mouvement qui se produisit.
Aucune occasion pour un conflit, aucun attentat : le vieux
roi, profitant de l'expérience de 1830, s'était appliqué, en
procédurier rompu au métier, à ne point laisser de prise
à l'esprit révolutionnaire. Nulle mesure de réaction violente ; la tribune libre, la presse libre ; les choses suivant
leur cours régulier ; l'interdiction des banquets, qui eut
de tels contre-coups, ne fut qu'un de ces abus qu'en temps
ordinaires les gouvernements français, quels qu'ils soient,
se permettent couramment. Rien qu'un esprit général de
recul ; on ne sait quoi d'étroit et de bas prétendant immo-
biliser la France ; une résistance obstinée à l'avenir, résistance sans grandeur, qui n'avait ni un drapeau, ni une
idée ; les moisissures de corruption qu'une loi naturelle
fait végéter à la surface de toutes les politiques sta-
gnantes ; une antipathie profonde entre la pensée nationale et le régime bourgeois, s'aggravant sous le couvert
d'une fiction légale ; et cela a suffi pour qu'un incident,
par lui-même secondaire, fît crouler un gouvernement qui
n'avait plus d'attaches dans le sol. Grave leçon pour ceux

qui croient qu'on fait vivre un régime en continuant le train ordinaire des choses, et qu'il n'est pas plus téméraire de braver le dégoût que la haine ! La Révolution renversait toutes les prévisions et toutes les idées de Victor Hugo. Il ne pouvait s'y résigner. Lui qui voyait dans la République l'avenir, il était convaincu que la République se trompait d'heure et gâtait tout. Surpris par ce mouvement populaire, il n'hésita pas : il descendit dans la rue pour essayer de l'arrêter. Il courut place de la Bastille dire aux révoltés : « Mais, vous vous trompez ! ce qu'il faut, ce n'est pas la république, c'est la régence ! » Son journal, *l'Événement*, racontait ce fait quelques mois après : lui-même un peu plus tard le rappelait à la tribune. « Je n'ai prêté, disait-il, qu'un serment ; mon serment de pair de France, et je l'ai tenu ! »

En effet, on essayait cet expédient : la régence d'une princesse jadis populaire. Elle-même, avec toute l'énergie de la passion, affrontait la tempête, allait avec ses enfants à la Chambre, et s'accrochait désespérément aux dernières chances de salut. Pendant que Victor Hugo haranguait pour elle les ouvriers au faubourg Saint-Antoine, il fallait l'arracher de la salle, déjà envahie, où elle tentait cette dernière espérance. On a dit que Lamartine avait prononcé les paroles décisives contre cette dernière solution. Lamartine vit juste : mais il ne fit que constater un fait. La régence était emportée par le courant populaire avec la royauté.

Victor Hugo resta le lendemain ce qu'il était la veille. Il l'a du reste déclaré lui-même très nettement et cela en 1875, alors qu'il était la gloire du parti radical. Il écrivait dans la préface du recueil intitulé : « *Avant l'exil* : »

« En 1848, son parti.. (Victor Hugo parle de lui-même à la troisième personne) n'était pas pris sur la forme sociale définitive. Chose singulière, on pourrait presque dire qu'à cette époque la liberté lui masqua la république. » Encore à ce moment, après l'exil, après la Commune, l'impression qu'il ressentit alors est restée si vive qu'il ajoute :

« En 1848, il y eut presque un dix-huit Fructidor », et
enfin il conclut :

« Après Juin 1848, il attendait ; mais après Juin 1849, il
n'attendit plus.

« L'éclair qui jaillit de ce mouvement lui entra dans
l'esprit. Ce genre d'éclair, lorsqu'il a brillé, ne s'efface
pas. Un éclair qui frappe, c'est la lumière du vrai dans la
conscience.

« En 1849, cette clarté définitive se fit en lui. »

Rien de plus exact : Le milieu où il avait vécu, depuis
1840, le retint encore quatorze mois. Il faut ajouter que
sentant pour l'idée républicaine une sympathie vieille de
dix-huit ans, et croyant seulement sa réalisation hâtive, il
garda, dans cette opinion, une franchise bien rare à ce
moment. C'était la saison de la mascarade républicaine la
plus éhontée de notre histoire. Chevaliers de l'ancien
régime, serviteurs bourgeois du régime bâtard de Juillet,
complices futurs du futur césarisme, fanatiques dévôts de
l'absolutisme catholique, tous criaient à qui mieux mieux :
« Vive la République ! » Les hommes qui ont eu depuis
un rôle dans toutes les réactions prononçaient des discours incendiaires dans les clubs les plus violents. C'était
à qui renierait, à force d'injures, la monarchie tombée.
Victor Hugo eut une attitude toute différente. Jusqu'aux
élections, il garda une réserve absolue. Quand on consulta
pour la première fois le suffrage universel, il accepta une
candidature. Sa première lettre d'acceptation (20 mars
1848), ne contient même pas le mot de République. Il ren-
voya les électeurs à ses œuvres et à ses discours de pair
de France, dont il donnait la liste. « Tout cela, ajoutait-il,
est livré à tous, je n'ai rien à y retrancher ; *rien à y ajouter.* » Il est vrai qu'un peu après, convié à célébrer la plan-
tation d'un arbre de la Liberté place des Vosges, il termine en disant : « Vive la liberté universelle ! Vive la
République universelle ! » — Mais il a soin de définir sa
pensée. Dans sa profession de foi pour les élections complémentaires (la première fois il a approché du succès

sans l'obtenir), il fait le parallèle fameux qu'il y a lieu de reproduire ici :

« Deux républiques sont possibles : l'une abattra le drapeau tricolore sous le drapeau rouge ; fera des gros sous avec la colonne ; jettera bas la statue de Napoléon, et dressera la statue de Marat ; détruira l'Institut, l'École polytechnique et la Légion d'honneur ; ajoutera à l'auguste devise : Liberté, Égalité, Fraternité, l'option sinistre : « ou la mort » ; fera banqueroute, ruinera les riches sans enrichir les pauvres ; anéantira le crédit, qui est la fortune de tous, et le travail qui est le pain de chacun ; abolira la propriété et la famille ; promènera des têtes sur des piques ; remplira les prisons par le soupçon et les videra par le massacre ; mettra l'Europe en feu et la civilisation en cendres ; fera de la France la patrie des ténèbres, égorgera la liberté, étouffera les arts, décapitera la pensée, niera Dieu, remettra en mouvement ces deux machines fatales qui ne vont pas l'une sans l'autre, la planche aux assignats et la bascule de la guillotine ; en un mot fera froidement ce que les hommes de 93 ont fait ardemment, et après l'horrible dans le grand que nos pères ont vu, nous montrera le hideux dans le petit.

« L'autre sera la sainte communion de tous les Français dans le présent, et de tous les peuples un jour dans le principe démocratique ; fondera, dans une liberté sans usurpation et sans violences, une égalité qui admettra la croissance naturelle de chacun, une fraternité, non de moines dans un couvent, mais d'hommes libres ; donnera a tous l'enseignement, comme le soleil donne la lumière, gratuitement ; introduira la clémence dans la loi pénale et la conciliation dans la loi civile ; multipliera les chemins de fer, reboisera une partie du territoire, en défrichera une autre, décuplera la valeur du sol ; partira de ce principe qu'il faut que tout homme commence par le travail et finisse par la propriété ; assurera en conséquence la propriété comme la représentation du travail ainsi accompli et le travail comme l'élément de la propriété future ; respectera l'héritage qui n'est autre chose que la main du père tendue aux enfants à travers le mur du tombeau ; combinera pacifiquement, pour résoudre le grand problème du bien être universel, les accroissements continus de l'industrie, de la science, de l'art et de la pensée ; poursuivra sans quitter la terre pourtant, et sans s'écarter du possible et du vrai, la réalisation sereine de tous les grands rêves des sages ; bâtira le pouvoir sur les mêmes bases que la liberté, c'est-à-dire sur le droit ; subordonnera la force à l'intelligence, dissoudra l'émeute et la guerre, ces deux formes de la barbarie ; fera de l'art la loi des citoyens, et de la paix la loi des nations ; vivra et rayonnera ; grandira la France, conquerra le monde ; sera en un mot le majestueux embrassement du genre humain, sous le regard de Dieu satisfait.

« De ces deux républiques, celle-ci s'appelle la Civilisation, celle-là s'appelle la Terreur. Je suis prêt à dévouer ma vie pour établir l'une et empêcher l'autre. »

Le morceau est superbe, et le programme de réformes tracé dans la seconde partie est, pour l'idée comme pour la forme, d'une merveilleuse ampleur. Mais on peut trouver que le tableau présenté comme le portrait de la république « rouge » manque de bienveillance ; pour l'auteur, évidemment, « le péril est à gauche ». Pas un mot de blâme au régime tombé ; la crainte violente d'un nouveau 93, voilà ce qui caractérise ce manifeste. Aussi, quand Victor Hugo eut peu après à s'expliquer dans une importante réunion (séance des cinq associations), l'objection que tout le monde lui fit fut celle-ci : « Vous signalez les dangers de l'anarchie, mais vous ne dites rien des dangers de la réaction... Vous nous parlez de Blanqui, mais vous ne nous parlez pas de Louis-Philippe. » — Et là, encore, le poète se maintint très fermement : blâmant énergiquement la loi d'exil contre la famille d'Orléans ; refusant d'attaquer « les vaincus », ne semblant pas soupçonner que les partisans du trône renversé pussent manquer de sincérité dans leur zèle nouveau pour la République.

Il faut bien le dire, cette République, il ne croyait pas
qu'elle pût durer, et il redoutait qu'elle ne vécût que pour
faire une effrayante besogne. Acquis de vieille date aux
idées les plus largement démocratiques, aux plus énergiques aspirations de progrès social, il conservait une
crainte véhémente : celle des violences que la légende
de 93 associait au nom de la République ; celle de certains
systèmes socialistes, tendant à faire de la société un vaste
couvent. A cet égard, surtout, son aversion contre certaines tendances d'alors reparaît à chacun de ses manifestes. Il faut reconnaître que nombre de doctrines, formulées alors, semblaient, en effet, vouloir ramener l'humanité au monastère. Victor Hugo avait une conception
des réformes sociales hostile à la plupart des formules
socialistes en vogue à ce moment, et qui lui faisait répu-
dier le nom du socialisme lui-même. Il conservait, avec
une pensée très résolument populaire, ses craintes, ses
relations, ses sympathies personnelles de pair de France,
jusqu'à croire visiblement que contre les esprits exaltés, le
bon travail des réformes démocratiques serait accompli
par les conservateurs.

C'est ainsi qu'il fut nommé membre de l'Assemblée
nationale aux élections complémentaires du 4 juin, sur
une liste modérée, en compagnie de Changarnier et de
Thiers.

Il faut rappeler ici l'histoire des premiers mois de la
République.

VI

J'ai essayé de montrer, dès 1830, les deux éléments qui
composaient l'état-major du parti porté au pouvoir par
les journées de Février : d'un côté, les hommes qu'on

pourrait appeler les doctrinaires de la démocratie : les politiques de profession qui continuaient les libéraux de 1829 avec plus d'audace, avec plus de passion pour l'idéal de la Révolution, mais sans plus de largeur dans les idées ; d'autre part, le groupe des grands esprits qui avaient représenté avec le plus d'éclat, dans la magnifique explosion de 1830, la pensée du siècle en littérature, en histoire, en philosophie, et que le mouvement de leur temps avait amenés à la cause du peuple.

Si Carrel avait vécu en 1848, il est probable que l'influence des premiers aurait, sinon dominé sans partage, au moins eu beaucoup plus de force dans le gouvernement provisoire. Deux faits semblent avoir exercé une action déterminante sur le caractère de ce gouvernement : la disparition de Carrel, et la fortune politique de Lamartine.

On sait quel rôle éclatant il avait joué dans la seconde moitié du règne de Louis-Philippe. Ce fut une des plus heureuses surprises de l'histoire que celle qui donna comme chef à la démocratie le poète royaliste de la Restauration. Le grand savant allemand Humboldt avait prononcé sur lui, dès les débuts de sa carrière parlementaire un mot bien frappant et bien prophétique :

« Lamartine, disait-il, est une comète dont on n'a pas encore calculé l'orbite. » Nulle comparaison, à mon sens, ne rend mieux la façon dont cet astre d'un superbe essor envolé à travers les espaces célestes, était venu, du fond des systèmes planétaires les plus éloignés, apporter à la cause de la Révolution sa couronne de rayons et sa sereine traînée de lumière.

On aurait pu douter que le rôle d'homme d'État fût dans la vocation de ce grand esprit, qui semblait avoir pour les notions précises et exactes un dédain transcendant. Eh bien ! Lamartine a prouvé que l'inspiration poétique, élevée à un certain degré, pouvait donner, dans les choses politiques, une netteté et une justesse de vue refusées à des caractères en apparence beaucoup plus pratiques. Depuis son entrée à la Chambre jusqu'à l'heure où

il descendit du pouvoir. Lamartine fut comme illuminé
d'un don de clairvoyance qui lui permit d'éclairer, non
seulement les situations les plus obscures, mais encore
quelques-uns des problèmes politiques les plus ardus. Il
ressentit, il pressentit, il dégagea l'idée de son temps ; il
fut, en face de l'expédient bourgeois de 1830, la pensée et
la voix de la France. Chose étrange, pour qui se rappelle
ses incertitudes, son dégoût des choses publiques à la
veille de 1830, et plus tard, après sa chute, son retour en
arrière, et les actes de pénitence par lesquels il a presque
renié une large part de ses plus beaux titres de gloire ! Sa
carrière politique, isolée dans sa vie, fut celle d'un génie
ouvert à tous les grands problèmes de ce temps et qui,
pendant quelques années, vibra à l'inspiration démocratique de l'esprit national, comme il avait vibré aux premières émotions littéraires du siècle.

Ce fut une circonstance décisive, qu'il fût en même
temps à l'Hôtel de Ville le véritable chef du gouvernement
et le représentant du parti modéré. Deux hommes de
nature toute différente complétaient le caractère du pouvoir
sorti des barricades : Ledru-Rollin, infiniment plus dégagé
de l'esprit bourgeois, infiniment plus hardi que les politiques du *National*, plus libre d'allures, plus populaire de
tempérament ; Louis Blanc, qui s'était consacré, dès la
première heure, aux idées les plus audacieuses de rénovation sociale. Ainsi, un poète, un révolutionnaire, un socialiste, tels furent les trois principaux auteurs de l'œuvre
accomplie ou indiquée.

Il est facile de deviner ce qui se serait produit dans le
gouvernement provisoire si des politiques de l'école de
Carrel, des hommes de résistance et de prudence bourgeoise y avaient joué un rôle dominant. Ils seraient bien
vite entrés en conflit aigu avec leur collègue socialiste et
leur collègue radical, dont ils auraient complètement
annulé l'action, comme ils les ont tous deux poursuivis de
leur hostilité, aussitôt que l'Assemblée nationale fut réunie.
Ils auraient très probablement ajourné à la réunion de

cette Assemblée les réformes qu'elle n'aurait d'ailleurs accomplies qu'à moitié, ou les mesures qu'ils auraient prises auraient eu ce caractère timide, incomplet, transactionnel, qui a marqué toutes les œuvres de leur école. Enfin, assaillis par ces restes d'agitation qui suivent les révolutions, ils se seraient sans nul doute défendus, non par des paroles éloquentes, mais par des actes de répression et des diminutions de liberté analogues à ce qu'on vit quelques mois après.

Mais les hommes qui auraient pu faire aisément une telle politique avec la majorité du gouvernement tel qu'il était formé, surtout Marie et Garnier-Pagès, qui représentaient l'élément actif du modérantisme, étaient paralysés dans une large mesure par la supériorité de situation de leur illustre collègue.

Lamartine prit une attitude toute différente. Son génie de poète était exempt des timidités étroites, et ouvert à la nécessité des grandes mesures qui doivent marquer une révolution. Le poète du faubourg Saint-Germain garda jusqu'au bout un sentiment résolu de solidarité avec son collègue radical. Quand, plus tard, les modérés voulurent exclure Ledru-Rollin de la Commission exécutive, Lamartine s'attira leur rancune en s'y opposant énergiquement.

Si l'entente fut plus difficile avec Louis Blanc, on peut croire que Lamartine ne contribua pas médiocrement à lui faire accorder la part qui lui fut donnée, non pour la réalisation, mais pour l'étude des réformes sociales. Et quand, quelques mois après, le parti du *National*, s'acharnant sur Louis Blanc, demanda à deux reprises sa mise en accusation, Lamartine la refusa deux fois. En résumé, quels qu'aient été successivement les querelles, les soupçons, les antagonismes du moment, nous pouvons dire, nous qui voyons les choses avec le recul de l'histoire, que les divisions, inévitables entre les éléments très différents de la démocratie républicaine, furent certainement atténuées dans la mesure du possible par l'élévation de caractère et la largeur d'esprit de Lamartine.

Il accepta la Révolution avec ses nécessités populaires ; en même temps qu'il les couvrait devant les classes dites « dirigeantes » et devant l'Europe monarchique de sa grande situation et de son grand nom.

Rarement gouvernement fut assailli par plus de difficultés à la fois. Les tempêtes des révolutions ne s'apaisent pas d'un coup ; le peuple, une fois arraché à son équilibre ordinaire, reste, comme la mer après l'orage, secoué d'une grosse houle, où se soulèvent de loin en loin d'énormes vagues qui sont comme l'arrière-garde de la tourmente. Les méfiances réciproques, les espérances surexcitées par l'imprévu des bouleversements politiques, les alarmes sans motif, les malveillances favorisées par le désordre multiplient, à la suite du combat, des alertes d'où le moindre hasard ou la moindre faute peut faire jaillir une guerre civile. On imagine, devant les insurrections possibles, la situation d'un pouvoir qui n'a lui-même d'autre titre qu'une insurrection victorieuse, qui n'a plus de forces organisées dans les mains, et qui ne peut guère compter sur les services publics formés par le régime déchu. Ajoutez à cela les périls d'une république proclamée, acclamée presque par surprise dans un mouvement national de colère, et placée entre deux dangers absolument contraires. D'un côté, une bourgeoisie et des populations rurales pour lesquelles le nom de la République avait été jusque-là un épouvantail, et qui voyaient tourbillonner autour de lui, au-dessus d'un sol bouleversé par d'effroyables cataclysmes, tous les fantômes des légendes royalistes répandues sur la Terreur de 93 ; de l'autre, des masses ouvrières chez lesquelles l'idée nécessaire du socialisme s'était présentée d'autant plus facilement pendant le régime de Juillet, sous forme de systèmes absolus et aventureux, qu'on en était encore, sous ce rapport, à l'inexpérience du début, que l'esprit du temps comportait en toutes choses une sorte d'exaltation poétique, et enfin que les doctrines revêtent presque forcément un caractère chimérique, quand propagées dans les foules souffrantes, sous un régime de compression, où elles ne peuvent pas espérer de réalisation régulière, elles ont la poussée de l'irritation populaire, et ne sont point contenues par la perspective d'une application pratique.

Il semblait presque impossible d'éviter un conflit entre les espérances illimitées éveillées d'un côté et les craintes furieuses qui se cachaient de l'autre. Une panique économique, peut-être sans précédents, mettait le comble au caractère tragique de la situation. Quand de terribles crises s'étaient produites en France auparavant, soit sous la Révolution, soit lors des invasions de 1814 et de 1815, soit même en 1830, la grande industrie et le crédit moderne ou n'existaient pas encore, ou n'avaient qu'un rôle restreint dans la vie nationale. Quand depuis et notamment dans les horreurs de l'Année terrible, des crises aussi graves se produisirent, la nation avait pris des habitudes de sang-froid qui préservèrent, dans la mesure du possible, la fortune du pays. En 1848, il y eut comme un sauve-qui-peut industriel et financier ; les affaires, qui avaient pris une importance énorme dans les dix-huit années antérieures, s'arrêtèrent net ; on se demanda si tout allait crouler à la fois. La débâcle de la Bourse et le chômage des usines purent faire redouter une ruine universelle.

Au milieu de tous ces périls, le gouvernement de Février ne porta la main sur aucune des libertés illimitées qui s'étaient établies en fait le lendemain de la Révolution. La presse put faire contre lui une campagne d'odieuses diffamations ; les clubs purent dans toute la France retentir des paroles les plus passionnées ; aucune restriction ne fut même tentée contre les droits des journaux, des réunions ou des associations. Dans Paris, secoué par des alarmes continuelles, on ne vit pas seulement Caussidière faire, suivant un mot connu « de l'ordre avec du désordre », on vit Lamartine faire de l'ordre à force d'éloquence et opposer victorieusement à tous les soulèvements de la foule les inspirations du plus admirable lyrisme.

C'est ainsi qu'on évita les conflits sanglants dans les

neuf ou dix semaines les plus difficiles, puisque c'étaient
celles qui suivaient immédiatement la révolution et où
aucun pouvoir régulier n'était encore constitué. Eh bien,
ces neuf ou dix semaines furent parmi les plus fécondes
de l'histoire pour la France, on peut dire pour l'Europe.
Il suffirait de l'établissement du suffrage universel, qui
devient graduellement le facteur principal de la politique
dans le monde entier, pour donner au gouvernement provisoire un rôle éclatant. L'abolition de l'esclavage dans
les colonies, abolition due surtout à Victor Schœlcher,
qu'on essayait de faire restreinte, graduelle, mitigée, et
qui eût été dans ce cas révoquée à la première réaction,
est, après l'établissement du suffrage universel, l'œuvre la
plus importante du gouvernement provisoire. Mais combien d'autres mesures se sont jointes à celles-là ! Suppression de la peine de mort en matière politique, suppression
de l'odieuse exposition pénale, création de « comptoirs
d'escompte » et de magasins commerciaux, condamna-
tions en principe de l'inamovibilité de la magistrature,
etc., etc. Nous n'avons guère été habitués, dans notre
pays, à voir aucun gouvernement, quel que soit son titre,
accomplir en dix ans la moitié de ce que le gouvernement
provisoire a fait en deux mois.

Il gardera surtout l'honneur d'avoir été l'initiateur,
dans le monde moderne, en matière de réformes sociales.
Il n'a pu réaliser que deux choses en cette matière : les
lois de protection pour le travail des femmes et des enfants
et la réglementation des heures de travail. Mais ce sont
précisément les deux problèmes qui, quarante ans plus
tard, préoccupent tous les gouvernements européens. Si
l'on examine impartialement le rôle de ces conférences
du Luxembourg où, sous la présidence de Louis Blanc et
d'Albert, des réformes étaient préparées pour l'Assemblée
future, il faut convenir que les esprits sont encore bien
prévenus à ce sujet. À l'heure où les systèmes — je dirai
presque les plus romanesques — étaient en faveur, ce qui
s'est dégagé de ces conférences, ce sont précisément les

idées que nous voyons dans le domaine pratique un demi-
siècle plus tard. Frapper la féodalité financière, dans ses
privilèges d'état ; reprendre pour la communauté nationale avant tout les chemins de fer, comme l'ont fait à
une date récente les gouvernements les plus divers, y
ajouter les mines comme on le demande chaque jour ;
charger l'État d'organiser les assurances de toutes sortes ;
faire de la grande banque du pays une banque nationale
(comme le mouvement des idées y porte les régimes les
plus différents)... c'était retenir, du programme socialiste
primitif, les parties auxquelles l'épreuve d'un demi-siècle
a donné le plus de force. Pour l'industrie privée, les conférences du Luxembourg ont surtout recommandé le
principe de l'association libre qui, depuis, a fait de tels
progrès, hélas ! surtout au dehors et qui est aujourd'hui
universellement accepté. On a fondé ainsi les premières
associations coopératives, dont quelques unes vivent encore. On a pratiqué enfin cette intervention non pas forcée, mais acceptée librement, de l'État dans les conflits
entre patrons et ouvriers, intervention que la théorie des
économistes condamne absolument, mais que la force des
choses a tant de fois imposée de nos jours.

Un caractère étonne, dans ces mesures improvisées par
un gouvernement presque fortuit, dont le chef était un
poète, dont le radical a eu dans l'histoire un jour d'éclat
sans veille et sans lendemain, dont le socialiste a émis
bien des idées contestables : c'est le caractère, je dirais
presque définitif, de toutes ces mesures. Ordinairement,
dans l'œuvre politique d'une époque, si féconde qu'elle
soit, il y a une part plus ou moins large qui n'a plus, trente
ou quarante ans après, qu'une valeur archéologique, et
que les générations suivantes ne s'expliquent que par
l'état d'esprit d'une période antérieure. Des idées qui ont
dicté les mesures que je viens de rappeler, les unes sont
admises aujourd'hui universellement, les autres sont
incontestablement en voie de progrès : la plupart ont été

réalisées autour de nous, et les plus discutées gagnent dans les esprits.

Une politique extérieure d'un grand caractère avait été exposée par Lamartine, dans un manifeste adressé à l'Europe. C'est resté une question discutée et discutable de savoir si, à l'exemple de la République de 1792, la République de 1848 aurait dû laisser déborder au dehors les énergies militaires si longtemps comprimées de la nation française. On peut dire pour l'affirmative, qu'à une époque où tous les peuples se soulevaient au souffle de liberté qui venait de France, nos armées auraient aisément assuré l'affranchissement de tous nos voisins, et rendu impossible la réaction européenne qui, le 2 décembre, a reflué sur Paris. On peut alléguer, en sens contraire, l'horreur des guerres et le péril pour la République des pouvoirs conférés au militarisme. Quoi qu'il en soit, et sans prétendre trancher ici un problème sur lequel on ne peut décider que par des hypothèses d'autant plus incertaines qu'elles portent sur une époque déjà éloignée, on doit constater que la politique de paix conçue par Lamartine était haute et fière ; qu'en s'interdisant d'intervenir dans les affaires des autres pays, la France exigeait, la main sur son épée, la même abstention des autres puissances ; et que si cette politique avait été continuée, l'écrasement des peuples révoltés par les réactions monarchiques autour de nous aurait été impossible.

On n'a pas encore rendu justice au gouvernement provisoire. L'avenir y verra, sans doute, un des plus grands gouvernements qui aient honoré la France. Il est curieux de voir comme un rayon de fausse renommée tombe encore sur de prétendus hommes d'État dont le rôle, dans le mouvement de notre siècle, n'aura été qu'un arrêt passager, et qui, ayant reçu des situations relativement faciles dans un pouvoir assis, ont ou compromis ou perdu les régimes qu'ils ont servis. Il semble pourtant que, si devant le bon sens, quelque chose peut être un signe indéniable de profonde médiocrité et de maladresse déplorable, c'est la nullité de l'œuvre accomplie devant l'avenir, et la préparation des catastrophes dans le présent. Le gouvernement provisoire a laissé plus d'institutions ou d'idées durables, après deux mois de pouvoir, que les autres après avoir pesé sur la nation pendant quinze ou vingt ans. Exposé à tous les périls d'une révolution et à tous les malheurs d'une crise, il a obtenu de la nation, en se retirant, une majorité réelle, une unanimité apparente pour une république fondée par une sorte de hasard. Si depuis, cette république a succombé à la suite de fautes qu'il avait évitées et que ses successeurs ont commises, au moins en tombant elle a laissé un tel souvenir que, tandis que jusque-là son nom avait été un épouvantail, il s'est retrouvé la plus grande force morale de France quand le despotisme établi par un guet-apens a commencé à décliner. Peut-être la postérité tiendra-t-elle à glorifier les hommes politiques qui ont obtenu de tels résultats.

Il eût été conforme à toutes les vraisemblances qu'une assemblée où étaient réunies toutes les forces intellectuelles de la France, et qui par la valeur de ses membres restera parmi les plus éclatantes de l'histoire, qu'une Assemblée dont la grande majorité était animée d'une passion démocratique très sincère et dont les éléments réactionnaires eux-mêmes avaient dû prendre pour y entrer un masque républicain ; il eût été conforme, dis-je, à toutes les vraisemblances qu'une telle Assemblée continuât, dans de plus vastes proportions, l'œuvre du gouvernement provisoire et rappelât, dans une certaine mesure, la magnifique fécondité réformatrice des Assemblées de la Révolution.

Ce fut tout le contraire qui se produisit. Aussitôt la représentation nationale réunie, les choses se modifièrent du tout au tout. On a peut-être trop peu remarqué ce changement de politique qui, ne tenant pas à un changement de parti, mais à un changement dans le caractère et le tour d'esprit des hommes dirigeants, ne devait pas être souligné par les querelles et les préjugés des opinions

contraires. On peut dire qu'à part quelques grands discours, dont le plus marquant fut une lourde erreur, sur
l'élection du président par le suffrage universel, la carrière politique de Lamartine finit avec le gouvernement
provisoire. Ledru-Rollin se trouva vite dans l'opposition ;
Louis Blanc fut tout de suite placé hors du pouvoir. L'influence fut ressaisie par l'école du *National*, on eut la
monnaie d'Armand Carrel. Bientôt, Marrast à la présidence de la Chambre, Cavaignac à la présidence du pouvoir exécutif, occupèrent les deux positions dominantes.
Le lecteur n'a sans doute pas oublié les lignes significa-
tives que leur maître écrivait en confidence à un ami au
moment même où il soutenait une guerre désespérée contre le régime de Juillet : « Nous renverserons la monarchie, disait-il. Puis nous aurons une autre lutte à soutenir
contre l'élément avancé. Nous devrions dès aujourd'hui
rompre avec lui et tendre la main aux honnêtes gens
du juste milieu, si ces honnêtes gens ne nous en voulaient
pas. » C'est tout le programme de résistance à la fois
bourgeoise et militaire qui allait se dérouler. Elle allait se
marquer dans la composition du ministère, d'abord formé
exclusivement de l'élément le plus modéré, auquel plus
tard on associa le « juste milieu » orléaniste qui avait
accepté la main tendue. M. Dufaure représenta le premier ce juste milieu dans le gouvernement de la République.

Le plus petit des défauts qu'on remarqua dans le nouvel esprit gouvernemental fut l'accaparement d'un grand
nombre de situations par un groupe assez étroit, presque
sorti des bureaux d'un seul journal, et affichant la prétention au monopole de la capacité politique que j'ai déjà
indiquée plus haut, à propos d'Armand Carrel. Je n'aurais
pas à relever ce fait, évidemment secondaire, s'il n'avait
un rapport direct avec le sujet de cette étude et s'il n'avait
donné lieu aux attaques les plus persistantes de la part du
journal de Victor Hugo, qui publiait par morceaux quoti-
diens une liste des rédacteurs, employés ou amis du

National ayant obtenu des situations officielles. Tout ce qu'il y a à retenir de cette critique, c'est que le groupe du personnel dirigeant s'était singulièrement rétréci et que la majeure partie des forces vives de la démocratie se trouvait ainsi écartée. La justice oblige à reconnaître que le monde assez restreint qu'on attaquait à ce propos était profondément honnête, ardemment dévoué à la démocratie, parfaitement capable, et méritait aussi bien de gouverner que le fameux canapé des doctrinaires. Cependant il exposait la République à des mécontentements plus graves que ceux des ambitions auxquelles il barrait la route. Le pays n'aime pas à se sentir aux mains de ce qui a l'apparence d'une coterie.

Ce fut un malheur plus sérieux que ce groupe un peu accaparant se laissât aller à l'esprit de haine contre le reste du parti démocratique. On sait qu'il ne se contenta pas d'écarter du pouvoir les éléments les plus ardents : il chercha bien vite à les frapper par d'injustes accusations. L'Assemblée eut rapidement affaire à l'un de ces mouvements populaires dont les deux mois du gouvernement provisoire avaient été remplis, mais elle en fit sortir de tout autres conséquences. Quand on considère de sang-froid, et avec un recul de quarante-cinq ans, la journée du 15 Mai, on ne peut guère se méprendre sur sa véritable nature. Il y eut là un de ces soulèvements passagers et spontanés des masses, que rien ne peut diriger. Quand les foules sont mises en mouvement ; quand des milliers d'hommes sont saisis dans un de ces profonds entraînements de quelques heures au milieu desquels personne n'a même le moyen matériel de se faire entendre, où d'ailleurs toutes les influences restent impuissantes sur des esprits surexcités par l'électricité éparse dans l'atmosphère ; quand chacun à la fois, pris dans une masse compacte qui va de l'avant, se sent poussé et ajoute lui-même, sans le vouloir, à la poussée qui pèse sur ceux qu'il a devant lui, il est aussi impossible d'arrêter l'impulsion populaire que les oscillations quotidiennes des flots. Des expériences renouvelées de ce phénomène nous ont permis de le mieux connaître. Il y a là moins des révoltes que des flots de masses populaires qui montent d'abord, puis se retirent. Les hommes de notre âge l'ont vu en 1870, au 31 octobre.

La journée du 15 Mai fut, on le sait, à l'origine, une manifestation pour la cause de la Pologne qui, sous Louis-Philippe, inspirait même dans le suffrage restreint des sympathies universelles. La révolution de Février avait eu son contre-coup sur la frontière de Russie ; la Pologne s'était soulevée, elle allait être écrasée une fois de plus. Il est certain qu'au début il ne s'agissait que d'une démonstration pacifique et que, même avec ce caractère, elle avait été jugée imprudente par nombre des plus ardents. Quand la manifestation fut arrivée jusqu'au Palais-Bourbon, il ne suffit pas de dire qu'on ne put plus l'arrêter : il faut ajouter qu'elle ne pouvait plus s'arrêter elle-même. La salle des séances fut envahie. Ce fut surtout un nommé Hubert, agent provocateur sous Louis-Philippe, qui ajouta à cette invasion des paroles insurrectionnelles. Quoi qu'il en soit, une grande partie de l'Assemblée, composée tant de la droite que du groupe du *National*, se servit de cette triste journée pour accuser les socialistes et un peu les radicaux, qui avaient notoirement fait les derniers efforts pour arrêter le mouvement. L'intérêt évident de la République était d'apaiser les divisions et les méfiances réciproques du lendemain. Les passions en décidèrent autrement. On sait comment Louis Blanc, notamment, fut l'objet d'une demande de poursuites immédiates de la part du gouvernement, et quel réquisitoire Jules Favre prononça contre lui. La majorité ne voulut pas poursuivre Louis Blanc, mais Barbès était de nouveau en prison, mais Caussidière donnait sa démission : c'était la rupture avec les masses ouvrières.

Déjà cette rupture s'indiquait dès les premiers jours de l'Assemblée. Elle avait refusé à Louis Blanc la création d'un ministère du travail, spécialement chargé des questions sociales. Plus tard, le gouvernement sorti de l'Assemblée devait adopter pour ces questions capitales la plus étrange des fins de non recevoir. Il devait les renvoyer à l'Académie des sciences morales! C'est sans doute la première fois qu'on ait vu un pouvoir public renvoyer à une Académie le soin de trancher les plus graves des problèmes contenus dans son mandat. Il suffit d'ailleurs de noter, en passant, qu'au point de vue politique comme au point de vue social, la page des réformes de l'Assemblée est restée à peu près blanche ; on peut dire que rien ne fut ajouté à l'œuvre du gouvernement provisoire ; sur quelques points même, on revint en arrière. Par exemple, la reconnaissance au droit du travail fut à moitié retirée au moyen d'une formule vague et l'on revint sur la suppression de l'inamovibilité de la magistrature. L'esprit de timidité devant les vieilles organisations monarchistes avait repris le dessus.

La scission avec l'esprit populaire s'accentuait de jour en jour. Il n'est pas besoin de dire à quelle affreuse guerre civile elle aboutit.

Nous ne pouvons pas voir les tragiques journées de Juin du même œil que les contemporains qui avaient cru, sur le moment, la société sauvée d'une nouvelle invasion des Huns, et qui avaient ajouté foi aux terribles légendes démenties depuis. On sait quelle occasion provoqua ce grand conflit. Ce fut la brusque suppression des ateliers nationaux. Assurément, les ateliers nationaux furent un expédient déplorable. Avec l'impôt des quarante-cinq centimes, qui répondit à une nécessité, mais qui fut peut-être mal choisi, ils représentaient dans l'œuvre du gouvernement provisoire la part de l'école du *National*. L'une de ces mesures était signée Garnier-Pagès et l'autre Marie. Il n'est guère contestable que dans la façon dont les ateliers nationaux furent institués, la pensée de retirer au socialisme la majeure partie de ses forces en l'embrigadant eut une influence prépondérante. Il n'est que juste pourtant de reconnaître qu'il fallait faire quelque chose pour empê-

cher le peuple de mourir de faim. Ce qu'on fit fut mal fait.
Le travail dérisoire auquel on occupait les ouvriers inoc-
cupés prêtait à toutes les critiques et les laissait à moitié
humiliés de gagner leur pain en promenant au Champ de
Mars des brouettes inutiles. Mais si l'organisation des
ateliers nationaux fut une faute, on peut dire que leur
brusque suppression fut un crime. Des milliers d'hommes
allaient rentrer dans leurs foyers au plus fort de la crise
qui arrêtait tous les travaux, sans espoir de gagner le
pain du lendemain. On provoquait comme à plaisir toutes
les exaspérations du désespoir à une époque où les idées
d'égalité sociale et de vie assurée par le travail, longuement propagées sous Louis-Philippe à la faveur de l'irritation générale et surexcitées par la révolution de Février,
menaçaient le plus l'état de choses existant et le repos
public.

Une insurrection devait inévitablement éclater : il
semble qu'on n'ait rien négligé pour l'étendre. Tout
indique qu'on eût pu sans grands efforts comprimer les
premiers soulèvements : on laissa le temps à la traînée de
poudre de s'allumer d'un bout à l'autre. Le fait a été
attesté par des témoins qui ne sont pas suspects : il fallait
qu'il fût bien avéré, pour que Lamartine, si modéré, si
ennemi des récriminations, l'ait dénoncé dans l'enquête
ouverte quelque temps après avec la plus grande netteté.
Au surplus, il fut à peu près avoué. Le général Cavaignac,
chargé de la répression et sur qui l'accusation retombait,
confessa qu'il avait laissé l'insurrection s'étendre plutôt
que de risquer la défaillance d'un seul régiment, qui,
d'après lui, aurait entaché l'honneur de l'armée : langage
bizarre dans la bouche d'un homme qui déclarait sous
Louis-Philippe qu'il n'aurait pas combattu une insurrection républicaine.

Il est naturel de croire qu'on a eu d'autres mobiles consciemment ou inconsciemment. C'est une vieille tactique
que de laisser les insurrections s'étendre, pour mieux
écraser ensuite ce qu'on appelle l'esprit de désordre. Ce

fut à Vienne, vers la même époque, la tactique du général
Windischgraetz, et Thiers invoquait cet exemple pour
expliquer comment, en mars 1871, il avait évacué Paris.
Un mouvement de peu d'importance, vite réprimé, produit peu de conséquences politiques ; le vainqueur d'une
guerre civile atroce peut tout demander à la société qu'il a
sauvée.

En 1848, le général Cavaignac, personnage assez secondaire la veille, dut au développement de l'insurrection
une dictature militaire et la présidence de la République.
Assurément, il était incapable d'aggraver volontairement,
à la pleine lumière de sa conscience, les dangers qui menaçaient le pays pour sa fortune particulière. Mais la nature
humaine est ainsi faite, qu'avec les meilleures intentions
du monde, et par l'action de ce que Pascal appelle « les
pensées de derrière la tête », la plupart des hommes com-
prennent toujours plus mal les intérêts généraux quand
ils sont opposés à leurs intérêts particuliers.

Ce n'est pas le lieu de raconter la guerre civile qui,
pendant quelques jours, remplit Paris de ses épouvantables
horreurs. Personne n'ignore combien la répression fut
impitoyable. Ce ne fut pas assez du sang répandu dans le
combat : il est malheureusement trop certain qu'un grand
nombre de prisonniers furent massacrés dans la fureur de
la victoire. Cinq mille malheureux, considérés comme
moins coupables que ceux qu'on livrait à la justice, furent
transportés sans jugement. Parmi les condamnés se trouvait un nommé Lagarde, sur lequel il y avait une note de
police ainsi conçue : « homme d'une probité incontestable,
homme très paisible, instruit, généralement aimé, *et par
cela même très dangereux pour la propagande.* » Cet
exemple montre quel esprit régnait après le triomphe de
l'ordre. Et l'on ne se contenta pas de frapper les révoltés,
on frappa toutes les libertés du pays. L'état de siège fut
établi, le cautionnement imposé aux journaux par une loi
qui arracha à Lamennais ce cri terrible : « Silence aux
pauvres ! » Les journaux qui purent payer restèrent soumis

de longs mois à tous les caprices de l'arbitraire ; le droit
de réunion fut supprimé par l'obligation d'une autorisation
préalable. En même temps, on essayait d'impliquer dans le
soulèvement de Juin, et de proscrire, sous ce prétexte, les
hommes les plus considérables du parti avancé. On
dénonça Ledru-Rollin ; on n'osa pas l'atteindre ; mais on
vota enfin des poursuites contre Louis Blanc dont l'exil
date de cette époque.

On voit quelle sinistre application recevait le mot prophétique de Carrel : « Une fois la monarchie renversée,
nous aurons une autre lutte à soutenir. » L'homme qui
présidait à cette funeste politique n'était d'ailleurs qu'un
disciple bien imparfait du grand journaliste. Carrel avait
dans la main une plume vaillante comme son épée. Maintenant, c'était un sabre qui gouvernait. Le général Cavaignac, héritier du grand nom de son frère, ne fut au pouvoir
qu'un soldat. La politique étroitement bourgeoise du
National prit entre ses mains le caractère brutal et fermé
du militarisme.

Au lendemain des journées de Juin, on avait tout à
redouter pour l'avenir de la République. Elle avait décimé
ses troupes les plus ardentes et engagé une lutte sans
merci contre les idées qui étaient sa raison d'être. Ainsi le
gouvernement se trouvait entre les classes réactionnaires,
effrayées par son propre cri d'alarme, enhardies par l'affai-
blissement de leurs adversaires, et les masses profondes
et souffrantes du peuple exaspérées contre le régime qui
aurait dû être le leur. Dès lors, le parti modéré qui déte-
nait le pouvoir fut comme supprimé dans le pays : aux
élections de l'année suivante, il allait en quelque sorte disparaître de l'Assemblée.

L'élection du 10 décembre le frappa tout d'abord. L'état
d'exaspération où l'immense majorité de la nation se trouvait servit une équivoque mortelle pour la liberté et pour
la France. Il y eut contre Cavaignac et les siens une coalition inconsciente, une coalition de fait entre les conservateurs impatients de s'abriter sous un nom monarchique, et

les révolutionnaires poussés à jeter un nom populaire à la
face des proscripteurs. La gloire de Napoléon couvrit cette
contradiction grosse de désastres. Quand le peuple fut
appelé à choisir son président, Louis-Napoléon réunit plus
de cinq millions de suffrages. Cavaignac n'en avait qu'un
million et demi.

VII

Comme on l'a vu, Victor Hugo, pendant toute la durée
du gouvernement provisoire, se renferma dans une réserve
absolue. Réserve d'autant plus significative qu'à ce moment
tout le monde se jetait dans la mêlée. C'est le fait des
révolutions de mettre toutes les têtes en l'air. Quiconque
avait un nom voulait avoir un journal et faire parler
quotidiennement ses idées ou ses passions sur les choses
du jour. Victor Hugo attendit cinq longs mois qui valent
par ce qui les remplit plus de cinq années ordinaires, pour
créer l'*Événement*. On a vu que, jusqu'à la réunion de
l'Assemblée, il resta à peu près muet; à tel point qu'en
acceptant une candidature, il se bornait à renvoyer les
électeurs à la collection de ses œuvres et de ses discours.

Quel mouvement se faisait dans ses idées, durant cette
période? Il est difficile de le savoir. Cependant, on peut
sans doute chercher, avec les restrictions que je vais indiquer tout à l'heure, dans les appréciations de l'*Événement*,
un reflet de sa pensée sur le gouvernement provisoire. On
le peut d'autant plus que l'*Événement* ne parut qu'après les
journées de Juin, à une époque de réaction violente contre
ce gouvernement; qu'il se rattachait, comme Victor Hugo,
à un groupe politique fort conservateur, dont les membres,
pour la plupart, profitaient du mouvement de réaction
pour renier leurs déclarations républicaines du premier

moment; et qu'il lui fallait ainsi remonter le courant et contredire son parti, pour faire l'éloge des hommes de Février. Or, l'*Événement* n'a pas cessé de glorifier l'ancien chef du gouvernement provisoire, Lamartine, à l'heure même où il commençait à être abandonné de tous. « Lamartine, disait le journal, rentre dans sa demeure simple citoyen, sans titre, sans honneur... Il a la gloire : il ne cumule pas... Napoléon revenait d'Iéna, d'Austerlitz, de Marengo, de Wagram... Lamartine revient de la Révolution de Février (23 octobre 1848). » Un tel éloge, dans le journal du poète qui avait célébré Napoléon avec tant d'enthousiame, ne semble indiquer ni un refus de reconnaître le grand caractère du gouvernement provisoire, ni les sentiments étroits de rivalité jalouse, si obstinément prêtés à Victor Hugo par ses détracteurs. Ailleurs, il est vrai, des critiques se mêlent aux éloges (numéro du 4 septembre) : on reproche à Lamartine son « idéalisme ». Il semble impossible, pour quiconque a lu Victor Hugo, de croire que ce reproche ait été ou suggéré ou approuvé par lui. Il a presque mis une sorte d'affectation, depuis ses premières œuvres jusqu'aux dernières, à opposer l'idéalisme à la politique prétendue pratique. On lui attribuera difficilement d'avoir inspiré des phrases comme celle-ci : « Il reste tout un côté de la vie que M. Lamartine n'a pas saisi, qui est fermé à sa nature, et où, pour entrer, il faut des pieds et non des ailes. » Depuis les *Odes et Ballades* jusqu'à l'*Année terrible*, Hugo a toujours affiché le mépris de ceux qui considéraient comme un avantage de rester à terre.

Mais, quand le poète eut une tribune et un journal, le gouvernement provisoire avait disparu; l'Assemblée avait déjà accompli une partie de sa carrière. Victor Hugo fut élu trois semaines à peine avant les journées de Juin ; l'*Événement* parut au mois d'août, plus de deux mois après la répression.

Rappelons d'abord le rôle du poète dans la guerre civile. Il faisait ses débuts à l'Assemblée sur les « ateliers nationaux », par un discours de peu d'étendue, rempli de critiques très justes et dépourvu de conclusion. Ajoutons que ce discours, où revient à plusieurs reprises la crainte d'un conflit violent, n'est nullement fait pour préparer la brusque suppression qui fut si fatale. Au contraire, il appuyait les projets de réforme de Trélat, ministre des travaux publics. Victor Hugo disait aux socialistes et à plus forte raison à l'Assemblée : « Aidez-nous ! Aidez-nous ! Il n'y a pas seulement la détresse des travailleurs : il y a la détresse de tous. N'irritez pas là où il faut concilier, n'animez pas une misère, contre une misère, n'ameutez pas un désespoir contre un désespoir. Prenez garde ! Deux fléaux sont à nos portes. Deux monstres attendent là et rugissent là dans les ténèbres, derrière nous et derrière vous, la guerre civile et la guerre servile ; c'est-à-dire le lion et le tigre ; ne les déchaînez pas ; au nom du ciel, aidez-nous ! »

Quand la bataille eut commencé, Victor Hugo fut un de ceux que l'Assemblée désigna pour aller porter aux barricades des paroles de paix. Il fit vaillamment son devoir. Quand une sanglante et impitoyable victoire eut été remportée, il prit l'initiative d'une réunion de représentants de tous les partis, ayant pour unique but, en dehors de toute pensée politique, « l'apaisement des haines et le soulagement des misères nées de la guerre civile. » Il s'agissait d'abord de visiter les forts, d'adoucir la situation des prisonniers et le sort de leurs familles ; d'assurer à ces familles les moyens de suivre les transportés, comme le permettait le décret qui, sans des mesures spéciales ou des secours, serait resté illusoire pour les pauvres. En même temps, il protestait énergiquement à la tribune, contre les suppressions des journaux et les emprisonnements de journalistes, dont l'état de siège de M. Cavaignac frappait la presse [1].

---

1. Il est curieux de voir comment un écrivain qui se pique d'exactitude, M. Biré, dénature tous ces faits. Pour le discours sur les ateliers nationaux, il écrit : « Victor Hugo appuya les propositions de M. de Falloux. » Or le discours de Victor Hugo est du 20 juin ; le rapport de M. de Falloux sur la dissolution immédiate des ateliers nationaux,

Un mois après, environ, l'*Événement* paraissait. Victor Hugo avait un journal. Dans quelle mesure, il importe de le dire. Il fit publier, en tête de l'*Événement*, une lettre où il déclarait qu'il resterait absolument étranger à la rédaction de la feuille nouvelle, et que tout en y comptant tous ses amis et en lui accordant toutes ses sympathies, il entendait n'être engagé en rien par les articles qui y seraient publiés. Quoi qu'on ait dit, cette lettre exprimait la vérité. Si les rédacteurs de l'*Événement* étaient pris dans le groupe d'écrivains qui se serrait autour de Victor Hugo, chacun gardait son initiative et sa liberté d'allure.

Et d'abord, cette liberté tenait à la nature même du journal. L'*Événement* créa un genre nouveau dans la presse : et il devançait singulièrement son époque, car la transformation qu'il avait inaugurée ne devait s'étendre que longtemps après. Substituer à ce qu'était le journal d'autrefois. à l'espèce de groupe fermé, compact, formant comme une famille avec ses abonnés, étouffant presque toujours de son individualité collective les personnalités

est du 22, lu le 23. M. Biré fait comme s'il ignorait ce rapport fameux, dont les conclusions, connues avant la lecture, mirent le feu aux poudres. Il cite, au lieu de cela, des paroles de M. de Falloux antérieures de trois semaines, où le rusé royaliste n'avait garde d'annoncer ce qu'il comptait tâcher d'obtenir au plus tôt. Loin d'être d'accord avec M. de Falloux, Victor Hugo se ralliait aux propositions du ministre, qui protestait contre les conclusions du rapporteur clérical. Sur la visite aux barricades, M. Biré avoue bien que Victor Hugo « fit son devoir » (l'aveu a dû lui coûter). Mais suivant lui, cet acte courageux et humain est un « hommage à l'état de siège ». Les représentants n'allaient pas, au milieu du combat, essayer d'arrêter la guerre civile ; ils allaient promulguer le décret d'état de siège. Étrange mode de promulgation ! En ce qui regarde la réunion des représentants pour secours aux familles des condamnés. c'est Victor Hugo qui eut l'idée et prit l'initiative de grouper un certain nombre d'hommes de tous les partis pour cette œuvre d'humanité. M. Biré arrange les choses de la façon suivante. D'abord il supprime l'initiative de Victor Hugo. Puis, parmi les membres convoqués par le poète, il nomme Montalembert, La Rochejaquelein, Falloux, l'évêque Parisis, et supprime Considérant, Jules Favre, Félix Pyat, David d'Angers, Edgar Quinet. — J'ai voulu donner un échantillon de la façon dont M. Biré arrange l'histoire. si la chose en valait la peine, on pourrait, pour chaque détail de la vie de Victor Hugo, relever des inexactitudes ou des omissions de ce genre.

diverses qui s'y trouvaient, quelque chose d'ouvert et de vivant comme une agora où se rencontraient les talents les plus divers et les esprits les plus libres ; briser les cadres des vieux journaux avec leurs dissertations politiques toujours aux mêmes places, et l'art, la littérature, tous les drames de l'existence étrangers aux questions de gouvernement parqués dans des compartiments spéciaux ; créer une feuille toute vibrante de la chose du jour, quelle qu'elle fût, mêlant tous les éléments de la vie nationale, mettant en tête à la place du vieux premier Paris traditionnel l'événement philosophique, artistique, social, si c'est le plus digne d'intérêt ; c'était alors une pensée toute nouvelle, qui depuis a fait du chemin, et d'où est sortie une bonne partie de la presse actuelle, dans la mesure où une spéculation de vente peut être rattachée à à une pensée large et féconde.

Avec ce caractère si nouveau, l'*Événement* restait un journal de conviction profonde et de passion ardente. Ceux qui ont repris l'idée plus tard, à commencer par Villemessant, n'étaient plus que des commerçants. Autour du grand nom de Victor Hugo étaient venus se grouper des hommes déjà célèbres, ou des jeunes appelés à le devenir. A côté de Charles et de François Hugo, de Vacquerie, de Meurice, il y avait là Gautier, Méry, Alphonse Karr, Gozlan, Gérard de Nerval, Banville, Vitu, Champfleury, Dumas fils, Murger.

Ceux qui veulent attribuer, en vertu d'une légende obstinée, au génie de Victor Hugo un besoin de despotisme jaloux, étouffant à son ombre toutes les pensées individuelles, reçoivent ici des faits un rude démenti. Toutes les fois que le grand poète fut représenté par un journal, ce journal fut le plus divers et le plus libre par la variété des tempéraments et des talents qui y avaient accès.

Le poète n'aurait d'ailleurs jamais accepté la besogne accaparante et minutieuse qu'il faut faire quotidiennement pour avoir dans un journal l'expression exacte de ses opinions. Ceux qui ont l'expérience des choses de la presse savent qu'en fait on n'arrive jamais à la discipline absolue, même avec des groupes restreints de rédacteurs exercés à ce métier, habitués à penser à l'unisson, comme il y en avait dans les feuilles d'autrefois, dans le *National* de Carrel par exemple. On n'aurait pas pu y arriver avec des collaborateurs aussi différents que ceux de l'*Événement*. D'ailleurs, Victor Hugo n'y pouvait pas songer. Son génie ne comportait ni le goût ni le loisir de ce genre de travail.

Cela ne veut pas dire que la pensée de Victor Hugo ne dominât pas l'*Événement* d'une façon générale. D'abord, dans les grandes lignes de la politique, les rédacteurs avaient pour lui une admiration trop passionnée pour l'abandonner. Il semble même parfois qu'ils sont de son avis plus que lui-même. Il est tel de ses votes émis, peut-être à regret, par concession à l'esprit de solidarité avec un groupe parlementaire, dont l'*Événement* dit : « qu'il ne sait pas pour quel motif M. Victor Hugo a voté dans un tel sens. » « Victor Hugo n'écrivait pas ostensiblement dans le journal, dit un des collaborateurs, Alphonse Karr, mais il l'inspirait et le dirigeait, tout en laissant sur beaucoup de points la bride sur le cou à ses jeunes associés. De temps en temps, on reconnaissait l'aigle à sa griffe : *Ex unge leonem.* » La vérité est qu'il ne venait jamais aux bureaux de l'*Événement* et qu'il n'y écrivit jamais une ligne ; mais qu'en dehors de l'influence décisive qu'il exerçait sur la rédaction, ses fils et les deux jeunes écrivains qui étaient pour lui des fils intellectuels le voyaient incessamment et recevaient plus directement l'empreinte de ses idées. Tel article, par la pensée et la langue, le trahit comme une conversation toute vive prise sur les lèvres de Hugo. Mais il y avait dans le groupe des esprits de tout autre tournure, notamment un césarien convaincu dont la prose détonne au milieu des autres. Il est aisé de reconnaître les morceaux, d'ailleurs rares, qui sont absolument contraires aux façons constantes de penser et de dire du grand poète.

Avec tout cela, l'*Événement* fut peut-être un journal unique dans l'histoire de la presse, avec sa politique haletante, ses luttes où l'on devine des poètes dans les polémistes, on ne sait quoi de vivant et d'alerte, ses passions trop libres pour s'enfermer dans les cadres d'une orthodoxie de parti et parfois des pages éclatantes qui sonnent la prose du maître.

Tout d'abord Hugo se retrouva à l'Assemblée ce qu'il était à la Chambre des pairs, homme d'un milieu conservateur et d'un génie démocratique ; comme classement, il reste dans le groupe des hommes qu'il voyait aux Tuileries et au Luxembourg : quand ils fondent la fameuse réunion de la rue de Poitiers, il en fait partie. En réalité, il n'a ni leur esprit, ni leurs passions, ni leur but. Et cette situation mixte continue à le paralyser. Après son très court discours du début, il ne revient à la tribune que pour faire de très brèves observations, défendant des idées généreuses : la liberté de la presse, les encouragements aux lettres et aux arts, l'abolition de la peine de mort ; s'abstenant de toutes les grandes questions de parti, de toutes les interventions qui auraient pu lui créer ce rôle politique auquel pourtant il songeait évidemment depuis huit ans. Ceux de ses votes qu'on peut connaître (il y avait alors très peu de scrutins publics) rendent difficile de le classer. Rangé dans la droite, il mêle, dans nombre de questions de réformes, son bulletin à ceux de la gauche avancée, contre les bulletins de son parti apparent.

Dans une occasion plus significative, quand l'Assemblée met en accusation Louis Blanc, Victor Hugo se prononce en faveur du socialiste contre tous les conservateurs et la plupart des modérés. On le devine tiré, tiraillé entre son milieu et son génie, se cherchant encore ; visiblement hésitant, lui l'homme né pour les décisions hardies et retentissantes.

C'est qu'entre la république d'alors et lui, il y a autre chose que ses souvenirs et ses relations : il y a toujours l'école du *National*. En ce qui la concerne, il n'est pas indécis. Il la combat avec une violente passion. C'est Cavaignac qui la représente. Toute la campagne de l'*Événement* est une campagne sans pitié contre Cavaignac et son groupe. J'ai déjà dit que le journal publiait sans s'arrêter des listes de tous les rédacteurs ou amis du *National* qui étaient placés. Plus tard, nouvelle série sous ce titre : « Coterie et patrie. » — « Coterie », c'est toujours le *National*. L'attaque est incessante, mélangée d'une double pensée comme le poète qui l'inspire ; attaque de conservateurs contre le gouvernement nouveau, attaque de démocrates contre les répressions bourgeoises. On ne se douterait guère que c'est un journal allié à la rue de Poitiers qui, le 12 septembre, publie les lignes suivantes, trop nettement caractérisées par le style, pour qu'on n'y reconnaisse pas, jusque dans la forme, l'inspiration directe et probablement paternelle de Victor Hugo :

« Satisfaits de tout, satisfaits de leurs ministres, satisfaits d'eux-mêmes, voilà ce que sont les représentants. Et dans quelles circonstances? — Quand tout va de mal en pis ; quand la France, au dehors, est dupée, au dedans est malheureuse ; quand la France, au dehors, donne la main à l'Autriche, qui donne la main à la Russie, qui donne son grand cordon à Radetzky ; quand la France au dedans refuse au peuple le pain de la famille et le sol de la patrie ; quand on laisse des milliers de pauvres dans la misère ; quand on envoie dix mille malheureux dans l'exil ; quand on condamne deux représentants du peuple et qu'on les force à aller représenter la France en Angleterre ; quand on ouvre Clichy, cette prison pour dettes de l'usure ; quand on ouvre Vincennes, cette prison pour dettes de la tyrannie ; lorsqu'enfin on frappe la pensée et on confisque la propriété, sous prétexte sans doute de la mieux garder ; quand on enferme M. de Girardin pour un article qu'il ne connaît pas ; quand on saisit M. de Villemessant pour des articles qu'il ne fait pas ; quand la liberté est représentée à Paris par l'état de siège, l'égalité par le canon, la fraternité par la transportation. » — Un journal de la Montagne n'aurait guère fait d'autres reproches au gouvernement de Cavaignac.

Cette note n'est assurément pas celle de tous les jours dans l'*Événement;* mais elle s'y mêle parfois à une note très différente. J'ai déjà fait remarquer que la politique représentée alors par le gouvernement, celle de la République bourgeoise, soulevait contre elle les deux éléments du pays : les conservateurs qu'elle alarmait, les masses avancées qu'elle indignait. Elle blessait Victor Hugo encore indécis, des deux façons à la fois.

C'est ce sentiment dominant, complexe, de violente répugnance pour le gouvernement de Cavaignac, qui fit commettre en même temps à Victor Hugo et à la France la plus lourde, la plus funeste des fautes : l'adhésion à la candidature de Louis Bonaparte.

Victor Hugo ne s'y résolut ni sans répugnance, ni sans hésitations. On sait quelle était son admiration pour la gloire de Napoléon. Mais pour lui, comme pour beaucoup de ceux qui avaient célébré le nom du conquérant, cette gloire était personnelle : elle n'admettait pas d'héritier. Il avait, il est vrai, des relations et des liens de sympathie avec la famille de son héros, surtout avec Jérôme et son fils. Mais cette famille, surtout après les absurdes tentatives de Strasbourg et de Boulogne, semble avoir eu peu d'estime pour le Bonaparte contesté qui se livrait à de telles incartades. S'il était arrivé à se créer ainsi une place dans la légende napoléonienne pour les masses rurales où le culte bonapartiste gardait le caractère naïf d'une superstition populaire, il était devenu, pour les « classes dirigeantes », une sorte d'aventurier d'espèce assez suspecte; et ses parents mêmes désavouaient la solidarité de ses coups de tête. Lorsqu'il fut réélu à l'Assemblée, en septembre 1848, le journal de Victor Hugo le traitait assez durement : « Le peuple, disait-il, a voté non pour un homme, mais pour une idée. » Et il poursuivait : « Personne n'achète le portrait de M. Louis Bonaparte.

Pourquoi? Parce que tout le monde a le portrait de Napoléon. D'ailleurs, M. Louis Bonaparte a des moustaches, *et il n'est pas ressemblant...* Celui que le peuple vient de nommer représentant, ce n'est pas l'homme de l'échauffourée de Boulogne... c'est le héros d'Arcole. » Le journal, remarquant que M. Louis Bonaparte avait « déjà donné sa mesure », ajoutait : « *Nous croyons qu'il peut se tailler plusieurs vestes dans la redingote de l'Empereur.* » Il concluait que la gloire de Napoléon n'appartenait nullement à M. Louis Bonaparte.

Ceci est du 25 septembre. Le 6 octobre, défendant la souveraineté nationale, l'*Événement* faisait remarquer que le peuple commencerait peut-être par commettre des fautes. « Il prendra un nom pour un homme, un reflet pour un rayon, un sophiste pour un philosophe, un masque pour un visage. Il nommera président M. Louis Bonaparte, M. Ledru-Rollin, ou même M. Prudhon... Mais espérons qu'il finira, Dieu aidant, par trouver la lumière et la vérité. »

Trois semaines après, l'*Événement* se ralliait à la candidature de Louis Bonaparte. Avec bien des réserves d'abord (27 octobre) :

« Personne n'a été plus juste que nous sur son passé ; mais personne aussi, plus que nous, ne sera impartial pour son avenir. *Sa vie politique recommence. Nous voulons bien déchirer le chapitre des échauffourées de Boulogne et de Strasbourg. Nous lui ouvrons un livre blanc où il est digne d'écrire de grandes choses.* »

Et le lendemain :

« Dans la nuit profonde où la France se trouve, elle peut bien prendre les reflets de la gloire pour le rayon du génie... Vienne donc M. Louis Bonaparte !... Toutefois nous réservons encore notre assentiment... Nous regrettons Lamartine, nous attendons Louis Napoléon... Il faut qu'il annonce ce qu'il compte faire... Maintenant si on nous suppose un peu prévenus pour M. Bonaparte, on ne se trompera pas. Nous sommes comme le peuple et comme l'enfant, nous aimons ce qui brille. »

A ce moment, Louis Napoléon était venu voir Victor Hugo. Le poëte déménageait à ce moment. Il reçut le candidat dans l'antichambre d'un appartement non meublé, assis sur un coffre à bois. On devine sans peine quelles déclarations rassurantes le futur proscripteur fit au futur proscrit.

Ces déclarations, il eût été bien imprudent de les considérer comme des garanties. On avait déjà l'expérience du personnage. On crut sans doute qu'on avait une garantie plus sérieuse contre des entreprises criminelles de Louis Bonaparte : son insuffisance apparente pour de telles entreprises. On avait peine à penser que ce jeune homme, fort seulement de la dévotion que les masses portaient à son oncle, très ridiculisé alors par les feuilles satiriques, avec son air gauche et emprunté, son regard fuyant, son masque atone, sa mine en dessous et l'embarras de son langage, non seulement pût préparer un attentat heureux, mais encore comptât exister et conduire les choses par lui-même. Tandis que les partis opposés, exaspérés contre les gouvernants du moment, rêvaient chacun à cette énigme le mot qu'ils préféraient, les cléricaux, la réaction, les ouvriers, le socialisme, les hommes politiques qui le soutenaient imaginaient qu'il leur servirait à mettre le grand nom de Napoléon en tête de la page blanche où ils écriraient ce qu'ils voudraient. C'est ce que l'*Événement* indique tout le temps : « Nommons président une étiquette sous laquelle M. Louis Bonaparte voudra assurément faire mettre de grandes choses. » Trois hommes avaient à la fois cette illusion ; trois hommes auxquels leur candidat réservait ou l'exil, ou une cellule à Mazas : Victor Hugo, Thiers, Girardin. A des titres et à des degrés très différents, l'un par la hauteur de son génie, l'autre par la merveilleuse étendue de son intelligence, le dernier par son flair de limier pour le public, tous les trois avaient le sentiment des foules, et sentaient combien les autres candidats y correspondaient peu. Les masses, qui ont un besoin instinctif de simplifier les situations et qui voient en gros, jugèrent tout de suite que Louis Bonaparte était le seul adversaire de Cavaignac. Le plus grand nombre des socialistes exaspérés abandonnèrent ainsi leurs candidats naturels pour Louis Bonaparte ; Ledru-Rollin et Raspail, malgré leur popularité, eurent un chiffre insignifiant de voix. On s'explique ainsi comment les hommes qui devaient être les adversaires du prétendant soutinrent le candidat. C'est une explication, ce n'est pas une excuse. L'expérience devait prouver qu'on n'accorde rien impunément aux grossières superstitions fondées sur un nom propre, et qu'on provoque les plus redoutables châtiments de la destinée, quand on flatte pour l'exploiter ce qu'il peut rester de fétichisme dans un peuple libre.

Quoi qu'il en soit, le journal de Victor Hugo, une fois engagé, se jeta dans la mêlée avec une véritable passion. Au surplus, le courant était irrésistible : Louis Bonaparte, le 10 décembre, avait cinq millions et demi de suffrages.

Cavaignac disparaissait. Il ne restait plus qu'à frapper la majorité. Dans l'irrésistible enivrement d'un succès formidable, ceux qui avaient gagné la première bataille voulurent gagner la seconde. Croyant que la victoire était à eux, ils étaient impatients de faire place nette, chacun à son point de vue. L'Assemblée était visiblement atteinte par le vote du 18 décembre. On la somma de se dissoudre. Victor Hugo prononça, à ce sujet, le premier de ses discours qui fût, à proprement parler, un acte de parti (29 janvier 1849). Discours serré, condensé, logique, très habilement politique, fort modéré d'ailleurs. Le principal argument était tout indiqué. Il est développé avec une force singulière. Le suffrage universel venait de prononcer contre ceux qui l'avaient créé, les plaçant ainsi dans cette situation contradictoire de se maintenir, en son nom et pour l'intérêt de sa cause, contre lui-même. Il n'en est pas moins vrai que la dissolution de la Constituante devait livrer la France à cette réaction aveugle dont Victor Hugo allait combattre les excès.

Durant les quelques mois qui s'étendent de ce discours aux élections nouvelles, le poète garda le silence. Il restait dans les rangs des « conservateurs », à la tête desquels se plaçait le nouveau président. Bien que les premiers actes de Louis Bonaparte eussent été une déception pour Victor Hugo, il attendait. L'*Événement* continuait à être un des journaux du parti. Journal ardent à la polémique, dénonçant à chaque instant les dangers de l' « anarchie », fort tiède pour la République. Il semble certain que, dans le feu de la lutte quotidienne, il dépasse souvent la pensée du poète, et représente souvent son parti plus que sa pensée.

On arriva ainsi jusqu'aux élections de mai 1849. Hélas ! les vainqueurs du 10 décembre n'eurent qu'un succès trop complet quelques mois après. Tous les partis monarchistes triomphants ; le parti républicain modéré presque anéanti ; une terrible majorité à droite, en face de laquelle il ne restait plus guère qu'une minorité de *radicaux* — la Montagne, comme on disait alors : tels étaient les résultats des fautes commises.

VIII

Devant ce spectacle, Victor Hugo se retrouva.

La haine d'une coterie étroite tournant la République contre le peuple, la crainte du terrible inconnu dont l'affreuse guerre civile de Juin avait semblé la première explosion, avaient pu jusque-là l'empêcher de rompre avec les groupes conservateurs les liens établis une dizaine d'années avant par les circonstances connues du lecteur. Mais ce grand esprit ne pouvait pas, sans se renier lui-même, s'asservir à une politique de recul. Maintenant, les situations étaient claires. Victor Hugo se dégagea.

Dès le lendemain des élections, l'*Événement* avertissait d'abord, attaquait ensuite ses amis de la veille. Il commenta le premier acte de l'Assemblée nouvelle, le choix du président Dupin : « Nous nous réjouissons, disait-il, de la puissante majorité acquise à la cause de l'ordre... et cependant nous avons assez peur, pour cette grande cause, de sa force même. » Il allait jusqu'à exprimer la crainte que la nouvelle Assemblée ne fût une « Chambre introuvable » (2 juin).

Le 4 juin, il accuse les hommes d'État de Juillet qui gouvernent : « Ils ont peut-être fait leur temps..., ils n'ont pas la conscience très nette de la génération qui se lève... Ils sont fiers d'avoir résisté dix-huit ans, et croient que, par les mêmes moyens, ils tiendraient longtemps encore. »

Le 8 juin, tout en disant qu'il ne craint pas l'accusation de socialisme, il proclame qu'au fond de théories chimériques, il y a « une souffrance réelle qui mérite l'attention immédiate du pouvoir » : et que M. Louis Bonaparte semble méconnaître la Révolution de Février, quand il croit qu'elle a été faite uniquement pour changer la forme du gouvernement.

Le 20 juin, il compare les situations avant et après les récentes élections. Avant, où était le danger? Il était dans l'improvisation d'un avenir prématuré et inconnu. « Après, où était-il? Dans la répétition d'un passé caduc et trop connu. »

Le 24 juin, il dit de la droite : « Il ne faut pas qu'elle croie que l'effacement de la Montagne lui permet désormais de tout faire. Il lui reste un adversaire plus redoutable que tout autre : elle-même. »

Et le lendemain, parlant du péril intérieur, il discute l'hypothèse où « après l'éclipse de la minorité factieuse, la majorité provocatrice à son tour entrerait délibérément dans la voie rétrograde. »

Tout cela, au début reste mêlé d'attaques contre les radicaux ou les socialistes. Mais la note s'accentue à mesure que la lumière se fait sur la majorité nouvelle. Victor Hugo eut cette illusion étrange que les hommes avec lesquels il avait vécu, les hommes du régime de Juillet ou du bonapartisme, étaient comme lui des ennemis du désordre prêts à accomplir des réformes démocratiques et sociales sitôt que le danger de l' « anarchie » serait écrasé. C'est ce qu'il répétait depuis 1840. Il commence à ne plus le croire. Mais après cette première désillusion, il rêve d'abord dans l'Assemblée de 1849, où les deux camps sont si tranchés, où il n'y a plus qu'une montagne en face d'une réaction, la constitution d'un tiers parti portant la majorité à gauche.

C'est ce que l'*Événement* demande dès le début, dès le 4 juin, invitant le président du 10 décembre à contribuer à cette œuvre par le choix de son ministère. Ce sera entre les « rouges » et les « blancs » le parti des « bleus ».

En octobre encore, au moment où l'Assemblée va revenir de ses premières vacances, il indique la politique de ce groupe intermédiaire. Ce ne sera pas un « juste milieu », ce sera un parti de « réformes. » Et il cite comme orateurs désignés de ce parti, Lamartine, Odilon Barrot, Dufaure, Victor Hugo. Étrange confusion entre des hommes de l'esprit le plus opposé. Cette dernière illusion va disparaître à son tour au bout de quelques semaines et, cette fois, Victor Hugo reprendra sa place dans le camp de la révolution.

Il est nécessaire de rappeler ici les événements qui avaient marqué les débuts de l'Assemblée législative. Une question passionnait alors tous les esprits : l'expédition romaine. On sait l'histoire de cette expédition. Elle avait été résolue d'abord pour paralyser l'intervention de l'Autriche contre la révolution italienne ; elle ne tarda pas à être tournée contre son but initial, par une véritable trahison du gouvernement de Louis Bonaparte. Pie IX avait été chassé des États pontificaux. On eut ce spectacle extraordinaire : la République française accablant par la force la République romaine pour rétablir le pouvoir temporel. La France, plus tard, le jour où elle fut envahie, devait expier cruellement le crime de ses gouvernants.

Il semble qu'une partie importante de l'esprit public ait mis un temps considérable à comprendre le caractère odieux de l'entreprise. Incontestablement, on fut troublé par le spectacle d'un mouvement populaire chassant le pape qui, paraissant réconcilier l'Église et la Révolution, avait, à une date récente, soulevé un véritable enthousiasme dans toute l'Europe. On voit mal, à quelques centaines de lieues de distance, des transformations complètes de situation comme celle qui s'opéra à Rome. Est-ce pour cela que des républicains comme Jules Favre, comme Bixio prirent à ce sujet l'initiative de déplorables équivoques ; que l'Assemblée nationale se laissa tromper jusqu'à ses derniers jours et que, quand, éclairée enfin sur sa faute, elle eut frappé la conduite du gouvernement de la condamnation la plus rigoureuse, elle capitula presque le lendemain ? Quoi qu'il en soit, non seulement des radicaux comme Ledru-Rollin et Schœlcher, mais des modérés tels que Lamartine virent clair dès le premier moment.

Victor Hugo avait soulevé des clameurs à la tribune de la Chambre des pairs en saluant en pleine monarchie de Juillet les droits et l'avenir de la patrie italienne. Il n'en est que plus surprenant qu'il ait été des derniers détrompés. Dans la période qui s'étend du 10 décembre à la dissolution de la Constituante, le langage de l'*Événement* indique un aveuglement singulier. Non qu'il se prononce contre les libertés de l'Italie menacées par l'Autriche, mais il s'obstine contre l'évidence à en attendre le salut des souverains italiens qui, au début, avaient pris part au mouvement, Pie IX et Charles-Albert. Il traite les révolutions de la nation voisine comme des émeutes opprimant les populations par la violence. Cette funeste erreur ne devait pas être de longue durée.

Elle se dissipa forcément quand l'armée française assiégea les murs de Rome. Cela se fit à l'heure même où la Constituante se séparait. La nouvelle arriva à Paris pour les débuts de l'Assemblée nouvelle. Ainsi la République française accomplissait, pour le compte de l'Autriche, la plus coupable et la plus sinistre des besognes de réaction, et égorgeait la république sœur que son exemple avait fait naître et qu'elle aurait dû défendre. Humiliations continuelles, trahison envers un peuple ami, crime contre l'indépendance des peuples, crime contre la cause des libertés, crime contre la constitution votée, crime contre l'avenir de notre patrie, tout se réunissait pour soulever un long cri de réprobation.

Depuis quelques mois, la grande voix de Ledru-Rollin était, on peut le dire, celle de la nation républicaine. Les révolutions sont pleines de ces exemples d'inspirations soudaines. Dans les brusques illuminations de la tempête, elles électrisent, elles font éclater en lumière des hommes qui, auparavant, restaient dans le demi-jour et qui y rentreront après. Avec son large et noble esprit, sa passion démocratique, sa puissance oratoire, Ledru-Rollin, quand il entra dans les chambres de Louis-Philippe, parut d'abord violent et emphatique. Une fois proscrit, il s'éclipsa pour toujours. J'étais à la séance de l'Assemblée de 1871 où, après vingt-deux ans de silence, il revint à la tribune. Le souffle n'y était plus : il ne restait rien. Mais depuis les derniers mois de Louis-Philippe jusqu'à la fatale journée du 15 mai, il fut magnifique. On raconte qu'un souverain demandait un jour à Thiers quel était, après lui, le plus grand orateur de l'Assemblée, et que Thiers répondit : « Avant moi, sire, c'est Ledru-Rollin. » Or il s'agissait d'une assemblée où siégeaient Berryer, Lamartine, Montalembert, Dufaure, etc. Et ce mot se comprend. Si l'éloquence est par excellence la passion dans le raisonnement, le don d'évoquer les grands côtés des choses et de pousser vigoureusement sur l'adversaire les objections directes, le talent de donner à l'argumentation des éclats

de coups de tonnerre, Ledru-Rollin fut, dans cette période,
un orateur dans toute la force du terme. Il manqua, il
est vrai, à sa parole, les qualités qui font d'un discours
une œuvre d'art et de pensée restant entière après les circonstances qui l'ont inspirée. Cependant ses discours
supportent beaucoup mieux la lecture que ceux de Berryer, par exemple. On y retrouve, toutes vives encore, la
sensation, la passion, la lutte âpre des événements d'où
ils ont jailli. Ledru-Rollin gardera le très grand honneur
d'avoir été, après Lamartine, avant Victor Hugo, dans l'intervalle où le premier ne parlait plus, où le second ne s'é-
tait pas encore jeté dans l'action démocratique, le grand
orateur de la révolution de Février.

Ledru-Rollin était désigné pour dénoncer à la tribune le
siège de Rome. C'est sur cette question que, depuis le début de l'expédition, il prononça ses plus admirables discours. Il n'était pas douteux que la Constitution ne fût
violée. Le paragraphe 5 du préambule dit en effet:

« La République respecte les nationalités étrangères,
comme elle entend faire respecter la sienne, n'entreprend
aucune guerre dans des vues de conquêtes, *et n'emploie
jamais ses forces contre la liberté d'aucun peuple.* »

C'est au nom de ce paragraphe que Ledru-Rollin concluait à la mise en accusation du président de la République et déclarait que les républicains défendraient la
Constitution par tous les moyens, même par la force.

L'attitude de l'*Événement*, alors l'un des journaux amis
de l'Élysée, fut assez significative. Déjà il semblait se rapprocher de Ledru-Rollin. Le matin même de l'interpel-
lation, à propos de la mort du maréchal Bugeaud, il vantait particulièrement un mot du maréchal prononcé la
veille de sa mort. Approuvant l'orateur radical sur je ne
sais quelle question, Bugeaud ajoutait qu'il désirait « pouvoir le plus souvent possible se trouver d'accord avec
M. Ledru-Rollin. » On conçoit sans peine que l'*Événement*
n'était pas disposé à aller jusqu'à la mise en accusation de
Louis-Bonaparte, qu'il venait de faire élire. Mais après un

compte rendu de la séance absolument impartial, il se
borna à plaider pour M. Louis Bonaparte les circonstances atténuantes. « Non, assurément, M. Louis Bonaparte
n'a pas voulu, *de propos délibéré et de gaîté de cœur*, vio-
ler la Constitution... Ce n'est pas le conseil d'une ambition
criminelle et folle qui l'a entraîné, c'est la force des choses,
c'est la logique fatale de prémisses faussement posées. »

L'*Événement* essayait même de rejeter la plus grande
partie de la faute sur l'Assemblée constituante. Il s'en prenait aux funestes paroles prononcées le 17 avril par M.
Odilon Barrot. Tout cela était peu concluant, surtout de
la part de l'*Événement*, qui avait approuvé pleinement le
langage d'Odilon Barrot et poussé des premiers aux prémisses faussement posées. Tout cela montrait que, devant
le siège de Rome, l'*Événement* lui-même désapprouvait.

L'impression produite par les faits et par l'éloquence
de Ledru-Rollin serait bien vite devenue irrésistible.
Nombre d'esprits modérés dans l'Assemblée et dans le
pays éprouvaient profondément cette impression. La situation était admirable pour l'orateur radical et les intérêts
qu'il avait en mains. La fatale journée du 13 juin perdit
tout.

Ledru-Rollin se laissa entraîner : il appela le peuple à
descendre dans la rue ; c'était livrer la République à la
réaction.

Remarquons-le en passant, rien de plus légitime que
cette descente dans la rue. Le mot est encore trop faible.
On pouvait la considérer comme un devoir. L'insurrection,
le 13 juin, était à la lettre commandée par la loi fondamen-
tale. Un juriste scrupuleux n'avait pour s'en convaincre
qu'à rapprocher deux articles de la Constitution, d'abord
celui que nous avons cité, interdisant à la République
« d'employer jamais ses forces contre la liberté d'aucun
peuple », puis l'article 110 :

« L'Assemblée nationale confie le dépôt de la présente
Constitution *à la garde* et au patriotisme de tous les Français. »

C'était assurément un souvenir de la Constitution de 1793 qui disait, dans des termes plus énergiques :

« Quand le gouvernement viole le droit du peuple. l'insurrection est pour le peuple, et pour chaque portion de peuple, à la fois le plus sacré et le plus indispensable des devoirs. »

Il faut ajouter que rien ne ressemblait moins à une insurrection que le 13 juin. La manifestation n'était pas armée ; elle ne paraît même pas avoir essayé de s'armer ; ses promoteurs ne songèrent point à dresser des barricades. S'il y eut violence, ce fut du côté de ceux qui furent chargés de réprimer le mouvement.

Cette journée n'en fut pas moins une faute irréparable. D'abord, on n'avait aucune chance de succès. Il y avait à peine un an que le peuple de Paris avait été écrasé dans la plus cruelle des guerres civiles. Tous les hommes d'influence ou d'énergie qui avaient formé les cadres des journées précédentes étaient ou tués ou emprisonnés ou exilés ou déportés. Ceux qui restaient étaient contenus par le découragement de la défaite et par le souvenir de la répression. On allait donc à une déroute certaine ; si certaine, que, comme je l'ai dit, on ne put pas essayer d'engager le combat.

Puis on avait autour de soi une nation qui venait de traverser les plus tragiques émotions et les plus affreuses épouvantes, qui avait vécu, dans la crainte de bouleversements inconnus, d'une existence intolérable d'alarmes incessantes, qui, enfin en possession de repos, devait fatalement sentir ses rêves de terreur à peine dissipés l'assaillir de nouveau au premier bruit dans la rue, et était prête à considérer comme ses plus coupables ennemis ceux qui la rejetaient dans les angoisses passées. C'est à la faveur du calme que l'esprit public se ressaisissait et s'écartait d'une réaction aveugle. Si juste, si anodine que fût une démonstration de la rue, il était trop aisé, de prévoir qu'elle affolerait la masse des gens paisibles, et permettrait au gouvernement, après la répression la plus odieuse, de se présenter en sauveur. C'est ce qui eut lieu en effet: la grande puissance d'opinion que Ledru-Rollin avait su conquérir disparut en quelques heures dans une sorte de panique; et l'on put proscrire à l'aise un groupe des plus fermes républicains avec le grand orateur qui était alors la force de la démocratie avancée.

La réaction qui suivit n'arrêta pas l'évolution de Victor Hugo. Au moment où le 13 juin se produisit, il était encore dans les rangs de la majorité, il votait avec elle, tout en lui faisant donner, par son journal, les avertissements que l'on a lus. Moins d'un mois après, il faisait son premier discours de rupture, — son discours sur la misère.

Il croyait d'autant plus nécessaire de faire d'une sorte de socialisme modéré et pratique l'œuvre principale de la politique gouvernementale, que le socialisme qui l'avait effrayé était plus abattu et plus impuissant. Il y avait, du reste, entre le caractère audacieux de son génie et celui du parti au milieu duquel il avait vécu une divergence si profonde que, pour lui, ce programme si modéré consistait, non dans la diminution mais dans la destruction de la misère. Prenant prétexte d'une proposition d'un membre de la droite, M. de Melun, qui contenait quelques mesures restreintes, mais utiles, il ébauchait dans un admirable langage toute une vaste politique de réformes. Il marquait avec une singulière clairvoyance la prépondérance des questions sociales qu'on a été si longtemps à reconnaître. Mais il ne voulait pas se borner à ces pacifiques recommandations: il prit encore à partie ses amis de la veille dont il apercevait enfin l'esprit; et traduisant en pleine lumière leurs arrière-pensées qu'il avait vues se manifester, il les accusa, malgré le zèle dont ils faisaient montre pour le projet de M. de Melun, de considérer, en ces matières, les réformes les plus simples comme « du socialisme déguisé » et de ne comprendre vis-à-vis des souffrances des foules d'autre politique que celle de répression.

L'avenir ne devait que trop montrer l'exactitude de

cette appréciation. Si la majorité votait encore unanime-
ment les projets d'un des siens, conçus et élaborés dans
l'Assemblée précédente, ces projets étaient un reste de
l'époque où les monarchistes criant à l'envi : Vive la République. étaient pour la cause populaire un dévouement
illimité. Mais il est toujours plus que délicat d'accuser
dans une Assemblée tout un parti d'hypocrisie et d'opposer aux sentiments dont il fait montre ceux qu'il avoue
dans la sincérité de la conversation. Un tel procédé est
deux fois plus blessant quand il vient d'un homme que
l'on considère comme l'un des siens, et le langage de
Victor Hugo. tout en reliefs et en lumières violentes. n'é-
tait pas fait pour atténuer les difficultés de l'opération.
La majorité fut à la fois surprise et exaspérée : c'était une
rupture[1].

À la fin d'août, Victor Hugo présidait le Congrès de la
Paix. Il prononça. pour l'ouvrir et le clore, deux admirables discours. Le second tombait le jour de la Saint-
Barthélemy. On devine si le poète devait laisser échapper
l'antithèse. Il eut un si superbe élan oratoire, qu'à ses
paroles l'abbé Deguerry et le pasteur protestant Coquerel
tombèrent dans les bras l'un de l'autre. Le premier discours, beaucoup plus important. est une des œuvres les
plus magnifiques du poète, par la hauteur de l'idée, et la
splendeur du style. Étrange conservateur qui, à quelques
semaines de distance, développait ces deux pensées : l'ex-

1. Le pamphlet de M. Biré et les *Mémoires* de M. de Melun attribuent
assez naïvement la rupture de Victor Hugo et de la majorité à une
blessure d'amour-propre, parce qu'il n'avait pas eu de succès auprès
de la droite en l'accusant avec cette netteté. C'est retourner singulièrement les choses. M. de La Palisse comprendrait sans peine, au contraire, que si Victor Hugo accusait la droite de la sorte, c'était pour
rompre. au moins avec la plus grande partie de la majorité. Comme
on l'a vu. le langage de l'*Événement*, dès le lendemain des élections.
fit prévoir cette orientation politique nouvelle. Mais M. Biré. qui a labo-
rieusement fouillé la collection de l'*Événement*, s'est bien gardé d'y
trouver les déclarations répétées. constantes. qui indiquent. dès le début de juin. les sentiments de Victor Hugo devant la réaction triomphante.

tinction de la pauvreté et la fin de la guerre ! C'est là que
fut prononcé, peut-être pour la première fois, ce mot profond : Les États-Unis d'Europe.

L'Assemblée partait en vacances peu après le discours
sur la misère ; quand elle revint, en octobre, la question
romaine avait pris un nouveau caractère. Pie IX, rentré
au Vatican, y était devenu aussi absolutiste qu'il s'était
jadis montré libéral. Une réaction implacable s'était mani-
festée sous la double forme du régime théocratique le plus
irritant et d'une répression impitoyable, aggravée par le
titre ironique d'*amnistie*. Ce fut si fort, que Louis Bonaparte lui-même fut obligé de se fâcher ; dans une lettre
adressée à l'un de ses aides de camp, Edgar Ney, il écrivait : « Dites de ma part au général Rostolan qu'il ne doit
pas permettre qu'à l'ombre du drapeau tricolore on com-
mette aucun acte qui puisse déshonorer le caractère de
notre intervention. Je résume ainsi le rétablissement du
pouvoir temporel du pape : amnistie générale, sécularisation
de l'administration, code Napoléon et gouvernement
libéral... Lorsque nos armes firent le tour de l'Europe,
elles laissèrent partout, comme trace de leur passage, la
destruction des abus de la féodalité et les germes de la
liberté, et il ne sera pas dit, qu'en 1849, une armée française
ait pu agir autrement, et amener d'autres résultats. »

On a essayé d'insinuer que Victor Hugo, en se pronon-
çant à ce propos sur la question romaine, avait je ne sais
quelle pensée d'adresser une avance au président. Il s'y
serait pris singulièrement ; car en approuvant l'idée de la
lettre, l'*Événement* faisait sur le style des réserves médiocrement flatteuses pour l'auteur. Dans une première note,
tout en louant « la netteté et la fermeté » de ce document,
il avouait qu'on pourrait « en blâmer la forme un peu
impériale ». « Assurément, disait-il le lendemain, nous
préférerions que M. Louis Bonaparte couvrît moins aisément de sa personne la figure universelle de la France. »
Ces réflexions ne sont pas d'un solliciteur du pouvoir. Il
y avait d'ailleurs longtemps que l'*Événement* s'expliquait

énergiquement sur la question romaine. Il disait, dès Juillet, à propos de l'envoi de M. Bedeau en Italie : « Puisse-t-il amener à une heureuse fin cette malheureuse expédition, dont il a été permis de louer l'intention, mais dont il faut déplorer le résultat! Le général Bedeau n'aura jamais mieux mérité du pays qu'en terminant sans regrets et sans remords pour nous cette guerre fatale où la République a l'air de combattre la liberté, où la France semble attaquer l'Italie, où Paris peut être accusé de vouloir bombarder Rome! »

Un débat solennel eut lieu dès la rentrée de l'Assemblée. Victor Hugo se jeta dans la lutte. Avec quelle vigueur, avec quel éclat! on le sait. C'étaient des flétrissures terribles contre les atrocités autrichiennes, contre le monstrueux absolutisme du moyen âge réinstallé au Vatican. C'étaient des mots superbes comme celui-ci :

« Un grand évêque a dit dans un livre fameux que le pape a ses deux mains toujours ouvertes, et que de l'une découle incessamment sur le monde la liberté et de l'autre la miséricorde. Vous le voyez, Messieurs, le pape a fermé ses deux mains. »

C'était encore un tableau magistral de ce gouvernement de prêtres, restauré dans toute sa barbarie en plein XIXᵉ siècle.

C'était enfin cette péroraison : on disait qu'il n'était pas possible de vouloir un pape à la fois souverain dans l'ordre spirituel et limité dans le temporel.

« Ce qui n'est pas possible, s'écriait Victor Hugo, c'est qu'une expédition entreprise, nous disait-on, dans un but de liberté et d'humanité, aboutisse au rétablissement du Saint-Office! Ce qui n'est pas possible, c'est que nous n'ayons pas même secoué sur Rome ces idées généreuses et libérales que la France porte partout avec elle dans les plis de son drapeau! Ce qui n'est pas possible, c'est qu'il ne sorte de notre sang versé ni un droit, ni un pardon! c'est que la France soit allée à Rome et qu'aux gibets près, ce soit comme si l'Autriche y avait passé! Ce qui n'est pas possible, c'est d'accepter le *Motu proprio* et l'amnistie du triumvirat des cardinaux! c'est de subir cette injure, cet avortement, cet affront, c'est de laisser souffleter la France par la main qui devait la bénir! Ce qui n'est pas possible, c'est que cette France ait engagé une des choses les plus grandes et les plus sacrées qu'il y ait dans le monde, son drapeau; c'est qu'elle ait engagé ce qui n'est pas moins grand ni moins sacré, sa responsabilité morale devant les autres nations; c'est qu'elle ait prodigué son argent, l'argent du peuple qui souffre, c'est qu'elle ait versé, je le répète, le glorieux sang de ses soldats; c'est qu'elle ait fait tout cela pour rien : je me trompe, pour de la honte! »

Ce fut une explosion de bravos sur les bancs républicains. M. de Montalembert s'élança à la tribune et, furieux :

« Messieurs, le discours que vous venez d'entendre a déjà reçu le châtiment qu'il méritait dans les applaudissements qui l'ont accueilli. »

Puis, comme en face des acclamations de la droite, les républicains se révoltaient contre cette grossière injure :

« Puisque le mot de châtiment vous blesse, je le retire et j'y substitue celui de récompense. »

Victor Hugo venait de quitter la salle, il répondit le lendemain :

« Hier, dans un moment où j'étais absent, l'honorable M. de Montalembert a dit que les applaudissements d'une partie de cette Assemblée, des applaudissements sortis de cœurs émus par les souffrances d'un noble et malheureux peuple, que ces applaudissements étaient mon châtiment. Ce châtiment, je l'accepte et je m'en honore.

« Il y a d'autres applaudissements que je laisse à qui veut les prendre. Ce sont ceux des bourreaux de la Hongrie et des oppresseurs de l'Italie. »

On le voit, Victor Hugo avait rompu avec les conservateurs, et était salué par les acclamations de la Montagne.

Les circonstances de sa vie l'avaient arrêté douze ans sur le seuil de l'idée où le conduisaient le caractère et le développement de son esprit, et où il semblait presque

arrivé dès le lendemain de 1830. Comme je l'ai montré, il
y avait dans son génie comme une sorte de résistance
invincible contre la cause du côté de laquelle il semblait
se ranger. Pair de France ou député conservateur, il a pu
émettre avec son parti des votes qui semblent mal
d'accord avec sa passion de la liberté; il a pu laisser ceux
de ses amis qui lui faisaient un journal jeter, au jour le
jour des polémiques, des attaques ardentes aux hommes
auxquels il allait se joindre; il n'y a, depuis les premières
Odes, qu'il composa presque enfant, ni dans l'œuvre littéraire, ni dans l'œuvre oratoire de Victor Hugo, aucun
mot qui porte l'empreinte d'une pensée réactionnaire; on
en détacherait à grand'peine quelques phrases où se
trouve une pensée conservatrice. Fidèle à son profond
sentiment de progrès populaire et de révolte contre toutes
les oppressions et tous les abus, cherchant longtemps à
les concilier contre l'évidence avec une situation et des
relations opposées, Victor Hugo fut retenu pendant
quatre ans de tribune par cette étrange antinomie. Enfin,
il s'était reconquis, et quel brusque changement! Une
magnifique série de discours qui restent parmi les chefs-
d'œuvre éclatants de l'éloquence; — les plus beaux
poèmes politiques qu'on ait écrits dans aucune langue,
les *Châtiments* — la plus prodigieuse épopée qu'on ait
conçue pour la souffrance humaine, les *Misérables*, refaits
et complétés en exil, sans compter l'*Année terrible*, une
bonne partie de la *Légende des Siècles*, des pages admirables dans chacun de ses ouvrages, voilà ce qu'allait lui
inspirer la cause qui, au fond, avait toujours été la
sienne, et à laquelle il se donnait enfin sans réserve.

IX

Victor Hugo a été, de 1849 à 1852, un des quelques
grands orateurs politiques qu'ait eus la France. On ne

s'en est pas encore tout à fait aperçu. Il est vrai qu'on commence à peine à constater le même fait pour Lamartine. Parmi les hommes qui ont occupé la tribune, il est du petit nombre de ceux qui, ajoutant une haute pensée et un style définitif aux conflits contemporains, ont mêlé, dans leurs discours, ces deux éléments des grandes œuvres : ce qui leur donne la passion et la vie du jour, ce qui leur donne l'idée et la forme durables.

Beaucoup de gens, ayant sans doute un souvenir très vague des productions dont il s'agit, croient ce que Sainte-Beuve a écrit fort inexactement : « Hugo, Lamartine, ne font que transporter sur les matières et les thèmes dits politiques leur faculté lyrique ou descriptive ; ils le font un peu avec une transposition plus ou moins habile, selon les conditions nouvelles ; mais, en le faisant, ils se croient des hommes politiques. Erreur d'enfant ! » Rien n'est plus faux que cette appréciation. Il n'y a pas de discours plus *politiques* que ceux que Lamartine a prononcés sous Louis-Philippe. On peut en dire autant de ceux de Victor Hugo entre 1849 et le 2 décembre. Avant. il est vrai, il n'avait pas pris sur les choses publiques un parti assez arrêté pour donner sa mesure à la tribune. Après, quand il reparut dans l'Assemblée, à dater de 1871, il ne songeait plus à y jouer un rôle actif ; ses discours sont surtout des pages superbes qu'il laisse tomber du haut de sa gloire sur les événements, mais qui indiquent le penseur et le poète plus que l'orateur proprement dit. Dans les luttes ardentes qui précèdent le coup d'État, c'est un orateur incomparable. Non qu'il devienne un homme de polémique incessante, mais il choisit avec une rare hauteur de vue les occasions dominantes. Il est impossible de dénoncer plus magnifiquement la réaction qui sévit sur la France, et de la frapper plus juste. Il est impossible de joindre une passion plus superbe et plus poignante à une pensée plus politique. Il est impossible de prononcer avec plus d'éclat des paroles plus décisives. Il y a, dans cette suite de six grands discours immortels, comme une magnifique introduction aux *Châtiments*.

Avant d'aborder l'examen de ces puissants morceaux, il faut donner une idée de Victor Hugo à la tribune. Quelques réflexions sur l'éloquence parlementaire semblent d'abord nécessaires.

C'est une chose toute particulière que ce qu'on appelle « l'art oratoire »; surtout le véritable art oratoire, celui qui n'est pas chose d'apparat, et qui, se mêlant aux événements, aux âpres conflits des idées et des hommes, combine ce qu'il a de pensée abstraite et de forme littéraire avec la vie, l'action et le drame de la bataille : l'art oratoire de Démosthène et de Mirabeau. Ce qui en fait l'un des caractères décisifs, c'est qu'ici, l'homme de doctrines est directement et corporellement en face de ses auditeurs, plus encore, si je puis parler ainsi, que l'acteur en face de son public, puisqu'il se bat pour et contre eux, puisqu'ils entrent en quelque sorte dans son œuvre par leurs passions, par les apostrophes qu'ils lui jettent; puisqu'il est forcé de prendre la doctrine contraire corps à corps, sous la forme tangible d'adversaires de chair et d'os. Ceux qui n'ont point l'expérience de ces situations doivent avoir quelque peine à comprendre, dans toute son étendue, le singulier phénomène physique qui s'y produit. Une sorte de communication matérielle s'établit entre l'orateur et la foule à laquelle il parle, comme si un immense réseau nerveux invisible, faisait aboutir à sa chair et à son cerveau les passions, les résistances, les fatigues, les sensations collectives des quelques centaines d'hommes qui l'entendent. Il serait difficile d'expliquer, d'une façon positive, l'espèce de sensibilité avec laquelle les impressions les plus fugitives du public ont leur contre-coup direct sur l'orateur, comme le contact le plus léger sur une chair dénudée de son épiderme. En revanche, il y a incontestablement une très curieuse action physique de l'orateur sur le public; action qu'on aurait grand'peine à analyser et que paraît servir quelquefois un timbre de voix en apparence malheureux ou un aspect plutôt désagréable. En réalité, l'orateur qui vit, pense, sent, souffre sous les yeux du public, le prend bien vite par un échange de magnétisme irrésistible. Avec le débordement méridional de vie qui caractérisait M. Thiers, sa personne exiguë d'idole de porcelaine et la flûte aigrelette et agile de sa petite voix, il arrivait à produire de ces effets ; plus encore Gambetta, avec sa lourde masse toute vibrante de ses mouvements passionnés et les grands éclats de sa voix profonde rehaussés par l'accent du Languedoc de rauques sonorités.

Mais, pour que cette communication réciproque, qui donne une action personnelle au discours, s'établisse dans toute sa force, il faut évidemment que le public sente devant lui un homme et non un morceau de littérature politique ; il faut que l'orateur sorte de la région pure du style et de l'idée pour se mêler en quelque sorte à ses auditeurs, pour entrer en contact avec eux. Et c'est sans doute pour cette raison que les discours les plus puissants par la pensée et la force peuvent passer au-dessus d'une assemblée sans l'émouvoir, tandis que souvent un langage incorrect, rendant à peine à moitié des pensées déjà médiocres, mais semblant sortir des circonstances, naissant tout entier dans l'esprit de l'orateur sous le regard du public, ayant presque les dehors de sincérité familière d'une conversation, produit des effets qu'il est impossible ensuite de s'expliquer à la lecture.

Cette raison contribua, sans nul doute, à modifier complètement les habitudes de tribune vers le début de la monarchie de juillet. Jusque-là, depuis les premiers jours de la Révolution, l'habitude était d'arrêter autant que possible par l'écriture la forme et le fond des discours. Cette habitude était si bien admise que non seulement un grand nombre de discours étaient lus, mais qu'on publiait, à la suite de la discussion, les manuscrits qui n'avaient pas pu y trouver place. On lut, après la mort de Mirabeau, dans un grand débat, un discours qu'il avait préparé sur la question. Car Mirabeau lui-même, la plus complète incarnation de l'éloquence moderne, écrivait ses discours jusqu'au dernier mot, sauf à les vivifier par l'inspiration du moment. Encore sous la Restauration, les discours les plus illustres de Royer-Collard, de Benjamin Constant, étaient écrits à loisir. Assurément cela n'ôtait rien à la puissance de ces grands orateurs pour les improvisations nécessaires : mais ils n'avaient jamais pensé que les grands discours destinés aux occasions décisives pussent être abandonnés au hasard du moment, ni pour le fond, ni pour la forme.

Une réaction se produisit après 1830. Au bout de quelques années, on renonça presque à écrire, le désordre de l'improvisation semblant un élément nécessaire de l'éloquence. On entendait déjà, à l'occasion des discours visiblement écrits et appris, les plaisanteries d'un goût plus ou moins douteux, qui se sont reproduites depuis dans toutes les Chambres. Les plus grands orateurs laissaient, dans leurs discours les plus importants, l'incohérence et la diffusion du langage qui coule spontanément des lèvres. La parole qu'on n'avait pas cherché à serrer ne mettait plus qu'un vêtement lâche autour de l'idée. La forme abandonnait à la chance de l'improvisation ses phrases mal assises parfois oubliées en route, ses termes souvent incorrects, et ses images désaccordées. Tout système de pensée creusée devenait impossible. Si l'argument qui naît du débat même arrivait souvent plus vif, les grands ensembles d'idées étaient forcément sacrifiés. De là ces œuvres oratoires qui ont arraché à l'auditoire de véritables transports, et dont, à la lecture, il ne reste presque rien. Il faut un examen attentif pour y trouver, sous le désordre des mots mal joints, la largeur de conception et le mouvement passionné du raisonnement que, sur le moment même, le sentiment des circonstances présent à tous les esprits et le débit vivant de l'orateur rendaient intelligibles pour tous, mais qui disparaissent aujourd'hui parce qu'ils n'ont pas été fixés dans une forme durable.

Deux orateurs surtout, en ce siècle, auront privé l'avenir

des très réels chefs-d'œuvre qu'ils pouvaient lui léguer :
Berryer, et plus peut-être Gambetta, que sa large intelligence des idées et des situations, le sens du mouvement et
des amples périodes oratoires, le relief et la couleur du
mot semblaient destiner à laisser d'incomparables exemples d'éloquence. Il y avait dans Berryer, si grand qu'il
ait été, plus du ténor qu'il avait rêvé de devenir. Sa voix
merveilleuse, sa superbe prestance, la pression commu-
nicative de son action oratoire tenaient une plus grande
place dans les effets prodigieux qu'il produisait. Dans
tous les cas, la parole des deux orateurs, exactement
reproduite, semble s'être flétrie comme un bouquet des-
séché.

Victor Hugo avait une véritable horreur de la langue
lâchée des improvisateurs. Bien qu'il ait eu personnellement
les plus vives sympathies pour l'intelligence, la personne,
et même la gloire de quelques-uns d'entre eux, il ne pouvait
se défendre, pour cette espèce de coulage du style et de
l'idée, d'une aversion que je lui ai maintes fois entendu
exprimer. Il divisait les orateurs en deux classes, l'une où
il rangeait tous ces grands improvisateurs ; l'autre où il
plaçait Mirabeau, Royer-Collard, Lamartine, où, sans doute
il se réservait une place, à bon droit, et qui représentait
pour lui la véritable éloquence. Berryer lui semblait le
type de la première, et il citait volontiers la phrase fameuse
qui se trouve, en effet, dans les œuvres de l'orateur légitimiste : « Agir ainsi, ce serait proscrire les bases du lien
social. » Il aimait à raconter comment au début d'une
séance de la cour des Pairs, où Berryer devait défendre je
ne sais quel accusé, Villemain, à qui sa délicatesse littéraire inspirait la même antipathie, lui avait décrit l'éloquence du grand orateur, que Victor Hugo n'avait pas
encore entendu.

— Ainsi, Hugo, disait Villemain, nous aurions, vous ou
moi, à dire : « Messieurs, mon esprit, mon cœur, ma conscience, se refusent à accepter cette opinion », nous le
dirions comme je vous le dis. Vous allez entendre Ber-

ryer... « Messieurs Villemain donnait à ces messieurs un ton extraordinaire, puis une pause, puis prenant sa tête dans ses mains)... mon esprit... (nouvelle pause, la main posée sur le sein gauche, puis avec un accent dramatique)... mon cœur... (ses deux mains frappant sa poitrine ; la voix devient grave)... ma conscience... (enfin rapidement et s'animant...) se refusent à accepter cette opinion. »

La caricature était forcée ; mais Hugo la goûtait fort. Il n'aimait pas l'improvisation. Ce n'était pas qu'il ne pût être lui-même un improvisateur surprenant. Combien de fois, dans son salon, quand un mot, une idée qu'il repoussait allumait en lui l'étincelle, l'avons-nous entendu partir en morceaux superbes qui, recueillis, seraient restés parmi ses plus belles pages ! Il me souvient qu'un jour (c'était le jour de sa fête), à un dîner tout intime, Gambetta, au dessert, se leva et prit la parole. Lui de répondre. Gambetta de riposter. Lui de répliquer encore. Ce fut merveilleux de part et d'autre ; et il eût été difficile de dire lequel avait l'inspiration plus soudaine et plus éclatante. Mais on conçoit sans peine l'horreur qu'avait pour l'à peu près le génie puissant entre tous par l'intensité dans l'idée et dans le style, dont la pensée et le langage ont des reliefs si forts et des colorations si vigoureuses, et qui, d'ailleurs, avait au plus haut degré le sentiment des œuvres plus durables que l'airain du poète latin.

Il était inévitable que le caractère de ses productions oratoires augmentât la résistance des assemblées à ses plus beaux discours. Nulle familiarité, nulle souplesse dans son éloquence : tour à tour il plane, il domine, il combat, il écrase. Une telle parole a une puissance incomparable, soit pour surexciter, dans le Parlement, l'enthousiasme et l'énergie du parti auquel elle s'adresse, soit pour propager au dehors les idées auxquelles elle se consacre, par la splendeur de l'éloquence, par la force de la passion, par la hauteur de l'idée, par des mots terribles qui restent, par l'appel aux sentiments les plus profonds de la nature humaine. Elle n'en exaspère que plus, sur le champ de bataille parlementaire, les partis qu'elle accable. De là l'orchestre discordant de clameurs et d'injures qui accompagnait chacune de ses interventions à la tribune. Les combats acharnés étaient dans la destinée du poète : drame ou discours, peu importe ; son discours sur la revision rappelle, par les luttes furieuses qui s'engagent dans l'auditoire, une représentation de *Hernani*.

Il faut le dire, le président encourageait ces musiques parlementaires et s'y serait mêlé au besoin. Ce que l'Assemblée réactionnaire de 1849 eut de plus laid, ce fut son président. C'était le fameux Dupin, dont Victor Hugo a tracé un portrait si éternel, qu'on n'a plus qu'à le répéter. Chacun connaît, comme s'il l'avait vu, cet ex-libéral, jadis fameux par son esprit aux dehors paysans et sa finesse de juriste, affectant l'apparence d'un rustre pour couvrir une nature de valet prêt à toutes les besognes. L'histoire ne trouvera guère que Fouché à placer à côté de l'affreux drôle, qui, après avoir mis au service de Louis-Philippe son talent de procédurier, pour lui donner les moyens de soustraire à la nation la fortune des d'Orléans, mit au service de l'homme du 2 décembre le même talent, pour lui permettre de dépouiller des mêmes biens les héritiers de Louis-Philippe. Qui donc a oublié la terrible pièce des *Châtiments* sur « ce lâche avec qui on n'a pas daigné faire un traître » :

> Rustre exploiteur des rois, courtisan du Danube,
> Hideux flatteur bourru !

Le poète peint d'un mot la façon dont il présidait :

> Ses gros lazzi marchaient sur l'éloquence ailée,
> Avec leurs gros souliers.

Le fait est que ceux qui comme moi ont vu à l'œuvre tous les présidents de nos Assemblées depuis M. de Morny,

qui ont assisté à des séances de conflits décisifs, pour
lesquelles le fauteuil avait été réservé exprès à un homme
de combat, qui ont connu à la place qu'avait Dupin les
serviteurs les plus hardis d'un régime dictatorial et les lut-
teurs les plus passionnés des partis engagés dans un duel
à mort avec le pays, n'ont rien vu de pareil à ce que fut
Dupin et restent étonnés, à la lecture des séances d'alors,
qu'une Assemblée quelle qu'elle fût ait supporté l'insolence de sa partialité. J'ai quelque peu fouillé nos annales
parlementaires depuis la Révolution ; je n'y ai pas trouvé
d'exemple analogue. Cette partialité avait cette brutalité
de plus qu'elle était goguenarde. Elle abondait en plaisanteries.

Son quolibet mordait l'orateur au cœur chaud.

Il n'était pas difficile de mettre l'auditoire au même dia-
pason. Les mœurs ont notablement changé depuis lors, et
si l'on met à part les premières journées de l'Assemblée
de 1871 à Bordeaux, nos Parlements actuels sont calmes à
côté de ce qu'était la réaction de 1849. Victor Hugo n'eut
pas le privilège des manifestations les plus incroyables.
Comme après le 13 juin Bac racontait à la tribune que le
gendre de Pierre Leroux avait été arrêté sans motifs,
qu'avant qu'il fût relâché sa femme enceinte avait failli
mourir de saisissement, et que l'enfant était mort dans son
sein, un membre de la droite eut le triste courage de faire
cette plaisanterie : « Est-il mort de chagrin? » Et la majorité partit d'un éclat de rire.

On a peine à imaginer tout ce que la même majorité a
vomi contre Victor Hugo, de huées et d'insultes. Les plus
douces étaient dans le genre de celles-ci :

— C'est un insulteur à gages !
— Laissez-le jouer sa pièce !
— Portez cela à la Porte-Saint-Martin.

Je note en passant que Victor Hugo trouvait souvent à
ces interruptions des répliques dignes d'être retenues.
Témoin celle qu'il fit à cette dernière apostrophe :

— Portez cela à la Porte-Saint-Martin, monsieur Victor Hugo!

Victor Hugo. — Vous savez mon nom, à ce qu'il paraît. Et moi je ne sais pas le vôtre. Comment vous appelez-vous?

L'interrupteur. — Bourboussou.

Victor Hugo. — C'est plus que je n'espérais.

C'est au milieu de pareils tumultes que furent prononcés les cinq grands discours qui suivent le discours sur Rome, et dont chacun est à la fois une terrible mise en accusation de la réaction victorieuse, et un immortel exposé des plus hautes questions. D'abord celle du cléricalisme (loi sur l'enseignement), puis celle des répressions barbares qui révoltent l'humanité (loi sur la déportation), puis celle du suffrage universel (loi du 31 Mai), puis celle de la liberté (loi sur la Presse). Et le dernier, et le plus puissant ferme la série; c'est la flétrissure du Coup d'État, alors à l'état de complot.

Victor Hugo est tout entier dans ces discours incomparables : avec sa vigoureuse et prodigieuse netteté, qui, frappant l'idée dans le heurt des phrases, fait jaillir une étincelle au-dessus de chaque argument; avec sa forme ample par le mouvement de la période, coupée par l'accumulation de courtes formules éclatantes; avec sa passion terrible, qui fait sonner à la tribune, dans toute leur colère vengeresse ou dans toute leur pitié déchirante, les cris les plus pathétiques du cœur; avec sa puissance d'inspiration qui parfois d'un mot brusque ouvre d'énormes et splendides horizons. Une façon de dire étrange et saisissante, complétait le caractère de cette éloquence. Ceux qui ont entendu le poète prononcer un de ses derniers discours à la tribune de Versailles, ou lire chez lui, à ses amis, des vers encore inédits, n'oublieront jamais cette voix profonde, un peu solennelle, dédaigneuse des nuances d'intonation, grondant à la façon de la foudre, qui, détachant brusquement chaque vers dans le poème, chaque groupe de mots solides et éclatants dans la période, le lançait comme un coup de tonnerre. Le Victor Hugo d'alors était le Victor Hugo sans barbe que David, dans son buste, couronnait de lauriers. Au-dessus d'un corps qui resta jusqu'au bout prodigieusement robuste, le masque d'Olympio, fort et impérieux ; le rayon perçant du regard sous l'arcade puissante des sourcils froncés d'un pli grave ; la ligne sévère de la bouche accentuée par le dessin vigoureux du menton ; le tout dominé, comme écrasé par le front énorme dont la plénitude géniale s'encadrait dans une large chevelure romantique tombant à flots épais. Certes, ce devait être un spectacle inoubliable, que de le voir au milieu de l'Assemblée soulevée et pleine de tumulte, frapper à coups d'éclairs flamboyants la coalition en révolte contre le génie de la France moderne, comme Jupiter déchaînant les orages.

On sait ce que fut la réaction qui domina la France de 1849 au 2 décembre 1851. Une revanche aveugle et impitoyable contre la révolution de Février, contre la démocratie, contre le progrès. Soit par la terreur des aspirations populaires et des conflits violents qu'elles avaient soulevés, soit par haine et par rancune contre le mouvement qui avait renversé et distancé les hommes d'État bourgeois de juillet comme les absolutistes de 1823, on vit, confondus dans une fureur commune contre leur pays et leur temps, les hommes de toutes les monarchies, même ceux qui en d'autres temps avaient fait le plus de bruit de leur zèle pour la liberté : Berryer, qui avait donné à la défense de la royauté de principe, un caractère si large et souvent si sympathique ; Thiers, qui de la tribune disait passionnément, deux mois avant, qu'il serait toujours « du parti de la Révolution » ; Odilon Barrot, qui, de 1830 aux journées de février, avait représenté l'orléanisme le plus voisin des républicains ; Montalembert, jadis le disciple le plus radical de Lamennais, naguère le défenseur de toutes les nationalités écrasées. Sous de tels chefs une majorité exaspérée semblait avoir juré de tuer l'esprit moderne.

Comme vingt-cinq ans auparavant sous le ministère Villèle, un cléricalisme violent caractérisait le mouvement réactionnaire; l'Église catholique semblait diriger la campagne antirépublicaine. Nulle page de notre histoire, mieux que celle-là, ne met en relief l'antagonisme profond des deux principes qui se sont disputé ce siècle : le principe du dogme, et le principe de la liberté. En dehors de cet antagonisme fondamental, il serait impossible d'expliquer la haine acharnée que l'Église voua alors à la République. Elle n'avait aucun motif récent de la détester : en Février, elle n'était pas parmi les vaincus. La monarchie de Juillet, ayant donné le spectacle d'une réaction voltairienne, avait été détestée des prêtres. Ils avaient salué sa chute avec joie. Cela avait suffi pour provoquer d'abord, entre la Révolution et le clergé, des échanges de démonstrations sympathiques quelque peu naïves du côté du parti populaire. On faisait volontiers bénir aux curés les arbres de la liberté; on aimait à confondre l'Évangile et la démocratie; il y avait un groupe important de républicains catholiques. Il serait impossible de trouver dans les actes ou du Gouvernement provisoire, ou de l'Assemblée nationale, une seule mesure qui fût de nature à atteindre ou à inquiéter la religion. Dans la révolution de Février comme dans le romantisme qui l'a précédée, si l'on met à part quelques hommes, comme Michelet, Quinet et Proudhon, l'esprit moderne semblait avoir oublié sa lutte éternelle avec le dogme.

L'Église n'en montra que plus de passion à se mettre à la tête de la réaction, aussitôt que la réaction eut retrouvé sa force et son ardeur à la suite de la guerre civile de Juin. D'autre part, tous les « conservateurs » acceptèrent plus que son alliance, sa direction, et travaillèrent sans hésitation à lui livrer la France. C'était alors une attitude toute nouvelle de la part de la bourgeoisie dite libérale, et l'on était stupéfait de voir les voltairiens agressifs d'autrefois, encore notoirement et ouvertement incrédules comme les Dupins et les Thiers, s'engager à fond dans une réaction cléricale identique à celle qu'au temps de Charles X, Royer-Collard lui-même flétrissait. Ils avaient vu que la bourgeoisie était par elle-même sans action sur les masses populaires, auxquelles la Révolution avait donné le droit de vote; ils cherchaient à faire du clergé, une sorte de gendarmerie qu'ils voulaient armer contre les idées de rénovation sociale ; les privilégiés de la fortune se jetaient épeurés dans les bras des jésuites. Utilisation intéressée et hypocrite de l'idée catholique, qui abaissait à la fois et la religion et l'esprit bourgeois.

La France vit alors ce qu'elle devait revoir vingt ou vingt-deux ans plus tard : une majorité parlementaire conspirant sans se cacher la ruine du régime au nom duquel elle gouvernait. Seulement cette fois il y avait une constitution déjà votée. Tandis que le président travaillait au rétablissement de l'Empire, les chefs de cette majorité travaillaient à la restauration de l'une ou l'autre des deux formes de la royauté. Ces deux complots gouvernaient ensemble au grand jour; tantôt unis pour frapper la liberté et la démocratie, tantôt en querelle, quand l'un des deux rivaux semblait vouloir jouer l'autre.

Il était trop facile de prévoir que si l'un des deux devait avoir le dernier mot, c'était le complot impérialiste. La politique de la majorité de 1849 était absurde. Les œuvres de compression tuent les majorités qui les entreprennent. La première condition de succès pour une réaction, c'est la force matérielle, et une Assemblée est trop divisée, trop réduite à vivre en pleine lumière, trop lente dans l'action, pour avoir jamais de force contre l'opinion publique. En outre, pour un pareil travail, il faut au point de vue du prestige, non une collectivité, mais un homme, si médiocre qu'il soit. Les trembleurs ont besoin du culte d'un maître. C'est folie de vouloir faire par ces moyens de liberté qui sont les assemblées élues, une œuvre contraire à leur nature. Toutes les Chambres qui ont risqué cette tentative s'y sont perdues. Les chefs de la réaction de 1849, les

Thiers, les Berryer, les Montalembert, ne devaient pas tarder à l'apprendre à leurs dépens.

Le premier discours de Victor Hugo s'adressait au cléricalisme (15 janvier 1850). Il s'agissait de la fameuse loi Falloux. C'est contre l'enseignement que la réaction dirigeait ses premiers coups. Étrange politique qui voyait le péril dans l'école, et dans les instituteurs des ennemis! Victor Hugo ne s'arrêta pas à l'objet spécial de la loi, il aborda bien vite une question plus générale. C'est l'obscurantisme catholique qu'il dénonça.

Le discours s'ouvre par un large tableau de ce que devrait être l'enseignement républicain, enseignement qu'il veut gratuit et obligatoire. En passant, il détruit d'une formule définitive le sophisme de la liberté de l'ignorance. « L'instruction primaire obligatoire, dit-il, c'est le droit de l'enfant, qui est plus sacré encore que le droit du père, et qui se confond avec le droit de l'État. » Le droit de l'enfant! On a depuis tant répété cette idée, qu'elle est tombée dans le domaine commun; elle était neuve alors. A la gratuité, à l'obligation, Victor Hugo ajoute la laïcité de l'enseignement de l'État, tout en accordant la liberté d'enseigner à tous. Il formulait, en 1849, le programme de 1881.

Mais il se hâte d'en venir à la question politique et il ajoute : « Je viens de dire ce que je voulais; maintenant voici ce que je ne veux pas. Je ne veux pas de la loi qu'on nous apporte. — Pourquoi? — Cette loi est une arme. Une arme n'est rien par elle-même, elle n'existe que par la main qui la saisit. Et quelle est la main qui se saisira de cette loi? — C'est la main du parti clérical. »

Naturellement, le poète commence par séparer l'esprit clérical de l'esprit religieux. Chez lui, cette distinction n'était pas, on le sait, une précaution oratoire. Il avait sa religion à lui, qu'il commençait à peine à dégager d'une sorte de solidarité spiritualiste avec le catholicisme. Mais aussitôt après, il s'attaque au parti catholique qu'il appelle le parti clérical, et il le marque de mots impitoyables.

« Il ne me suffit pas que les générations nouvelles nous succèdent, je veux qu'elles nous continuent. Voilà pourquoi je ne veux ni de votre main, ni de votre souffle sur elles. Je ne veux pas que ce qui a été fait par nos pères, soit défait par vous. Après cette gloire, je ne veux pas de cette honte. »

« Votre loi est une loi qui a un masque, c'est une pensée d'asservissement qui prend les allures de la liberté!... C'est votre habitude. Quand vous forgez une chaîne, vous dites : Voilà une liberté. Quand vous faites une proscription, vous criez : Voici une amnistie.

« Ah! nous vous connaissons, nous connaissons le parti clérical. C'est ce vieux parti qui a des états de service... Tous les pas qu'a faits l'intelligence de l'Europe, elle les a faits malgré lui. Son histoire est écrite dans l'histoire du progrès humain, mais elle est écrite au verso. »

Puis dans un mouvement superbe, terminé par une de ces images énormes et terribles que Victor Hugo fait éclater parfois :

« Et vous voulez être les maîtres de l'enseignement! Et il n'y a pas un poète, pas un écrivain, pas un philosophe, pas un penseur que vous acceptiez! Et tout ce qui a été écrit, trouvé, rêvé, déduit, illuminé, imaginé, inventé par les génies, le trésor de la civilisation, l'héritage séculaire des générations, le patrimoine commun des intelligences, vous le rejetez!... *Si le cerveau de l'humanité était là, devant vos yeux, à votre discrétion, ouvert comme la page d'un livre, vous y feriez des ratures!* »

Puis il poursuit, qualifiant la liberté d'enseigner qu'on réclame « c'est la liberté de ne pas enseigner...; » — montrant ce qu'a fait le cléricalisme de l'Italie et de l'Espagne, de l'Italie qui a appris à lire au genre humain, et qui aujourd'hui ne sait pas lire, de l'Espagne dont le génie a été ravagé par l'inquisition; — parlant superbement de « cette énorme quantité de lumière libre qui se dégage de la France depuis trois siècles... de telle sorte qu'on aperçois la clarté de la France sur la face de tous les peuples de l'univers ! » Alors résumant sa pensée sur la loi proposée : « Je la repousse, s'écrie-t-il, parce que je suis un de ceux qui ont un serrement de cœur et la rougeur au front, toutes les fois que la France subit, par une cause quelconque, une diminution, que ce soit une diminution de territoire, comme par les traités de 1815, ou une diminution de grandeur intellectuelle, comme par votre loi. »

Et il termine :

« Quoi ! c'est dans ce siècle, ce grand siècle des mouvements, des avènements, des découvertes, des conquêtes, que vous rêvez l'immobilité ! C'est dans ce siècle d'espérance, que vous proclamez le désespoir ! Quoi ! vous jetez à terre comme des hommes de peine fatigués, la gloire, la pensée, l'intelligence, le progrès, l'avenir, et vous dites : C'est assez, n'allons pas plus loin ! arrêtons-nous ! Mais vous ne voyez donc pas que tout va, vient, se meut, s'accroît, se transforme et se renouvelle autour de vous, au-dessus de vous, au-dessous de vous !

« Ah ! vous voulez vous arrêter ! Eh bien ! je vous le répète avec une profonde douleur, moi qui hais les catastrophes et les écroulements, je vous avertis, la mort dans l'âme, vous ne voulez pas du progrès ? Vous aurez la révolution. Aux hommes assez insensés pour dire : l'humanité ne marchera pas ! Dieu répond par la terre qui tremble ! »

Le gouvernement de réaction allait se hâter dès le vote de la loi, de prouver que Victor Hugo n'exagérait pas en parlant de l'atteinte portée au génie de la France. En même temps qu'on destituait tout un groupe de professeurs républicains, Jacques Deschanel, Vacherot — Vacherot frappé pour la façon dont il avait écrit l'*Histoire de l'École d'Alexandrie*, — on suspendait le cours du grand historien de la patrie française, Michelet.

La loi qui livrait l'enseignement à l'Église était surtout l'œuvre de la majorité cléricale. La loi qui livrait les transportés à la plus cruelle des agonies était surtout l'œuvre du président. Après quelques mois, Louis Bonaparte avait jeté le masque : il avait chassé ses ministres

parlementaires, il avait pris des ministres purement napo-
léoniens, pour la plupart encore peu connus ; ce qui n'empêcha pas les deux réactions, celle de l'Élysée et celle de
l'Assemblée, de travailler contre toutes les libertés dans
une étroite collaboration. Quelques jours après son entrée
au ministère, le nouveau garde des sceaux, M. Rouher,
proposait cette loi de la transportation qu'on appela si bien
la guillotine sèche. Quelques mois plus tard (avril 1850),
la loi venait en discussion, et Victor Hugo montait à la
tribune pour la combattre.

De tous ses discours, celui-là est peut-être le plus parfait. Là, le poète faisait vibrer les cordes qui lui étaient
familières : l'indignation contre la cruauté, la pitié pour
la souffrance. Avec quelle puissance incomparable, on le
sait. Jamais, peut-être, on n'entendit à aucune tribune
d'accents si pathétiques.

Un exorde d'un grand souffle met en face l'un de l'autre
ces deux grands faits : d'abord, une révolution populaire,
dès le lendemain de Février, supprimant la peine de mort
en matière politique : puis, quelques années après, l'Assemblée et le Gouvernement la rétablissent quand le calme
est rétabli : car la déportation qu'on veut établir, c'est la
mort.

Et quel tableau il trace de cette mort lente :

« Quoi ! voilà un homme ! un homme que le tribunal
spécial a condamné, un homme frappé pour le plus incer-
tain de tous les délits, un délit politique, par la plus incer-
taine de toutes les justices, la justice politique !...

« Ce condamné, ce criminel selon les uns, ce héros, selon
les autres, vous le saisissez ! vous le saisissez au milieu de
sa renommée, de son influence, de sa popularité : vous
l'arrachez à tout, à sa femme, à ses enfants, à ses amis, à
sa famille, à sa patrie ; vous le déracinez violemment de
tous ses intérêts et de toutes ses affections : vous le saisissez encore tout plein du bruit qu'il faisait et de la clarté
qu'il répandait, et vous le jetez dans les ténèbres, dans le
silence, où on ne voit plus que la distance effrayante du

sol natal. Vous le tenez là, seul, en proie à ses regrets, s'il croit avoir été un homme nécessaire à son pays, à ses remords, s'il reconnaît avoir été un homme fatal. Vous le tenez libre, mais gardé, sans moyen d'évasion ; gardé par une garnison qui occupe l'île, gardé par l'Océan qui met entre cet homme et la patrie un gouffre de quatre mille lieues. — Vous tenez cet homme là, incapable de nuire, sans échos autour de lui, rongé par l'isolement, l'impuissance et par l'oubli, découronné, désarmé, brisé, anéanti !

« Et cela ne vous suffit pas !

« Ce vaincu, ce proscrit, ce condamné de la fortune, cet homme politique détruit, cet homme populaire terrassé, vous voulez l'enfermer !... Il ne vous suffit pas d'avoir mis sur cette tête la voûte d'un ciel tropical, vous voulez y ajouter encore le plafond du cabanon! Cet homme, ce malheureux homme, vous voulez le murer vivant dans une forteresse qui, à cette distance, nous apparaît avec un aspect si funèbre, que vous qui la construisez, oui, je vous le dis, vous ne savez pas vous-mêmes si c'est un tombeau !

« Vous voulez que lentement, jour par jour, heure par heure, à petit feu, cette âme, cette intelligence, cette activité, — cette ambition, soit ! — ensevelie toute vivante, je le répète, à quatre mille lieues de la patrie, sous ce soleil étouffant, sous l'horrible pression de cette prison-sépulcre, se torde, se creuse, se dévore, désespère, demande pardon, appelle la France, implore l'air, la vie, la liberté, et agonise et expire misérablement! Ah! c'est monstrueux! Ah! je proteste d'avance au nom de l'humanité! Ah! vous êtes sans pitié et sans cœur! Ce que vous appelez une expiation, je l'appelle un assassinat!

« Mais levez-vous donc, catholiques, prêtres, évêques, hommes de la religion qui siégez à cette assemblée et que je vois au milieu de nous. Levez-vous, c'est votre rôle. Qu'est-ce que vous faites sur ces bancs ?... »

Puis après cet appel, qu'il savait ne point devoir être

entendu, à la miséricorde chrétienne, le poète poursuivait le tableau : il rappelait ce que pouvait faire là-bas, sans contrôle possible, un directeur cruel, il évoquait l'idée sinistre des tortures que pouvait essayer « une âme méchante et basse » : il citait l'exemple de Jeannet le bourreau de Sinamary ; il montrait « l'ombre et le silence de la nuit planant sur cet effroyable bagne politique ».

« Oui, là-bas, à cette épouvantable distance, dans cette solitude murée, où n'arrivera et d'où ne sortira aucune voix humaine, à qui se plaindra le misérable prisonnier ? Qui l'entendra ? Il y aura entre ses plaintes et vous, le bruit de toutes les vagues de l'Océan...

« Rien n'en transpirera, rien n'en arrivera jusqu'à vous, rien !... si ce n'est de temps en temps par intervalles, une nouvelle sinistre qui traversera les mers, qui viendra frapper la France et l'Europe, comme un glas funèbre sur le timbre vibrant et douloureux de l'opinion, et qui vous dira : Tel condamné est mort !

« Ce condamné, ce sera..., car à cette heure suprême on ne voit plus que le mérite d'un homme, ce sera un publiciste célèbre, un historien renommé, un écrivain illustre, un orateur fameux. Vous prêterez l'oreille à ce bruit sinistre, vous calculerez le petit nombre de mois écoulés, et vous frissonnerez !

« Ah ! vous le voyez bien ! c'est la peine de mort ! c'est la peine de mort désespérée ! C'est quelque chose de pire que l'échafaud ! C'est la peine de mort sans le dernier regard du ciel de la patrie ! »

Alors se retournant vers la majorité : « Qui sait, lui disait-il, si ce n'est pas vous-mêmes que je défends contre vous ? Qui sait quel parti appliquera la loi ? » Et par un souvenir saisissant des vicissitudes politiques, il ajoutait :

« Tous les noms qui rappellent les triomphes rappellent aussi des catastrophes... tous, depuis le captif d'Olmutz qui avait été La Fayette, jusqu'au captif de Sainte-Hélène qui avait été Napoléon. Voyez et réfléchissez. Qui a repris le trône après 1814 ? L'exilé de Hartwell. Qui a régné après 1830? Le proscrit de Reichenau redevenu aujourd'hui le banni de Claremont. Qui gouverne en ce moment? Le prisonnier de Ham. Faites des lois de proscription maintenant!...

« L'avenir est un édifice mystérieux que nous bâtissons nous-mêmes de nos propres mains dans l'obscurité, et qui doit plus tard nous servir de demeure. Un jour vient où il se referme sur ceux qui l'ont bâti. Songez-y au moment du vote. Quand les hommes mettent dans une loi l'injustice, Dieu y met la justice, et il frappe avec cette loi ceux qui l'ont faite. »

Une péroraison magnifique terminait dignement ce discours. « Mon Dieu! s'écriait Victor Hugo, quand donc cesserons-nous de nous menacer et de nous déchirer? Nous avons pourtant autre chose à faire! Nous avons autour de nous les travailleurs qui demandent des ateliers, les enfants qui demandent des écoles, les vieillards qui demandent des asiles, le peuple qui demande du pain, la France qui demande la gloire! Nous avons une société nouvelle à faire sortir des entrailles de l'ancienne, et quant à moi, je suis de ceux qui ne veulent sacrifier ni l'enfant ni la mère! Ah! nous n'avons pas le temps de nous haïr! »

Je ne crois pas qu'il y ait dans les annales de l'éloquence française de la chaire ou de la tribune, un chef-d'œuvre supérieur à celui-là. L'effet en fut du reste prodigieux. Le lendemain, une souscription s'ouvrait pour répandre le discours dans toute la France; on résolut de faire frapper une médaille à l'effigie de l'orateur, et d'y graver, avec la date de la séance, cette phrase du discours :

« Quand les hommes mettent dans une loi l'injustice, Dieu y met la justice, et il frappe avec cette loi ceux qui l'ont faite. »

Le gouvernement défendit l'inscription: il n'osa pas défendre la médaille.

La loi fut votée, bien entendu. Chose inouïe, elle fut appliquée, malgré son texte même, par effet rétroactif, à des condamnés pour faits antérieurs! Un des anciens représentants de la Constituante. condamné pour complot à Lyon. subit ainsi la transportation à Noukahiva. C'est Alphonse Gent. qu'on n'arriva pas à tuer et qui, vingt-cinq ans après. de nouveau représentant du peuple, devait inscrire son nom parmi les fondateurs de la nouvelle république.

Il ne suffisait pas à la réaction de tuer, en livrant l'instruction au clergé, les germes de l'esprit de liberté, et d'essayer. par une loi de répression barbare, de jeter l'épouvante dans les rangs de ses adversaires ; la France se réveillait du cauchemar de la guerre civile qui l'avait jetée dans les mains de ses ennemis: chaque élection partielle était une victoire pour la démocratie avancée ; la majorité. furieuse. se laissa entraîner à porter la main sur la souveraineté du peuple. dont elle tenait tous ses pouvoirs, et à mutiler le suffrage universel.

Le conspirateur de l'Élysée fut. dans cette occasion, fort habile. On peut dire qu'il fut l'instigateur de ce crime: mais il sut en faire porter tout le poids sur les chefs parlementaires de la réaction. Ainsi il recueillait les profits de cette triste besogne; il en laissait retomber l'odieux sur les meneurs des complots monarchistes rivaux du sien: et il préparait pour le coup d'État la mesure d'apparence populaire qui devait couvrir l'égorgement de la loi.

Son ministre de l'intérieur. Baroche. confia perfidement. par un décret du 3 mai, le soin de préparer la *modification* de la loi électorale à une commission composée des hommes politiques les plus connus des deux partis royalistes. et où se trouvaient réunis Berryer. Thiers. Montalembert. Molé, de Broglie, etc. La Constitution leur interdisait de restreindre le droit de suffrage : cette considération ne les arrêta pas. Par des conditions habilement combinées. notamment par des conditions de domicile. le projet rayait trois millions d'électeurs; le tiers du suffrage universel.

On alla vite en besogne : le projet fut discuté avant la fin du mois. Un débat solennel s'ouvrit. Nous avons peine à imaginer les transports de violence injurieuse auxquels se livraient les orateurs les plus illustres des partis « conservateurs ». C'est surtout à cette époque que Montalembert se fit une grande réputation de tribune. Quand on relit ses discours tant de fois loués, on est surpris d'y trouver, à la place d'arguments, de furieux cris de haine et de rage. « Pour résumer ma pensée dans un seul mot, s'écriait-il, je dis qu'il faut recommencer l'expédition de Rome à l'intérieur, qu'il faut entreprendre, contre le socialisme qui nous menace et qui nous dévore, une campagne comme l'expédition de Rome... Il ne faut pas souffrir que les lois du pays servent d'arsenal et de repaire au monstre du socialisme, afin qu'il puisse en sortir à son heure; tantôt à pas comptés, tantôt avec un formidable et irrésistible élan, pour fondre sur la société et pour la dévorer. » Il me paraît que cela ne ressemble à de l'éloquence, ni au point de vue littéraire, ni au point de vue politique. Au premier point de vue, rien de si comique que ce « monstre », qui a un « arsenal » d'où il sort « à pas comptés », pour « dévorer la société ». Au point de vue politique, on ne se dit pas de ces choses-là à soi-même, on n'avoue pas qu'on fait une loi de pure guerre civile. Berryer lui-même n'était guère mieux inspiré : il prononça un mot révoltant : « Rappelez-vous, disait-il, que les républicains de la veille, nous ne les avons connus que par Louvel et Alibaud. »

Seul Thiers, dans un discours important, sut tenir un langage plus habile, déparé pourtant par un mot bien imprudent : la « vile multitude ». Il essaya tout au moins de faire croire qu'on ne voulait supprimer que la foule suspecte, prête à se jeter sous la dictature du premier César venu. Mais la thèse était trop fausse et le sophisme trop apparent.

De tous les discours prononcés par Victor Hugo, celui qu'il fit entendre en cette occasion, n'est ni le plus pathé-

tique, ni le plus éclatant : c'est le plus puissant par la
pensée politique. Il y a des préjugés qu'il faut presque
renoncer à dissiper. Il est entendu, pour certaine opinion
bourgeoise, que des hommes tels que Thiers, Berryer,
Montalembert étaient des hommes d'État et que les
poètes, comme Victor Hugo, n'ont été que des fantaisistes
en politique. Que faisaient, que disaient pourtant ce jour-
là ces prétendus hommes d'État? — Ce qu'ils faisaient? —
Ils préparaient leur cellule de Mazas ou leur longue
exclusion de la vie politique. — Ce qu'ils disaient? — Ils
soutenaient sur les périls du suffrage universel une énormité qui fait aujourd'hui hausser les épaules, tant elle a
été confondue par l'expérience! — Ils le disaient, sans
même essayer un argument et dans un français assez
médiocre. Mais ce n'est pas une compensation.

Ce qui fait la grandeur durable du discours de Victor
Hugo, c'est que jamais on n'a compris, jamais on n'a traduit d'une façon aussi complète, dans toutes ses conséquences, cette grande idée de suffrage universel qui
domine la politique moderne et qui conquiert le monde
entier.

Il renouvelait d'abord, avec une rare magnificence de
pensée et de langage, l'argument connu sur le droit de
suffrage détruisant l'appel à la force. La grande pensée
de Février, disait-il, « ce fut d'aller chercher dans l'acca-
blement, dans le délaissement, dans l'abandon, dans cet
abaissement qui conseille si mal, l'homme de désespoir,
et de lui dire : espère! l'homme de colère, et de lui dire :
raisonne! le mendiant, comme on l'appelle, le vagabond,
comme on l'appelle, le pauvre, l'indigent, le déshérité, le
malheureux, le misérable, comme on l'appelle, et de le
sacrer citoyen! »

Et quel superbe tableau du jour des élections :

« Méditez, en effet, ceci : sur cette terre d'égalité et de
liberté, tous les hommes respirent le même air et le même
droit. Il y a dans l'année un jour où celui qui vous obéit
se voit votre pareil; où celui qui vous sert se voit votre

égal; où chaque citoyen, entrant dans la balance universelle, sent et constate la pesanteur spécifique du droit de
cité, et où le plus petit fait équilibre au plus grand. Il y a
un jour dans l'année où le gagne-pain, le journalier, le
manœuvre, l'homme qui porte les fardeaux, l'homme qui
casse des pierres au bord des routes prend dans sa main
durcie par le travail les ministres, les représentants, le
président de la République et dit : la puissance, c'est moi.
Il y a un jour dans l'année où le plus imperceptible citoyen,
où l'atome social participe à la vie du pays tout entier, où
la plus étroite poitrine se dilate à l'air vaste des affaires
publiques ; un jour où le plus faible sent en lui la grandeur
de la souveraineté nationale, où le plus humble sent en
lui l'âme de la patrie! »

Qu'est-ce que tout cela? concluait-il. C'est la fin de la
violence. C'est la fin de l'émeute. Et vous, qui vous dites
hommes d'ordre, vous allez tout remettre en question!

Mais la pensée devenait bien vite plus originale et plus
profonde. Et, abordant l'autre côté de la question, le
poète s'écriait : « Vous dites que le suffrage universel est
le mode de création de l'anarchie. Je vous réponds : c'est
le mode de création du pouvoir... Ce qui sort du suffrage
universel c'est la liberté sans nul doute; mais c'est encore
plus le pouvoir que la liberté!... Oui, grâce au suffrage
universel, vous créez et vous mettez au service de l'ordre
un pouvoir où se condense toute la force de la nation. »

Il faudrait suivre pas à pas tout cet admirable discours
et montrer Victor Hugo essayant de faire comprendre à
une majorité aveugle la faute mortelle qu'elle commet;
lui arrachant l'aveu que si Voltaire vivait, elle le dépouil-
lerait de son droit de vote (Et l'on ferait bien! cria la
droite), prédisant enfin à cette réaction furieuse les conséquences de son attentat.

« Allez! s'écriait-il, retranchez trois millions d'électeurs, retranchez-en quatre, retranchez-en neuf... Ce que
vous ne retrancherez pas, ce sont vos fautes; ce sont tous
les contresens de votre politique de compression; c'est

votre incapacité fatale : c'est votre ignorance du pays actuel ; c'est l'antipathie qu'il vous inspire et l'antipathie que vous lui inspirez. Ce que vous ne retrancherez pas, c'est le temps qui marche, c'est l'heure qui sonne, c'est la terre qui tourne, c'est le mouvement des idées, c'est la progression décroissante des préjugés, c'est l'écartement de plus en plus profond entre ce siècle et vous, entre les jeunes générations et vous, entre l'esprit de liberté et vous, entre l'esprit de philosophie et vous ! Ce que vous ne retrancherez pas, c'est ce fait indéniable que, pendant que vous allez d'un côté la nation va de l'autre, que ce qui est pour vous l'orient est pour elle le couchant, et que vous tournez le dos à l'avenir, tandis que ce grand peuple de France, la face tout inondée de lumière par l'aube de l'humanité nouvelle qui se lève, tourne le dos au passé. »

Admirable leçon qui s'applique à tous les gouvernements de combat !

L'effet de ce discours fut grand, s'il faut en juger par la rage de la majorité. Nombre d'autres républicains ont pris part à cette solennelle discussion. Cavaignac, grave et froid, Lamartine, avec son éloquence toujours large et élevée, mais moins vigoureuse qu'autrefois ; Jules Favre, amer et impitoyable ; Grévy, sentencieux et juridique, que sais-je encore ? car le débat fut une mêlée où se jetèrent tous les orateurs réputés des deux partis. C'est sur Victor Hugo que la droite s'acharna. Pas un qui n'ait tenu à lui jeter quelque injure. Lasteyrie, puis un certain Béchard commencèrent par dire que Victor Hugo n'était pas « sérieux ». Il n'est pas jusqu'à M. Thiers, d'habitude plus réservé, qui n'ait donné en passant un coup de patte à « cette littérature *vaine, déclamatoire, née de la corruption des esprits* et qui était très digne de devenir le langage de la démagogie ». Mais déjà Montalembert avait passé toute mesure. Aux puissantes et hautes idées exprimées par Victor Hugo, c'est par l'injure personnelle qu'il répondait. Victor Hugo n'était pas à son banc. Montalembert accabla ainsi cet absent :

« Si M. Victor Hugo était ici, je lui rappellerais toutes les causes qu'il a reniées. Mais il n'est plus ici. C'est une vieille habitude chez lui. Comme il se dérobe au service des causes vaincues, il se dérobe aussi aux représailles qu'on a le droit d'exercer sur lui. »

Il paraît que pour Montalembert, en 1850, les vainqueurs qu'il était lâche de flatter, c'étaient les républicains avancés, traqués, persécutés, dépouillés de leur droit de vote, implacablement poursuivis.

Victor Hugo répondit le lendemain.

Il commença par repousser, sans grand'peine, l'accusation injurieuse d'avoir « flatté et renié » toutes les causes. Étrange reproche à un homme qui, après la ferveur royaliste de ses premières années, avait, on l'a vu, poursuivi sa marche vers la liberté et la démocratie, en refusant de se lier à aucun parti ! Étrange reproche à un homme dont le génie ne savait pas s'assouplir au métier de flatteur et qui avait toujours gardé une honnête et respectueuse fidélité, en ce qui concerne les personnes, à ses sympathies antérieures ! On sait en quels termes il parlait de Charles X après 1830, et de Louis-Philippe jusque dans l'exil.

Aussi avait-il beau jeu à sommer Montalembert de dire qui il avait flatté, qui il avait renié... Et dans la courte énumération qu'il faisait à ce propos, un trait frappait droit et fort. Le poëte s'écriait :

« Est-ce Mme la duchesse de Berry, dont j'ai flétri le vendeur et condamné l'acheteur? »

Et aussitôt les regards allaient chercher Thiers sur les bancs de la majorité.

Il concluait d'un mot :

« Il est vrai que depuis que la République existe je n'ai pas conspiré contre la République : est-ce cela qu'on me reproche? »

Après avoir ainsi fait tomber à ses pieds l'injure qu'on lui lançait, l'orateur se retournait vers Montalembert :

« Quant à vous, je ne dirai pas quelles sont les causes que vous avez flattées et que vous avez reniées, je ne me

sers pas légèrement de ces mots-là : mais je vous dirai
quels sont les drapeaux que vous avez, tristement pour
vous, abandonnés; il y en a deux, le drapeau de la
Pologne et le drapeau de la liberté! »

Enfin, revenant à l'étrange reproche d'absence :

« Oui, dit-il, quand je serai épuisé de fatigue par une
heure et demie de lutte, contre messieurs les interrupteurs
ordinaires de la droite... qui recommencent comme vous
le voyez!... (la droite, en effet, criait de la belle manière);
quand j'aurai la voix éteinte et brisée, quand je ne pourrai
plus prononcer une parole, et vous voyez que c'est à peine
si je puis parler aujourd'hui, quand je jugerai que ma
présence n'est plus nécessaire à l'Assemblée, surtout
quand il ne s'agira que de luttes personnelles, quand il
ne s'agira que de vous et de moi, oui, monsieur de Montalembert, je pourrai vous laisser la satisfaction de me foudroyer à votre aise, moi absent, et je me reposerai pendant ce temps-là. Mais, attaquez par votre politique, vous
et le parti clérical, attaquez les nationalités opprimées, la
Hongrie suppliciée, l'Italie garrottée, Rome crucifiée;
attaquez le génie de la France par votre loi d'enseignement; attaquez le progrès humain par votre loi de déportation; attaquez la suffrage universel par votre loi de
mutilation; attaquez la souveraineté du peuple, attaquez
la démocratie, attaquez la liberté, et vous verrez, ces
jours-là, si je suis absent! »

A ces magnifiques paroles, saluées par les républicains
d'un tonnerre de bravos, Montalembert répondit par de
nouvelles injures : « Vous avez, lui disait-il, adressé au
roi Louis-Phillipe les plus basses adulations qui aient
jamais frappé mon oreille. » Le lecteur a vu si ce mot de
« basses adulations » était justifié. Mais les derniers mots
sont plus curieux.

« Voici ce que je prédis, s'écriait l'orateur clérical. Si
jamais, dans ce pays-ci, sur les ruines de la liberté désho-
norée et dégradée par le parti auquel s'est rallié M. Victor
Hugo, il s'élève un despotisme quelconque, il sera le

premier à le flatter, il essayera de faire respirer à ce despotisme futur cet encens qu'il offre aujourd'hui à l'ouvrier et qu'il a déjà fait respirer à deux dynasties! »

La droite éclata en bravos.

L'année suivante, le despotisme prévu par l'orateur s'établissait dans le sang et jetait en prison les amis de Montalembert.

Quant à Montalembert, il se rangeait du côté du coup d'État et acceptait une place dans le gouvernement nouveau.

Victor Hugo, après avoir lutté désespérément contre le crime, était proscrit, et l'encens qu'il devait « faire respirer au despote » s'appela les *Châtiments !*

J'ajoute que l'orateur clérical devait subir une juste expiation. Devenu bientôt l'adversaire de l'empire, après en avoir été le complice et la dupe, il eut en même temps sa part dans la honte de la victoire et dans l'écrasement des vaincus. Et tandis que la gloire de Victor Hugo grandissait rayonnante sur son rocher d'exil, Montalembert se rongeait longuement, dans l'impopularité, le silence et les regrets qui, on doit l'espérer pour lui, étaient mêlés de quelques remords.

Le discours sur la liberté de la presse, qu'on pourrait appeler un discours sur la liberté, et que Victor Hugo prononça le 9 juillet, est digne de ceux qui l'ont précédé. A propos d'une loi de réaction, il dénonçait tout ce que la politique de l'Assemblée et du gouvernement avait fait pour imposer silence aux journaux et aux réunions, c'est-à-dire aux deux modes d'expression de l'opinion publique. Mais bientôt, examinant la question dans des termes plus larges encore, il donnait à la majorité des avertissements d'une superbe énergie.

Montrant comment les mesures de compression ne faisait qu'irriter le pays, il ajoutait :

« Ainsi vous vous serez frappés avec vos propres lois, vous vous serez blessés avec vos propres armes !

« Les principes se dresseront de toutes parts contre

vous : persécutés, ce qui les fera forts ; indignés, ce qui
les fera terribles.

« Vous direz : le péril s'aggrave. Vous direz : nous
avons frappé le suffrage universel, cela n'a rien fait. Nous
avons frappé la liberté de la presse, cela n'a rien fait. Il
faut extirper le mal dans sa racine.

« Et alors, poussés irrésistiblement comme ces malheureux hommes possédés, subjugués, traînés par la plus implacable de toutes les logiques, la logique des fautes
qu'on a faites, sous la pression de cette voix fatale qui
vous criera : Marchez ! marchez toujours !... que ferez-
vous ?

« Je m'arrête. Je suis de ceux qui avertissent, mais je
m'impose silence quand l'avertissement peut ressembler
à une injure ! »

Et un peu avant, il venait de dire :

« On vous parle beaucoup de l'abîme, de l'abîme qui
est là béant, ouvert, terrible, de l'abîme où la société peut
sombrer.

« Messieurs, il y a un abîme, en effet, seulement il
n'est pas devant vous, il est derrière vous.

« Vous n'y marchez pas, vous y reculez. »

Et, dans une péroraison magnifique, accablant une fois
de plus l'esprit clérical, et après avoir rappelé comment
on dénonçait le désordre moral et le péril social, il
s'écriait :

« Qui est-ce qui a fait tout ce ravage ? Qui est-ce qui a
fait tout le mal ? Qui faut-il punir ? Qui faut-il frapper ?

« Le parti de la peur en Europe dit : c'est la France. En
France, il dit : c'est Paris. A Paris, il dit : c'est la presse.
L'homme froid qui observe et qui pense dit : le coupable,
ce n'est pas Paris, ce n'est pas la France ; le coupable,
c'est l'esprit humain !

« C'est l'esprit humain. L'esprit humain qui a fait les
nations ce qu'elles sont ; qui, depuis l'origine des choses,
scrute, examine, discute, doute, contredit, approfondit,
affirme et poursuit sans relâche la solution du problème

éternellement posé à la créature par le créateur ! C'est l'esprit humain qui s'est nommé Jean Huss et qui n'est pas mort sur le bûcher de Constance; qui s'est nommé Luther et qui a ébranlé l'orthodoxie; qui s'est nommé Voltaire et qui a ébranlé la foi; qui s'est nommé Mirabeau et qui a ébranlé la royauté! C'est l'esprit humain qui, depuis que l'histoire existe, a transformé les sociétés et les gouvernements selon une loi de plus en plus acceptable par la raison, qui a été la théocratie, l'aristocratie, la monarchie et qui est aujourd'hui la démocratie ! C'est l'esprit humain qui a été Babylone, Tyr, Jérusalem, Athènes, Rome et qui est aujourd'hui Paris ; c'est l'esprit humain qui est le grand pasteur des générations et qui, en somme, a toujours marché vers le juste, le beau et le vrai, éclairant les multitudes, agrandissant les âmes, dressant de plus en plus la tête du peuple vers le droit et la tête de l'homme vers Dieu...

« Que le grand parti de la peur mesure l'immensité de la tâche que, dans son héroïsme, il veut se donner. Il aurait anéanti la presse jusqu'au dernier journal, Paris jusqu'au dernier pavé, la France jusqu'au dernier hameau, il n'aurait rien fait, il lui resterait à détruire quelque chose qui est toujours debout, au-dessus des générations, et en quelque sorte entre l'homme et Dieu, quelque chose qui a écrit tous les livres, inventé tous les arts, découvert tous les mondes, fondé toutes les civilisations; quelque chose qui reprend toujours, sous la forme révolution, ce qu'on lui refuse sous la forme progrès ; quelque chose qui est insaisissable comme la lumière et inaccessible comme le soleil et qui s'appelle l'esprit humain! »

Devant un autre mouvement offensif du parti jésuite et une autre loi sur la presse, Royer-Collard avait eu une inspiration analogue : c'est à propos de la fameuse loi de justice et d'amour, que dans son plus admirable discours et dans un des plus beaux de la langue française, le vieux royaliste montrait le ministère clérical « blâmant le Créateur d'avoir donné l'intelligence à l'homme, et essayant

de ramener la France à l'heureuse innocence des brutes. »
Il poursuivait en avertissant la réaction qu'elle n'aurait
rien fait tant qu'elle ne détruirait pas la civilisation tout
entière et ne ferait point « passer la charrue » sur les
ruines des villes. Le discours de Victor Hugo rappelle par
l'idée celui de Royer-Collard : mais avec autant d'élan, de
lyrisme et de foi dans le progrès, qu'il y avait chez l'orateur légitimiste d'indignation attristée et d'angoisse pour
l'avenir.

Tels furent les quatre grands discours par lesquels le
poète marqua la réaction que l'Assemblée et l'Élysée
imposaient à la France. Comme on a prétendu que Victor
Hugo, élaborant lentement ses chefs-d'œuvre oratoires,
était condamné à ne faire qu'un discours tous les six
mois, il n'est pas inutile de remarquer que tous les quatre
ont été prononcés coup sur coup dans la même session,
aux dates suivantes : 15 janvier, 5 avril, 20 mai, 9 juillet.
La situation n'allait pas tarder à changer de caractère, et
l'éloquence du poète allait avoir à soutenir un combat
plus âpre.

Dans l'intervalle qui sépare le discours sur le suffrage
universel du premier que Victor Hugo ait adressé ensuite
à l'Assemblée (sur la revision), il parla devant un autre
auditoire : il défendit son journal l'*Événement*, et son fils
Charles Hugo, traduit devant le jury pour avoir attaqué...
la peine de mort.

Une telle poursuite juge une époque. Mettre à l'abri de
la discussion, comme un des principes essentiels de la
société... quoi? l'échafaud, c'était oser ce qu'aucune réaction antérieure n'avait osé. De tout temps, la peine de
mort avait été attaquée par les hommes les plus modérés,
les plus considérables. De tout temps, on avait pu discuter
librement les lois existantes, surtout les lois pénales. On
avait bien entendu un théoricien paradoxal de l'absolutisme déclarer que le bourreau était l'institution fondamen-
tale de l'ordre ; mais il n'était venu à l'idée de personne

d'appliquer, sous forme de poursuites judiciaires, cette doctrine qui ressemblait à un défi.

Le discours prononcé à cette occasion par Victor Hugo devant la cour d'assises est digne en tous points des grands discours politiques auxquels il est mêlé. Rien de si pathétique que le récit du supplice au sujet duquel l'article avait été écrit :

« Quoi! un homme, un condamné, un misérable homme est traîné un matin sur une de nos places publiques; là, il trouve l'échafaud. Il se révolte, il se débat, il refuse de mourir; il est tout jeune encore, il a vingt-neuf ans à peine... Mon Dieu! Je sais bien qu'on va me dire : c'est un assassin. — Mais écoutez! — Deux exécuteurs le saisissent; il a les mains liées, les pieds liés; il repousse ses deux exécuteurs. Une lutte affreuse s'engage. Le condamné embarrasse ses pieds garrotés dans l'échelle patibulaire, il se sert de l'échafaud contre l'échafaud. La lutte se prolonge, l'horreur parcourt la foule. Les exécuteurs, la sueur et la honte au front, haletants, terrifiés, désespérés de je ne sais quel horrible désespoir, courbés sous cette réprobation publique qui devrait se borner à condamner la peine de mort, et qui a tort d'écraser l'instrument passif, le bourreau; les exécuteurs font des efforts sauvages. Il faut que force reste à la loi, c'est la maxime. L'homme se cramponne à l'échafaud et demande grâce; ses vêtements sont arrachés, ses épaules sont en sang; il résiste toujours. Enfin, après trois quarts d'heure, trois quarts d'heure!... (mouvement de dénégation de l'avocat général). On nous chicane sur les minutes; trente-cinq minutes, si vous voulez! de cet effort monstrueux, de ce spectacle sans nom, de cette agonie, agonie pour tout le monde, entendez-vous bien? agonie pour le peuple qui est là, autant que pour le condamné; après ce siècle d'angoisse, messieurs les jurés, on ramène le misérable à la prison. Le peuple respire, le peuple qui a des préjugés de vieille humanité, et qui est clément parce qu'il se sent souverain, le peuple croit l'homme épargné. Point. La guillotine est vaincue, mais

elle reste debout : elle reste debout tout le jour, au milieu
d'une population consternée. Et le soir, on prend un ren-
fort de bourreaux : on garrotte l'homme de telle sorte qu'il
ne soit plus qu'une chose inerte, et, à la nuit tombante,
on le rapporte sur la place publique, pleurant, hurlant,
hagard, tout ensanglanté, demandant la vie, appelant
Dieu, appelant son père et sa mère, car devant la mort,
cet homme était redevenu enfant ! On le hisse à l'échafaud,
et sa tête tombe ! Et alors un frémissement sort de toutes
les consciences ; jamais le meurtre légal n'avait apparu
avec plus de cynisme et d'abomination ; chacun se sent,
pour ainsi dire, solidaire de cette chose lugubre qui vient
de s'accomplir ; chacun se sent au fond de soi ce qu'on
éprouverait, si l'on voyait, en pleine France, la civilisation insultée par la barbarie. »

Le plaidoyer fini, Victor Hugo se tourne vers son fils et
lui dit :

« Mon fils, tu reçois aujourd'hui un grand honneur : tu
as été jugé digne de combattre, de souffrir peut-être pour
la cause de la vérité. A dater d'aujourd'hui, tu entres dans
la véritable vie virile de notre temps, c'est-à-dire dans la
lutte pour le juste et pour le vrai. Sois fier, toi qui n'es
qu'un simple soldat de l'idée humaine et démocratique, de
t'asseoir sur ce banc où s'est assis Béranger, où s'est assis
Lamennais !

« Sois inébranlable dans tes convictions, et que ce soit
là ma dernière parole, si tu avais besoin d'une pensée pour
t'affermir dans ta foi au progrès, dans ta croyance à l'avenir, dans ta religion pour l'humanité, dans ton exécration
pour l'échafaud, dans ton horreur des peines irrévocables
et irréparables, songe que tu es assis sur ce banc où s'est
assis Lesurques ! »

Le jury de 1851 condamna. Charles Hugo obtint six mois
de prison.

L'Assemblée nationale prit trois grands mois de vacances, peu après ce dernier discours ; elle ne devait
revenir qu'au milieu de novembre. Dans cette période,

les coalisés se brouillèrent ; ils étaient pressés d'aboutir de part et d'autre. Leur œuvre de réaction ne leur suffisait plus : ce qui leur fallait détruire maintenant, c'était la République. Et là, ils étaient réduits à se diviser et à se combattre. Les chefs de la majorité parlementaire voulaient chacun leur royauté ; l'homme de l'Élysée voulait l'Empire. Et le parti républicain allait avoir le spectacle de deux complots en querelle, ne se rapprochant plus que pour le frapper.

Aussitôt la session close, les uns allaient à Wiesbaden, les autres à Claremont, chacun chez son prétendant ; pendant que Louis Bonaparte parcourait les provinces, essayant de susciter partout le cri de : Vive l'empereur !

Les deux complots se poursuivaient à ciel ouvert. Mais quelle différence de force entre les deux ! D'abord les royalistes divisés n'arrivaient pas à réunir par la fusion la légitimité avec l'orléanisme. D'ailleurs les Assemblées sont impuissantes pour ces sortes de conspirations. Leur action lente, collective, publique, désarmée des ressources du pouvoir, est forcément impuissante. Pendant ce temps, le futur auteur du 2 Décembre travaillait l'armée, achetait des consciences avec l'argent des contribuables, organisait des démonstrations, défiait l'Assemblée, s'assurait de fonctionnaires prêts à tout, tâtait les officiers, soldait une presse à son service, et réunissait tout à son aise les éléments du coup d'État. Quand l'Assemblée se réunit, vers le milieu de novembre, le conflit était inévitable. Il ne tarda pas à éclater.

Comment expliquer qu'à ce moment même les royalistes n'aient pas compris le besoin de se rendre moins impopulaires et de se rapprocher des républicains ? Un seul des chefs de la droite, amenant avec lui un petit groupe, tenta d'organiser une alliance contre le péril commun. C'est Thiers, qui bientôt, dans un mémorable discours, essayant d'amener la majorité à un acte d'énergie contre le complot de l'Élysée, termina par ces paroles célèbres : « Si vous tardez encore, l'*Empire est fait*. » Les autres royalistes,

étalant follement leur dessein arrêté d'en finir avec la
République, combattaient tantôt l'Élysée avec les républicains, tantôt les républicains avec l'Élysée : se faisant
haïr d'un côté et jouer de l'autre. D'ailleurs, ils concen-
traient avec tant de soin sur leur tête toute l'impopularité
de la réaction enragée à laquelle ils avaient collaboré
avec le président, que celui-ci, froidement reçu dans
nombre de régions durant son voyage de vacances, trouva
plus tard un accueil plus chaleureux, dès qu'il fut en lutte
avec la majorité de l'Assemblée. L'horreur que la démocratie avait à bon droit pour cette majorité fut, on le sait,
la meilleure chance de succès du 2 décembre.

Victor Hugo n'intervint pas dans les discussions soulevées par les querelles entre les deux complots, ni dans
celles qui se produisirent sur la demande de rappel des lois
d'exil portées contre les familles monarchiques. Mais un
grand débat, le plus grand qu'ait eu l'Assemblée de 1849,
allait s'ouvrir. Les monarchistes de toute nuance avaient
provoqué un vaste pétitionnement pour la « revision de
la Constitution ». Ils entendaient par là la destruction de
la République. Pour les amis de l'Élysée, il s'agissait de
faire abroger l'article qui interdisait la réélection du
président. Cette mesure préliminaire était le chemin de la
présidence à vie et de l'empire. Pour les royalistes, il
s'agissait de faire décider que la prochaine Assemblée,
nommée par un corps électoral mutilé, sous une pression
effroyable, pourrait rappeler un Bourbon. Calcul absurde.
Celui qui avait en main tous les moyens de pression travaillait pour lui-même.

Les partisans de la revision ainsi comprise étaient
d'avance sûrs d'un échec. Il fallait, pour remettre la Constitution en question, une majorité des trois quarts. Les
républicains, grossis de la partie de la majorité qui se
groupait autour de M. Thiers, étaient certains de faire
échouer la proposition. En réalité, le débat devait être un
grand tournoi oratoire entre les partis.

Trois des discours qui y furent prononcés restent dans

l'histoire de la tribune : ceux de Michel (de Bourges), de
Berryer et de Victor Hugo. Les deux premiers ne s'éle-
vèrent peut-être jamais plus haut. Tous deux avaient dans
le sang, la flamme oratoire, et dans la poitrine la chaleur
de l'éloquence. Rien de si différent pourtant que ces deux
paroles : l'une, celle de Michel (de Bourges), d'allure
brève et coupée dans l'énergie de la passion ; l'autre, laissant couler à flots nombreux son large courant. Malgré
l'insuffisance de la forme, les deux discours restèrent très
beaux par l'ampleur de la pensée. Mais tous deux indiquent une vue bien courte et bien troublée des réalités
ambiantes. Chose étrange ! Michel (de Bourges) et Berryer
étaient exclusivement des hommes politiques ; et le poète
qui parla après eux fut le seul à prendre les situations et
les événements corps à corps.

Le discours de Michel (de Bourges) est une très belle
apologie de la république ; celui de Berryer est une très
belle apologie de la royauté. L'un prouve par tous les souvenirs du passé que la France devient forcément républicaine ; que toute son histoire aboutit à la forme définitive
de la démocratie ; et, s'adressant aux monarchistes, aux
furieux ennemis du régime populaire, il leur montre
qu'eux-mêmes, malgré eux, subissent le pouvoir de cette
nécessité. Berryer veut établir que la France est monarchiste dans le sang, et qu'elle ne peut pas arracher d'elle-
même le régime qui s'est amalgamé à son existence tout
entière. Au nom de la légitimité, il répudie le droit divin,
et par une légende quelque peu audacieuse, attribue à la
royauté les libertés de 89. Dans l'histoire telle qu'il la
refait, Louis XVI collabora, avec la Constituante, à la destruction de tous les abus. Les grands orateurs de cette Assemblée devenaient son état-major, quand soudain des
révoltés sanguinaires, troublant cette belle entente, mas-
sacrent le bon roi et ses bons réformateurs, pour fonder
le despotisme de la Convention. Ce roman historique était
un peu trop fantaisiste, mais il était développé avec tant
de chaleur, l'orateur y mêlait si éloquemment les souve-

nirs et les grandes impressions de sa jeunesse, que l'effet fut considérable.

Tout cela est fort beau : mais il ne s'agissait pas de tout cela. Pendant que le fidèle républicain et le fidèle légitimiste exaltaient à l'envi, avec un admirable lyrisme, le mérite de leurs deux principes opposés, on préparait à l'Élysée le rétablissement de l'empire. C'est devant la plus formidable conspiration, depuis longtemps visible, déjà toute prête, attendant son heure, qu'elle n'attendra plus que quelques mois et qu'on avait redouté plus prochaine, c'est devant cette conspiration qui va envelopper, dans une ruine commune, les deux orateurs, — qu'avec un bandeau sur les yeux ils chantent les airs de bravoure les plus dignes d'applaudissements en l'honneur de leur idéal; — le moment était singulièrement choisi.

Seul, dans l'Assemblée, Victor Hugo vit clair : il fallait dénoncer, déshonorer le complot de l'Élysée, il fallait adresser un brûlant appel à cette démocratie menacée, que la haine pour la majorité parlementaire pouvait livrer à l'homme du coup d'État; il fallait, au point de vue républicain, confondre dans une réprobation commune toutes les réactions, pour ramener à un effort commun l'esprit du peuple qui pouvait, égaré par leurs divisions, laisser à moitié faire l'Élysée. C'est l'œuvre que Victor Hugo accomplit dans le plus puissant de tous ses discours.

Discours violent, discours de justicier. C'est ce jour-là que Victor Hugo empoigne, pour la première fois, le fer rouge des *Châtiments*. Aussi quelle colère dans l'Assemblée! Elle avait écouté, avec une sorte de dilettantisme parlementaire, les deux belles harangues de Michel (de Bourges) et de Berryer. Maintenant la majorité se révolte. Le poète accomplit, d'un bout à l'autre, sa tâche au milieu d'une tempête déchaînée. Des soulèvements d'injures, des explosions de huées et de clameurs couvrent à tout instant sa voix. Il va jusqu'au bout. Après cela, on peut lui prodiguer les insultes, sa tâche est accomplie.

Tout d'abord, en quelques mots, Victor Hugo rappelle,

sous une forme saisissante, deux objections : l'une, déjà exprimée maintes fois dans le débat. Pour faire une revision valable, il faudrait une Assemblée élue par le véritable suffrage universel et la liberté de discussion dans le pays, c'est-à-dire l'abrogation de la loi du 31 mai et des lois dirigées contre la presse, contre les réunions, etc.

Puis cette proposition de revision, on sait qu'elle échouera devant l'Assemblée, qu'elle n'aura pas les trois quarts de voix. Ainsi, sans résultat de vote possible, on soulève cette énorme discusion. « Pourquoi? Pour les orages du débat! Pour agiter la France, pour faire bouillonner les masses, pour réveiller les colères, pour paralyser les affaires... Pour le plaisir... le parti de l'ordre a la fantaisie de faire du désordre. C'est un caprice qu'il se passe. »

Enfin il confond en quelques paroles décisives la tentative faite par Berryer et Falloux pour dissimuler que ce qu'ils poursuivaient dans la constitution démocratique, c'étaient toutes les libertés conquises depuis la chute de l'ancien régime.

« Votre attaque contre la république française, s'écrie-t-il, est une attaque contre la révolution française, contre la révolution française tout entière, entendez-vous bien, depuis la première heure qui a sonné en 1789 jusqu'à l'heure où nous sommes.

« Nous ne distinguons pas, nous; à moins qu'il n'y ait pas de logique au monde, la révolution et la république sont indivisibles. L'une est la mère, l'autre est la fille. L'une est le mouvement humain qui se fixe. La république, c'est la révolution fondée... »

Après ces préliminaires, il entre dans la question. — On veut la revision, quelle revision? — Il y en aurait une bien belle à faire. — Et Victor Hugo trace un large programme de ce que devrait être la république. Liberté complète de la presse, des réunions, de l'art et de la science, le travail assuré, l'assistance organisée, la peine de mort abolie, l'enseignement gratuit, la magistrature élective, le jury étendu, les municipalités nommées par le suffrage universel, le peuple consulté directement sur certaines grandes questions, un moyen d'appel devant le pays, pour les minorités, contre l'omnipotence d'une assemblée. Toutes les réformes qu'il indique, sont réalisées aujourd'hui, ou en France, ou dans d'autres républiques. Dès ce début, la droite devenait tumultueuse et commençait à se fâcher. Alors il poursuivait : Cette revision-là, oui, je la comprendrais. Mais vous voulez faire le contraire. Vous voulez faire reculer la France, supprimer la révolution, détruire la république.

Et se retournant vers les partis de droite, il leur demandait alors : Qui êtes-vous, pour entreprendre une pareille œuvre? Vous êtes la monarchie... Quelle monarchie?...

Il y en avait deux : la monarchie de principe, la royauté. La monarchie dite de gloire, l'empire. Il s'en prenait d'abord à la royauté.

Cette première partie de sa discussion était fort modérée. Le poète commençait par mettre de côté les princes bannis avec la « sympathie qu'on doit à des Français et le respect qu'on doit à des exilés ». Il remarquait ensuite que la possession d'un peuple par un homme ne peut pas être un principe; que ce ne peut être qu'un fait. Puis, comme on reprochait à la république les troubles, les séditions, les finances compromises, il montrait, l'histoire en main, que la royauté mérite au moins les mêmes reproches. Ici, il répondit à Berryer, il était dans la discussion purement théorique, ce qui n'empêcha pas la droite de commencer à l'injurier. Comme il parlait des finances, de Louis XIV, quelqu'un cria :

— Et les pensions des poètes !

Voilà les interruptions déchaînées. Et Falloux lui-même, Falloux connu par la douceur courtoise et habile sous laquelle il cachait sa haine de la démocratie, Falloux se mit de la partie. Ce fut un tumulte effroyable, qui ne s'apaisa un peu qu'au bout de longtemps.

La réponse de Victor Hugo était facile; il commença :

« J'avais dix-neuf ans!... »

Bah! J'étais si jeune, cria une voix à droite.

C'est avec cette délicatesse qu'on accueillait des explications personnelles.

Sommé de se nommer, l'interrupteur se tut. Et Victor Hugo raconta comment, à dix-neuf ans, il avait reçu de Louis XVIII une pension sans l'avoir demandée; comment plus tard Charles X, ayant interdit *Marion de Lorme*, voulait élever cette pension de deux mille à six mille francs; et comment il avait refusé, par une lettre publique, où il disait que d'ailleurs il n'offenserait jamais Charles X..., et il avait tenu parole.

Ce récit fit taire la droite pendant quelques minutes. Mais vite lassée de cet effort, comme Victor Hugo rappelait la condamnation du maréchal Ney, elle se mit à lui crier :

— Votre fauteuil de pair de France!

Des plaisanteries de ce genre coupaient à chaque instant la démonstration qui devenait plus pressante. Comment, disait Victor Hugo, après avoir vu tant de royautés tomber, vous voulez tenter la fortune encore une fois! « Mon Dieu! cette place que vous traversez tous les jours, pour venir à ce palais, ne vous dit donc rien? Mais frappez du pied ce pavé qui est à deux pas de ces funestes Tuileries, que vous convoitez encore : frappez du pied ce pavé fatal, et vous en ferez sortir à votre choix l'échafaud qui précipita la monarchie dans la tombe, ou le fiacre qui emporta la royauté nouvelle dans l'exil! »

Le président trouva moyen de relever cette frappante parole. « Mais qui menacez-vous donc là?... Écartez cela!... » Étrange président d'une assemblée, sous la république, interdisant de « menacer » la monarchie que les conspirateurs voulaient substituer au régime légal du pays!

Cette première partie, adressée aux royalistes, se terminait par une cruelle comparaison... — Au moins, leur disait-il, les royalistes d'autrefois, les Vendéens, atta-

quaient la république en face : « Ils faisaient une chose
odieuse, insensée, abominable, impie : la guerre civile ;
mais ils la faisaient, et ils ne la provoquaient pas !... Ils
ne venaient pas dérober à la révolution, l'un après l'autre
et pour s'en servir contre elle, ses principes, ses conquêtes, ses armes ! Ils cherchaient à la tuer, non à la
voler. Ils jouaient franc jeu, en hommes hardis, en hommes convaincus, en hommes sincères qu'ils étaient ; et ils
ne venaient pas en pleine assemblée de la nation balbutier : Vive le roi ! après avoir crié vingt-sept fois dans un
seul jour : Vive la république ! »

Le reproche portait. On se montrait, en entendant ces
mots, la foule des royalistes qui avaient, au lendemain de
février, fait retentir en acclamations leur tendresse pour
le régime nouveau.

Mais le poète arrivait au complot bonapartiste et, là, le
discours devenait terrible.

« Et d'abord la monarchie de gloire, dites-vous ? Tiens,
vous avez de la gloire ? Montrez-la-nous. Je serais curieux
de voir de la gloire sous ce gouvernement-ci...

« Qu'est-ce que nous avons devant les yeux ? Toutes
nos libertés prises au piège l'une après l'autre, et garrot-
tées ; le suffrage universel trahi, livré, mutilé, les programmes socialistes aboutissant à une politique jésuite.
Pour gouvernement, une immense intrigue, l'histoire dira
peut-être un complot : je ne sais quel sous-entendu inouï
qui donne à la république l'empire pour but, et qui fait de
cinq cent mille fonctionnaires une sorte de franc-maçon-
nerie bonapartiste au milieu de la nation ; toute réforme
ajournée ou bafouée ; les impôts improportionnels et oné-
reux au peuple rétablis ; l'état de siège pesant sur cinq
départements ; Paris et Lyon mis en surveillance ; l'amnistie refusée ; la transportation aggravée ; la déportation
votée ; des gémissements à la kasbah de Bône ; des tortures à Belle-Isle, des casemates où on ne veut pas laisser
pourrir des matelas, mais où on laisse pourrir des hommes ;
la presse traquée, le jury trié, pas assez de justice et beau-

coup trop de police, la misère en bas, l'anarchie en haut; l'arbitraire, la compression, l'iniquité! Au dehors, le cadavre de la république romaine; c'est-à-dire l'Autriche, debout sur la Hongrie, sur la Lombardie, sur Milan, sur Venise; la Sicile livrée aux fusillades, l'espoir des nationalités dans la France détruit; le lien intime des peuples rompu; partout le droit foulé aux pieds, au Nord comme au Midi, à Cassel comme à Palerme; une coalition de rois latente, et qui n'attend que l'occasion; une diplomatie muette, je ne veux pas dire complice; quelqu'un qui est toujours lâche devant quelqu'un qui est toujours insolent; la Turquie laissée sans appui contre le Czar et forcée d'abandonner les proscrits; Kossuth agonisant dans un cachot de l'Asie Mineure; voilà où nous en sommes! La France baisse la tête; Napoléon tressaille de honte dans sa tombe, et cinq à six mille coquins crient : Vive l'Empereur! — Est-ce tout cela que vous appelez votre gloire, par hasard? »

On devine si les clameurs éclatèrent sous cette éloquence accablante. Toute la partie du discours relative à Louis Bonaparte est hachée d'interruptions. « Vous insultez le président! vous le calomniez! Vous savez bien qu'il ne veut pas manquer à son serment! » Victor Hugo, en publiant son discours par la suite, a eu l'idée ingénieuse d'ajouter en note, au nom de chaque interrupteur, la place et le chiffre du traitement qu'il avait obtenus sous cet empire que, d'après lui, Bonaparte ne pouvait, sans une odieuse calomnie, être accusé de rêver.

Le poète poursuivait :

« Un empereur! discutons un peu la prétention...

« Quoi! parce qu'il y a dix siècles de cela, Charlemagne, après quarante années de gloire, a laissé tomber sur la face du globe un sceptre et une épée tellement démesurée que personne depuis n'a osé y toucher — et pourtant il y a eu dans l'intervalle des hommes qui se sont appelés Philippe-Auguste, François Ier, Henri IV, Louis XIV. — Quoi! parce que mille ans après, car il ne faut pas moins d'une gestation de mille ans à l'humanité pour produire de pareils hommes, un autre génie est venu qui s'est dressé debout sur le continent, qui a fait l'histoire gigantesque dont l'éblouissement dure encore, qui a enchaîné la révolution en France et qui l'a déchaînée en Europe, qui a donné à son nom, pour synonymes éclatants, Rivoli, Iéna, Essling, Friedland, Montmirail! Quoi! parce qu'après dix ans d'une gloire immense, d'une gloire fabuleuse à force de grandeur, il a, à son tour, laissé tomber d'épuisement ce sceptre et ce glaive qui avaient accompli tant de choses colossales, vous venez, vous, vous, vous voulez, vous, les ramasser après lui, comme il les a ramassés, lui, Napoléon, après Charlemagne, et prendre dans vos petites mains ce sceptre des Titans, cette épée des géants! Pourquoi faire? Quoi! après Auguste, Augustule! Quoi! parce que nous avons eu Napoléon le Grand, il faut que nous ayons Napoléon le Petit! »

Cette fois ce fut un déchaînement d'apostrophes et de cris. Entre les bravos répétés de la gauche, les invectives de la droite, les coups de sonnette du président, on ne s'entendait plus. Il faut dire pourtant que Dupin, à qui Louis Bonaparte avait fait récemment une sorte d'avanie, se montrait là un peu moins acharné contre l'orateur que quand il attaquait la royauté. A la fin pourtant, des gosiers se lassèrent de crier. Mais Victor Hugo allait porter au complot un coup encore plus cruel. Un des écrivains aux gages de l'Élysée, le fameux Romieu, devenu préfet, sous Louis-Philippe, après avoir été le bohème, le buveur et le viveur le plus connu de Paris, venait de publier, contre la République, un pamphlet intitulé *le Spectre rouge* où il déclarait qu'il faudrait bien en finir avec le péril social, dût cette besogne urgente être accomplie par les armées du czar envahissant la France. C'est ce pamphlet payé par Louis Bonaparte que Hugo relevait dans ces termes suivants :

« Que dirait ce soldat, ce grand soldat, qui est couché là, aux Invalides, et à l'ombre duquel on s'abrite, et dont on invoque si étrangement le nom ; que dirait ce Napoléon qui, après tant de combats prodigieux, est allé à huit cents lieues de Paris provoquer la vieille barbarie moscovite à ce grand duel de 1812 ; que dirait ce sublime esprit qui n'entrevoyait qu'avec horreur la perspective d'une Europe cosaque et qui certes, quels que fussent ses instincts d'autorité, lui préférait l'Europe républicaine ; que dirait-il, lui, si du fond de son tombeau, il pouvait voir que son empire, son glorieux et belliqueux empire, a aujourd'hui pour panégyristes, pour apologistes, pour théoriciens et pour reconstructeurs, qui ? des hommes qui, dans cette époque rayonnante et libre, se tournent vers le Nord avec un désespoir qui serait risible s'il n'était monstrueux ; des hommes qui, chaque fois qu'ils nous entendent prononcer les mots démocratie, liberté, humanité, progrès, se courbent à plat ventre avec terreur, et se collent l'oreille contre terre, pour écouter s'ils n'entendent pas enfin venir le canon russe ! »

Ces derniers mots se perdaient déjà dans un soulèvement furieux. On ne se contentait pas de crier : toute la droite s'était levée avec les ministres ; c'étaient des poings tendus, des menaces. Au milieu d'un tumulte inexprimable, on entendait des cris comme ceux-ci : « Insulteur à gages ! C'est une lâcheté et une insolence ! etc., etc. »

Il est assez singulier que la droite, à l'Assemblée, ait pris pour elle une accusation qui s'adressait aux porte-plume de l'Élysée. Il est vrai que de Falloux, dans le même débat, avait exprimé une idée analogue, mais sous une autre forme qui lui ôtait une partie de son caractère révoltant. Il s'était borné à dire qu'il fallait se hâter de fonder la monarchie parce que, sans cela, les socialistes infligeraient à la France une anarchie si épouvantable et si menaçante pour l'Europe, que les cosaques viendraient mettre le holà. — Victor Hugo s'épuisait dans ce bruit à essayer de faire comprendre qu'il parlait des pamphlets césaristes. On ne voulait rien entendre.

Une longue série d'explications, d'observations du pré-

sident, d'interruptions, d'apostrophes, pendant lesquelles
les colères se rallumèrent une ou deux fois, interrompit
le discours. A la fin, soit qu'on fût las de ces violences,
soit qu'on se fût aperçu qu'on s'était trompé, le silence se
rétablit.

Après s'être adressé successivement à chacune des deux
monarchies, Victor Hugo s'adressa aux deux à la fois. Il
eut au sujet de leur coalition contre la République, un
mot superbe : « Légitimistes, l'empire a tué le duc d'En-
ghien. Impérialistes, la légitimité a fusillé Murat. Vous
vous touchez les mains; prenez garde, vous mêlez des
taches de sang ! »

Une péroraison magnifique ramena un peu de calme
dans l'Assemblée.« On ne tuera pas la République, disait
l'orateur: savez-vous ce qui fait la République impérissable? C'est qu'elle s'identifie d'un côté avec ce siècle,
et de l'autre avec le peuple. C'est qu'elle est l'idée de l'un
et la couronne de l'autre. » Puis il ajoutait: « Il y a deux
sortes de questions : les questions fausses, les questions
vraies. Les questions fausses, ce sont les questions de
légitimité, d'empire, de fusion, de choix entre les prétendants. Les questions véritables, c'est le crédit, c'est la
valeur, c'est le travail. Eh bien ! on s'obstine à agiter le
pays avec les questions fausses. Les partis tiraillent la
constitution dans l'espoir de déchirer la République ; les
hommes se démentent ; l'un oublie ce qu'il a juré, les autres
oublient ce qu'ils ont crié, et pendant cette agitation misérable, le temps, c'est-à-dire la vie, se perd ! » Et quel moment choisit-on pour cela ? « Celui où les problèmes les
plus formidables sont posés, celui où les hommes pré-
voyants, attentifs, penchés sur l'avenir, l'œil levé vers
toutes ces obscurités accumulées, croient entendre distinctement le bruit monstrueux de la porte des révolutions qui se rouvre. »

Il ajoutait : « Cette discussion, si orageuse qu'elle soit,
n'est qu'un prélude. » En effet, l'échéance de 1852 arrivait.
Le renouvellement des pouvoirs. Le poète voyait le mo-

ment où toutes les forces du passé livreraient un assaut décisif au droit populaire. Mais il affirmait que ce droit ne périrait pas. Il n'a pas péri, en effet. Écrasé pendant dix-huit ans, il a fini par triompher.

On devine sans peine quelles rancunes un tel discours avait laissées à droite. Comme après le discours sur le suffrage universel, ce fut à qui s'acharnerait sur Victor Hugo. Falloux d'abord, Baroche ensuite. Puis le président lui refusa obstinément le droit de répondre.

Peu importe : le discours restait. Le complot avait été dénoncé avec un éclat incomparable. Ce qu'on pouvait faire du haut d'une tribune avait été fait. Hélas ! l'éloquence ne pouvait plus rien contre la force brutale.

A l'heure où Victor Hugo parlait, le coup d'État était préparé. Il l'était, sinon dans ses détails, par ceux qui allaient l'accomplir, au moins dans tous ses éléments de succès, par une partie de ceux contre lesquels il allait se faire. L'Assemblée, hypnotisée par le « spectre rouge », tout à sa haine du socialisme, avait laissé le président se faire une administration et une armée prêtes à toutes les complicités. Elle avait rendu l'attentat facile en accumulant sur sa tête tant d'impopularités, que le jour où on la mettrait à la porte, beaucoup devaient dire : « C'est bien fait. » Elle avait laissé voir clairement qu'elle aurait volontiers applaudi le complot qui étranglerait la République, s'il se faisait au profit d'un roi au lieu de se faire au profit d'un empereur. Elle avait exaspéré, avec une passion furieuse, les masses populaires hors lesquelles elle ne pouvait pas attendre de défenseurs, si l'on portait la main sur elle. Saisie de cet esprit de vertige, que nous avons depuis connu tant de fois aux majorités de réaction, elle avait frappé de ses mains les libertés, sauvegarde des institutions parlementaires, et travaillé à sa perte avec un acharnement incomparable.

Le châtiment ne devait pas tarder.

Un peu plus de quatre mois après le discours de Victor Hugo, Napoléon le Petit accomplissait son crime.

1851-1885

Victor Hugo était au travail dans son lit, quand, le matin du 2 décembre 1851, le représentant Versigny lui apporta la nouvelle du coup d'État. Un rendez-vous était déjà pris pour essayer d'organiser la résistance. Un instant après, un ouvrier qui habitait la maison, puis un proscrit italien, le colonel Casini, venaient lui donner de nouveaux détails. Le poète courut aussitôt prendre sa part de l'action et du péril.

On sait comment Paris avait été surpris dès l'aube. Les premières arrestations, l'occupation de l'Assemblée étaient faites avant le jour. Les auteurs du coup avaient d'abord mis la main sur les chefs militaires qui pouvaient avoir de l'influence sur l'armée, et sur les révolutionnaires qui pouvaient engager le combat de la rue. Des policiers avaient pénétré, de nuit, avec effraction, chez les plus illustres soldats d'Afrique, chez les questeurs de l'Assemblée. La troupe avait violé et occupé au petit jour l'en-

ceinte législative. Des affiches placardées à la faveur des
ténèbres annonçaient l'attentat aux passants.

Il y a des admirateurs pour les crimes bien conduits.
Celui-ci a fait dire que le prince Louis n'était pas l'esprit
obscur et médiocre qu'il avait d'abord paru être : cette
affirmation est contestable. Conspirateur sous Louis-
Philippe, il se montra piteux jusqu'au ridicule. Empereur,
ses brusques coups de tête, qui devaient aboutir à Sedan,
semblaient d'un halluciné. Il est donc évident que si le
2 décembre fut odieusement pratiqué, ce n'est pas à Louis
Bonaparte qu'il le dut. Le véritable organisateur, le chef
effectif, fut le viveur élégant qui restera probablement le
type le plus complet du scélérat du grand monde. Rien ne
devait manquer au cynisme du personnage, depuis la
honte de la « Niche à Fidèle » jusqu'à la contrebande
faite par lui sans péril, en Russie, comme ambassadeur de
France. On savait que, jouisseur et pillard, il couvrait ses
vices sous un brillant vernis d'esprit et de dandysme : on
ignorait qu'il fût homme à les relever par l'audace et le
sang-froid des grands crimes. Le 2 décembre couvrit une
partie de ses fautes avec du sang.

Pour ce parfait sceptique, absolument indifférent aux
passions et aux idées de tous les partis, l'étranglement de
la République était une affaire, comme peut l'être l'arrestation d'un passant dans une rue déserte. C'est sans doute
à lui que le coup d'État de 1851 dut son caractère spécial.
Il y a bien des crimes politiques dans l'histoire : aucun,
peut-être, qui ait cette même banalité. Celui-là a semblé réglé
par un professionnel des guet-apens ordinaires. Les
arrestations nocturnes, l'espèce de plaisir bien visible pris
à jeter brutalement dans les voitures ou dans les cellules
réservées aux coquins de bas étage les plus illustres des
hommes d'État et des célébrités littéraires, les battues à
des passants sur le boulevard Poissonnière, tout ce qu'on a pu
faire pour tout cela n'était pas tout à fait gratuit, et
c'est il semble difficile d'attribuer au maître des
Tuileries. On y reconnaît l'homme de proie, qui, chez

M. de Morny, se cachait sous les dehors de l'homme du monde.

Le plus grand nombre des représentants, — surtout des membres de la droite et des républicains modérés, — essaya de se réunir au palais Bourbon. Le président de l'Assemblée aurait été tout désigné pour prendre l'initiative de la résistance. On sait quel exemple, unique peut-être dans l'histoire, donna ce triste personnage. Il ne risqua même pas la timide protestation de rigueur, celle qui était probablement prévue et pardonnée d'avance par les auteurs du coup d'État. Il s'esquiva en lâchant quelques-uns de ses lazzi habituels. Les représentants se rendirent chez M. Daru d'abord, puis à la mairie du Xe arrondissement. C'est en sortant de là qu'ils furent pris, après avoir voté, sur la proposition de Berryer, un décret de déchéance. On les séquestra à la caserne d'Orsay, puis au Mont-Valérien et à Mazas, avec une ostentation de brutalité insultante qui reste l'un des traits curieux du 2 décembre. Ces généraux, ces anciens ministres, ces hommes du faubourg Saint-Germain, sont de ceux que ménagent, d'habitude, les entreprises de réaction. Naguère ils étaient encore les alliés de Louis Bonaparte. C'étaient les amis de M. de Morny, les hommes de son parti et de son monde. Ils n'étaient pas bien dangereux, et la plupart d'entre eux ne devaient pas rester des ennemis irréconciliables. Il est d'autant plus singulier qu'on ait tenu à les traiter comme des escarpes ou des filles ramassées dans une rafle de police. Était-ce pour donner au coup d'État un air populaire, et le faire apparaître comme l'ennemi de la majorité réactionnaire de l'Assemblée? Était-ce une sorte de dilettantisme d'outrage et de brutalité? Était-ce une ostentation de violence pour répandre la terreur? On hésite entre ces diverses suppositions.

Les membres de la Montagne n'étaient pas disposés à s'en tenir aux protestations, fussent-elles solennelles, et à aller se faire prendre sans lutte d'un seul coup de filet, dans une réunion pareille à celle du Xe arrondissement.

Leur rôle était un rôle de combat. Mais, avant tout, il fallait se retrouver et se concerter. On a vu que dès le premier instant, un rendez-vous avait été pris. Alors commença pour eux une longue odyssée, d'asile en asile, à travers la police et l'armée. Le domicile où ils se réunissaient était vite soupçonné. Il fallait en changer à chaque instant. Souvent, en arrivant à l'endroit désigné, on apprenait que l'ennemi était averti, et il fallait aller ailleurs. Une fois, ce fut un hasard qui sauva les représentants poursuivis. Ils devaient se réunir le soir chez Cournet. Une méprise, explicable dans les ténèbres, les fit entrer à côté, où demeurait un inconnu dont le nom ressemblait à celui de l'intrépide révolutionnaire. Le concierge, interrogé, entendit mal et répondit que c'était bien là. La méprise fut vite reconnue et réparée. Mais à peine les représentants étaient-ils sortis, que la police du coup d'État venait fouiller la maison. Sans l'erreur commise, il est probable qu'ils étaient tous pris.

On devine ce qu'étaient ces délibérations traquées, errantes, au milieu de toutes les angoisses et de tous les périls. Il fallait, à la hâte, sans préparation, sans armes, arrêter le plan de bataille et organiser la lutte. Les voix les plus magnifiques de la démocratie, celles de Victor Hugo, de Jules Favre, de Michel de Bourges, discutaient avec l'éloquence rapide et poignante des heures de danger les moyens de sauver la République surprise. Avant tout, il fallait s'adresser au peuple, et les presses étaient au pouvoir de l'ennemi. Ce fut par des miracles d'énergie qu'on trouva le moyen de faire imprimer et placarder les décrets, les manifestes, les appels aux armes, que Paris ne vit que le lendemain. Une fois, Millière, tout jeune, se chargea de la besogne. Une autre fois, ce fut un ouvrier qui avait le secret d'un procédé spécial pour imprimer avec des têtes de clous. Puis Hetzel, Girardin, trouvèrent le moyen de faire composer, tirer à la brosse des paquets d'affiches. Il y eut là un grand nombre de membres de la Montagne (c'était, on le sait, le nom de l'extrême gauche),

Jules Favre, Michel de Bourges, Carnot, Schœlcher, Madier de Monjau. Th. Bac, Pierre Lefranc, Arnaud de l'Ariège, Noël Parfait, Baudin, Chauffour, etc. A côté des résolus, se rencontraient les découragés. Prudhon venait à la porte d'une des réunions prêcher à Victor Hugo l'inutilité de la résistance. L'une des curiosités de ces délibérations fut, le 3, la présence du cousin de Louis Bonaparte, son futur héritier. Le prince Napoléon vint là faire acte d'opposition résolue au 2 Décembre.

Dans les intervalles, on courait Paris, on tâchait de donner de ses nouvelles aux siens, on rentrait un instant chez soi si la porte n'était pas gardée. Victor Hugo revint ainsi à son domicile le 4, comme la police venait de le fouiller. Elle avait fait main basse sur des manuscrits qui furent perdus : entre autres une pièce de vers dirigée contre la dictature militaire de Cavaignac. Au milieu de ces courses à travers la ville occupée militairement par le coup d'État, les représentants, à plusieurs reprises, parlèrent à la foule et firent entendre leur cri d'indignation à la face des officiers et des soldats. Victor Hugo le fit à deux ou trois reprises; il ne fut pas arrêté. Ce n'était pourtant pas qu'il ne fût cherché. On lui avait rapporté que Morny avait dit à Maupas : « Si vous prenez Victor Hugo, faites-en ce que vous voudrez. » Dumas écrivit à Bocage deux lignes pour faire prévenir le poète que vingt-cinq mille francs étaient promis à qui le prendrait, mort ou vif. Victor Hugo faisait partie, avec Jules Favre, Deflotte, Carnot, Madier de Montjau, Mathieu de la Drôme et Michel de Bourges, du « comité de résistance » élu par les représentants.

Que faisait cependant la foule à laquelle ils s'adressaient?

La première impression avait été très hésitante. Tout d'abord, le peuple de 1830, des émeutes de la royauté bourgeoise et des journées de Février n'existait plus. La répression implacable qui avait suivi les journées de Juin avait supprimé tous les chefs. Ceux qui avaient échappé

et qui avaient pu revenir, avaient perdu leur ancienne
ardeur dans les épreuves de 1848. Une génération si cruellement frappée n'engage plus de combat. Son nerf est
brisé et sa flamme est éteinte.

Puis l'Assemblée avait si bien fait le jeu de Louis
Bonaparte, que le coup d'État pouvait se présenter avec
une apparence équivoque. Elle avait mutilé la souveraineté populaire; elle avait odieusement persécuté la démocratie. Ce qu'on voyait tout d'abord, c'était le rétablissement du suffrage universel et l'expulsion d'une majorité
de recul qu'on détestait. Il n'était pas jusqu'à la brutalité
déployée contre les membres de la droite, qui ne contri-
buât à égarer les idées. Il semblait voir une querelle de
famille entre les deux parties de la réaction. Les survivants de Juin étaient peu tentés d'aller risquer leur vie
pour ramener au Palais Bourbon cette droite qu'ils détes-
taient.

Tout cela empêchait de voir l'égorgement de la République, dont le nom était provisoirement conservé. On
regardait les affiches et on passait. Tous les symptômes
recueillis indiquaient dans la masse cette demi-indiffé-
rence, ou du moins cette hésitation à la résistance. Victor
Hugo la trouva jusque chez un ancien insurgé de Juin, qu'il
avait pu sauver en 1848, et qu'il alla trouver au coup
d'État. Il fallait, pour remuer une telle force d'inertie,
toute l'influence, toute la popularité des membres de la
Montagne. Ceux qu'ils pouvaient raisonner se rendaient à
leurs arguments; mais l'entrain, la passion manquaient.

Les choses commencèrent à changer le second jour.
Dès le matin du 3, les premiers représentants arrivés au
rendez-vous fixé, étaient partis pour engager la lutte, sans
attendre leurs amis. Sur la route, on les acclamait, on ne
les suivait pas; quelques jeunes gens seulement se joi-
gnirent à eux. Ils firent, rue du Faubourg-Saint-Antoine,
un semblant de barricade, et y attendirent la troupe. On
avait à peine quelques armes : on ne pouvait pas combattre,
on pouvait s'offrir à la mort. Il y avait là Schœlcher, Ma-

dier de Montjau, Dulac, Malardier, Brillier, Maigne, Bruckner, Baudin, Bastide. Quand les soldats arrivèrent, sept d'entre eux marchèrent droit à la troupe. L'officier les avertit qu'il allait faire tirer : ils restèrent ; si les soldats n'y avaient pas mis du leur, ils étaient massacrés. Baudin seul tomba. On sait qu'il avait répondu un peu avant à un ouvrier qui lui reprochait les vingt-cinq francs par jour des représentants : « Vous allez voir comment on meurt pour vingt-cinq francs ! »

De tels exemples ne sont pas donnés en vain. Les représentants de la démocratie avancée sur une barricade, l'un d'eux tué, cela changeait la physionomie des choses. Peu à p u, Paris se mit à fermenter. Le soir, le mouvement se dessinait ; la foule des boulevards huait le coup d'État ; les décrets, les proclamations des représentants étaient affichés, distribués : on entendait des bruits de fusillades lointaines. Il arrive souvent que la vue du sang versé fait éclater le combat et qu'un cadavre sert de drapeau à une révolution. C'est notamment ce qui s'était passé en février 1848. Le 3 décembre au soir, un cortège promenait à la lueur des torches, au son de la *Marseillaise*, les corps de deux victimes du coup d'État étendus sur des civières ; un vieillard et un jeune homme, le père et le fils, tués à l'une des premières ébauches de résistance. Le lendemain 4, le centre de Paris était plein de barricades ; Paris s'était réveillé : le coup d'État commençait à douter du succès. N'avait-il pas fallu quelque temps, en 1830, pour que le peuple se mît en mouvement ? Et ce retard avait-il empêché la victoire ?

C'est alors que les auteurs de l'attentat se décidèrent à frapper un grand coup et ordonnèrent l'affreux massacre des boulevards.

Là il n'y avait pas de combat. La foule était compacte, il est vrai, et ne cachait pas son hostilité au crime. Soudain une épouvantable canonnade éclate. Le pavé est couvert de cadavres. Les ruisseaux roulent des flots de sang. L'épouvante se répand dans Paris. Pendant ce temps, dans le reste de la ville la troupe enlevait les barricades, défendues par un petit nombre d'hommes. Sur la dernière mourut Denis Dussoubs, le frère du représentant. Le coup d'État était accompli.

Les représentants, pendant ces deux journées, n'avaient pas cessé de susciter, de diriger le mouvement; multipliant leurs proclamations, visitant les barricades, haranguant la foule, toujours errants et traqués. C'est ainsi que Victor Hugo vit, la nuit du 4, rue Tiquetonne, le cadavre d'enfant sur lequel il devrait écrire une des plus admirables pièces des *Châtiments*. Le 5, tout était fini. Le lendemain une dernière réunion eut lieu ; on ne put que constater la défaite. Pourtant Victor Hugo, poursuivi d'asile en asile, attendit encore jusqu'au 12. Des départements s'étaient levés pour la défense de la République ; les soldats de la démocratie avaient été écrasés. Dans la Nièvre, des meutes de chasse à courre étaient mises à la recherche de ceux qui s'étaient cachés dans les bois.

Victor Hugo eut encore une entrevue avec Jules Favre, Michel de Bourges et Bastide. Puis il partit. Le 14 il était à Bruxelles.

Il est triste de le constater : la haine de Victor Hugo, chez certains de ses critiques systématiques, est devenue si furieuse qu'ils ont été chercher jusque dans son rôle au 2 Décembre des sujets de dénigrement et même de tristes railleries. Qui donc peut s'aviser de prendre au tragique les événements d'où est sorti le second empire? On nous montre un coup d'État anodin, éprouvant, pour Victor Hugo, à la fois un peu de dédain et un peu de tendresse. Il a prétendu qu'il courait quelques périls? — Allons donc! Il s'est caché tout le temps. — Il s'est imaginé qu'on le poursuivait, qu'on le mettait à prix, qu'on l'aurait même volontiers fusillé? — Quelle erreur! On savait où il était, et on ne lui voulait que du bien! — Il raconte qu'il a flétri le coup d'État, à la face des officiers? — C'est absurde; et il se contredit lui-même. Comment expliquer que ces officiers et ces soldats, si féroces d'après lui, se soient ainsi laissé braver? Au surplus, les témoignages sont là. Arsène Houssaye atteste que Morny lui a dit le 7 décembre : « Il faut sauver Victor Hugo : il ne sera proscrit que s'il se proscrit lui-même. » M. de Maupas, le préfet de police du coup d'État, écrivait en 1879 qu'il avait refusé d'arrêter Victor Hugo; que d'ailleurs sa capture ne valait pas les vingt-cinq mille francs promis, d'après la lettre de Dumas, à celui qui le saisirait; qu'enfin le poète s'est garé en lieu sûr pendant la lutte. Lui, s'être exposé pour la liberté! Allons donc! Il était deux fois à l'abri, et par sa prudence, et par l'intérêt que lui portaient les auteurs du coup d'État.

On éprouve, à lire de pareilles énormités, quelque honte pour le compte de ceux qui les ont écrites. Que dites-vous tout d'abord de ce 2 Décembre bon enfant et veillant sur le grand poète? Quoi! Il s'agit de l'attentat qui jetait un Thiers, un Cavaignac, un Changarnier, un Lamoricière dans les honteuses voitures ou dans les cellules destinées aux malfaiteurs; qui, deux jours après, couvrait, sans provocation, au hasard des coups de canon, le boulevard des cadavres des promeneurs; et cet attentat aurait eu une bienveillance secrète pour le poète qui, du haut de la tribune, avait naguère marqué le nouveau maître de la France des plus cruels, des plus sanglants outrages? Cette espèce d'ostentation, tantôt de violence brutale, tantôt de sauvage férocité, qui fait le caractère du 2 Décembre, après s'être acharnée sur ceux auxquels elle semblait le moins applicable, aux hommes d'État de la réaction pour laquelle travaillait le coup d'État, aux passants, aux inconnus, se serait changée en une sorte de complaisance pour celui qui avait fait au prince des blessures personnelles inoubliables? Que dis-je! on dédaignait Victor Hugo!... Personne, paraît-il, ne soupçonnait, parmi les auteurs du guet-apens, que l'inimitié et les flétrissures d'un génie de cette puissance pouvaient être redoutables!... On n'aurait attaché aucun intérêt à faire disparaître, dans un de ces accidents des combats des rues qu'il est si facile de rejeter sur le hasard, le futur auteur de *Napoléon le Petit* et des *Châtiments !*... M. de Maupas écrit gravement que c'eût été trop cher que de payer vingt-cinq mille francs la chance d'éviter les poëmes terribles qui ont marqué au fer rouge la bande impériale devant les contemporains et devant la postérité !

Mais je suppose qu'on puisse admettre une minute de telles absurdités. Soit ! On ne craint pas, en Victor Hugo, le poëte incomparable, écouté de toute l'Europe, qui va demain se faire l'accusateur des victorieux. Mais, enfin, on ne peut pas oublier qu'il est en même temps un des chefs du combat soutenu contre le coup d'État. Il y a un comité de résistance constitué, et il en est; des affiches qui appellent le peuple aux armes, et sa signature est au bas. Il semblait presque, dans sa lassitude, accepter l'attentat, ce peuple si cruellement décimé naguère. Qui donc le réveillera, le poussera à la lutte? Qui a le moyen de le faire?... Qui, sinon les orateurs, les grands noms du parti avancé; ceux qui ont la confiance des masses: ceux qui ont soutenu leur cause avec éclat? Et voilà qu'à la voix de ceux-là des barricades s'élèvent; que le coup d'État, qui d'abord semblait réussir sans difficulté, doute un instant de son succès... Et on ne se serait même pas préoccupé des représentants qui essaient de soulever le peuple? Et on n'aurait pas fait cette réflexion toute simple, que si on arrivait à les faire disparaître, cette résistance qu'ils suscitaient à grand'peine tomberait d'elle-même? Est-il possible d'infliger au sens commun un défi plus imprudent?

L'évidence le crie : ceux qui, dans ces tragiques journées, allaient de maison en maison organiser la lutte contre un ennemi couvert de sang, n'ont pas cessé une minute d'être au combat et au péril.

Que dire des témoignages niés ou invoqués? Dumas père fait savoir à Hugo par Bocage qu'on avait promis vingt-cinq mille francs à qui le prendrait. On dit en riant :

« La caution n'est pas bourgeoise. » Un auteur dramatique! Un acteur!... Renvoyez-les à la Comédie. On oublie
un fait bien connu : les relations du personnel féminin
des théâtres avec les hommes du 2 Décembre. Il y avait,
dans les coulisses du coup d'État, nombre d'actrices
célèbres fort au courant de ce qui se passait. J'en sais
quelque chose : mon père qui fut laissé en dehors des
listes de proscription, l'apprit par son ami Félicien Malle-
fille, lui-même renseigné par Augustine Brohan. Nous
avons encore la note écrite à ce sujet par la spirituelle sou-
brette. Ces hommes de théâtre étaient peut-être les seuls
qui pussent surprendre des confidences de cette nature.
N'est-il pas naturel qu'un avis ait été transmis à Dumas
par une actrice qui admirait à la fois l'auteur d'*Hernani*
et l'auteur de la *Tour de Nesle*, et à qui on avait raconté un
mot dit à l'Élysée?

Quels sont, d'autre part, les témoins qu'on invoque? Je
laisse de côté Arsène Houssaye, cherchant à concilier son
culte de jeunesse pour Victor Hugo, dans l'armée littéraire
duquel il avait débuté, et son amitié avec le 2 Décembre
qui allait faire sa fortune : nul écrivain ne mêle avec plus
de fantaisie l'histoire contemporaine au roman. Homme
excellent d'ailleurs, trop excellent pour hésiter à réconcilier après coup du bout de sa plume, malgré les faits,
jusqu'à Morny avec l'auteur des *Châtiments*. Mais Maupas!
Invoquer la parole du policier en chef du 2 Décembre,
niant effrontément, en 1879, quand la République est triomphante, quand le coup d'État, suivi de Sedan, est universellement honni, quand la gloire de Victor Hugo est à son
apogée; niant, dis-je, effrontément, qu'il ait songé à exiler,
peut-être à faire disparaître le grand poète! On ne pouvait
pourtant pas attendre qu'il s'en vantât à un pareil moment.
Et Maupas affecte le dédain!... Victor Hugo, dit-il, était
prudent, et se garait du péril... Qui donc ose parler ainsi?
Le capon auquel Morny, pendant le coup d'État, écœuré
de ses terreurs, adressait la fameuse dépêche : « Allez
vous coucher, j...-f.....! » Et que sait-il donc de ce que fai-

saient Victor Hugo et les autres représentants qui luttaient contre lui? Il les aurait arrêtés, s'il avait appris où ils étaient. C'est, en vérité, une idée triomphante, d'invoquer avec cet aplomb les suggestions trop explicables des complices du coup d'État!

Quant à l'attitude de la troupe et de ses chefs, il importe d'en fixer le caractère. Il n'est pas douteux qu'il n'y ait eu, dans l'armée, au premier moment, certaines hésitations. Les diversités des opinions représentées dans la troupe, où des républicains se trouvaient obligés d'étrangler la République; le trouble dont on se défend difficilement quand on se sent engagé dans un acte de révolte contre la loi; l'appréhension d'un échec toujours possible et des responsabilités à encourir en pareil cas; l'idée de hiérarchie sociale, liée à la pratique de la hiérarchie militaire, et qui gêne la force publique, quand elle a à sévir contre des personnes d'une certaine situation officielle : tout cela explique que l'armée ait en majeure partie exécuté sans entrain les ordres qu'elle avait reçus. Les auteurs de ces sortes d'entreprises savent bien qu'ils ne peuvent pas compter absolument sur les instruments qu'ils emploient, et qu'ils y trouvent une certaine force d'inertie. Il y avait assurément, dans les troupes, des éléments violents, agressifs, résolus à se recommander au pouvoir de demain même par des excès de zèle. Ceux-là étaient réservés aux besognes essentielles. Mais la grande masse, prise à l'improviste par la tâche redoutable qu'on lui confiait, y allait assurément à contre-cœur. Il n'y a qu'un moyen d'étouffer ces premières répugnances, et on ne l'a, hélas! que trop souvent employé : c'est de mettre entre l'armée et le peuple un fossé plein de sang. Quand on a réussi à faire partir les fusils, quand le soldat a massacré, même sans le vouloir, il voit rouge ; il fonce aveuglément. Jusque-là, on peut toujours s'attendre à voir l'arme lui tomber des mains.

Toute l'histoire des journées de décembre serait inexplicable si l'on oubliait ces considérations. Il ne s'agit pas

ici seulement de Victor Hugo : ces représentants, dont les
figures étaient connues, parcourant sans être arrêtés Paris
occupé militairement, pour appeler le peuple aux armes ;
ces balles qui, sur la barricade Saint-Antoine, n'atteignent
que Baudin ; ces insultes au coup d'État, jetées impunément à la face des officiers, tout cela indique combien il
restait de hasard dans l'issue du guet-apens.

Si Paris s'était levé en 1851 comme il s'était levé en 1830,
la tentative de Louis Bonaparte aurait eu le même sort
que celle de Charles X. Mais Paris ne se leva qu'avec une
hésitation plus manifeste encore que celle des troupes. Et
le régime qui devait conduire la France à sa perte, s'ins-
talla sur les ruines sanglantes de la République.

II

Quand le coup d'État eut vaincu, vinrent les proscriptions. De longues listes parurent, jetant hors de la patrie
d'innombrables Français : Victor Hugo était du nombre.

Beaucoup de régimes ont proscrit ; mais les deux em-
pires qui ont eu à leur tête des Bonapartes, ont, à cet
égard, une physionomie propre. Ils se distinguent par la
façon toute spéciale dont ils ont mis hors du territoire le
meilleur de la gloire intellectuelle du pays. Ce fut pour la
famille une tradition de faire subir cette mutilation préliminaire au pays de Pascal, de Molière, de Voltaire, de
Diderot, et de se proclamer l'ennemie du génie national.

On sait quelle avait été la haine du César corse pour les
« idéologues ». En vain, sa large compréhension de toutes
les grandeurs le poussait à vouloir ajouter quelque éclat
littéraire à la splendeur militaire de son règne, il ne pouvait se défendre de suspecter, dans les grands écrivains,
l'esprit de liberté et la révolte de l'intelligence. En sorte

que ce devint, chez lui, une des fonctions de la police, que
de les interner ou de les envoyer à l'étranger, du droit du
bon plaisir. La façon dont il traita notamment les deux
plus illustres, Chateaubriand et Mme de Stael, reste un des
traits marquants de son despotisme.

Ce fut probablement la seule des traditions napoléo-
niennes que le neveu amplifia encore. Sous ce rapport
seulement, il avait tout ce qu'il faut pour faire plus grand
que son oncle. Comme ennemi du génie français, aucun
gouvernement n'a approché du second empire. Il a eu des
listes de proscription d'une splendeur incomparable. En
tête, rayonnait le nom de Victor Hugo; du poète qui avait
le plus magnifiquement chanté la gloire du premier empire. Mais que d'autres noms s'ajoutaient à celui-là! S'il y
avait un grand esprit dont la haute et pure renommée ne
pût éveiller aucune idée de violence, c'était assurément
Edgar Quinet. Son œuvre généreuse, lumineuse et profonde, est un mélange de pensée, de science et de rêve.
Une rare élévation morale, un sentiment poétique enveloppé dans une sorte de brume radieuse, caractérisent ses
nobles pages de philosophie et d'histoire. L'empire éprou-
va le besoin de lui fermer les frontières de la France. Il
exilait en même temps le grand romancier Eugène Sue.
La réaction de 1848 avait déjà proscrit, avec un des représentants de la plus haute éloquence, Ledru-Rollin, l'écrivain, l'historien, l'élaborateur d'idées sociales qui s'appela
Louis Blanc; le régime du 2 décembre confirma, renouvela
leur exil. Il joignit à ceux-là, pour un temps, le journaliste le plus agile de l'époque; celui qui avait renouvelé la
presse; celui qui avait le plus contribué à porter Louis
Bonaparte au pouvoir: Émile de Girardin. Car ce fut une
des particularités du 2 Décembre de frapper les trois
hommes politiques auxquels le nouvel autocrate devait,
entre tous, son élection présidentielle : Victor Hugo,
Thiers, Girardin. Le prestigieux polémiste avait trop de
souplesse et était trop dégagé de toute rigidité de conscience pour que sa brouille avec l'empire fût durable. Son

exil passager n'en fut que plus significatif. Il serait trop
long de citer la foule des écrivains éminents dont les noms
s'ajoutaient à ces grands noms. Nul régime, comme l'empire, n'eut une littérature de l'exil. La France, après le
coup d'État, s'habitua à recevoir de l'étranger le meilleur
de sa pensée nationale et de sa gloire littéraire. Le plus
illustre sculpteur du siècle, David d'Angers, représentait
les arts dans la pléiade de l'exil.

Il faut rappeler, pour compléter le tableau, ce qui se
passait au cœur même du pays. La proscription des noms
les plus illustres se complétait par une sorte de loi des
suspects latente pesant sur les écrivains restés en France.
Le second empire eut, en quelque sorte, ses exilés de l'intérieur. Tout d'abord, il se hâta de découronner l'enseignement par le serment qu'il exigea. Le grand historien
français, le plus grand, peut-être, dont aucune nation ait
pu s'enorgueillir, l'admirable évocateur des siècles passés,
Michelet, se trouva frappé de la sorte. Bien qu'il se fût
toujours refusé à abandonner, même passagèrement, le
monument qu'il élevait à la patrie pour la politique active,
il était trop dévoué à l'idée républicaine, il avait placé sa
conscience trop haut, pour subir l'investiture du coup
d'État. Les philosophes, Jules Simon en tête, se trouvèrent
expulsés en même temps de l'Université. Chose curieuse !
Telle était la haine [illegible] du régime impérial pour
l'intelligence, que même [illegible] nouveaux venus, dont le scepticisme n'avait aucun [illegible] loi de parti pris contre le
despotisme [illegible] étaient bien vite contraints
[illegible] de l'enseignement [illegible] About, Taine, Sarcey, durent
[illegible] Quant [illegible] Prévost-Paradol. Quant à
[illegible] régime de terreur. Ceux qu'on
[illegible] empire, étaient traqués de
[illegible] ne tolérait comme
[illegible] les directeurs compta-
[illegible] comptabilité [illegible]
[illegible] candidats indépendants
[illegible] qu'il pouvait d'eux. L'écrasement

d'un pouvoir sans contrôle, des menaces perpétuelles, la
gêne, l'amertume des colères refoulées, constituaient
l'existence des écrivains restés fidèles à la liberté.

C'est ainsi que le gouvernement installé par la force
brutale préludait par la mutilation de la pensée nationale
à la mutilation de la patrie française.

III

On a vu que, le 14 décembre, Victor Hugo arrivait à
Bruxelles.

La plupart des proscrits passaient par la Belgique ; tous
n'y pouvaient pas rester. Charles Hugo, dans son beau
livre sur *les Hommes de l'exil*, évalue à cent mille ceux qui
traversèrent le territoire belge ; à deux cent quarante-sept
seulement ceux qui s'y établirent ; la plupart appartenant
à la bourgeoisie : officiers, magistrats, anciens fonctionnaires, avocats, avoués, banquiers, négociants, artistes,
hommes de lettres. Le petit royaume, guetté par son puissant voisin, n'ouvrait ses frontières qu'en tremblant. On
voyait arriver sous tous les déguisements ces hommes de
bien traqués. Schœlcher, le sévère libre penseur, le caractère intrépide qui alliait la rigueur d'une conscience
inflexible à des convictions matérialistes aussi ardentes
qu'une foi religieuse, débarqua un jour chez Victor Hugo,
habillé d'une soutane ecclésiastique. La plupart des nouveaux venus se débattaient dans les cruelles épreuves des
premiers jours d'exil. Les souffrances qui tombent sur les
existences brisées, le morceau de pain cherché en vain, le
dénuement le plus atroce, attendait sur la terre étrangère
les républicains qui avaient échappé à la police du coup
d'État. Tel journaliste, qui depuis se fit une grande place
dans la presse belge, fut bien heureux, après de longues

semaines de faim quotidienne, de trouver une place de
professeur de natation. Ce serait un roman poignant que
celui des misères et des douleurs de l'exil. Beaucoup suc-
combaient au bout de peu de temps. La mort fauchait largement dans la foule des proscrits.

Victor Hugo arriva tout bouillonnant de sa noble colère
contre le crime triomphant. Il prit à peine le temps de
s'intaller à Bruxelles, sur la place célèbre qui avait vu les
crimes d'un autre despotisme; et déjà sa plume, courant
sur le papier, avait commencé son œuvre vengeresse.
Lors d'un premier voyage en Belgique, le poète, fanatique,
comme on sait, des vieilles architectures et surtout de
l'art gothique, avait été singulièrement frappé par l'admirable place de l'Hôtel-de-Ville de Bruxelles. Ses notes de
voyage, publiées après sa mort, en donnent une descrip-
tion merveilleuse. Il n'est personne qui ne connaisse, au
moins par la photographie ou la gravure, ce reste de la
vieille cité conservant intacte la physionomie des siècles
disparus : au fond, le plus magnifique hôtel de ville qu'ait
laissé le moyen-âge étageant majestueusement ses ogives
noircies, élançant en plein ciel sa flèche aérienne ; en face,
l'antique édifice appelé la Maison du roi, construction gothique curieusement rapiécée de morceaux classiques du
temps de Louis XIV ; tout autour de la place, des maisons
aux pignons aigus curieusement découpés, toutes couvertes
de sculptures exubérantes, où déborde la fantaisie de la
renaissance flamande. On sait que c'est au milieu de cette
place que le despotisme catholique de Philippe II éleva
l'échafaud où de Horn et d'Egmont périrent pour la cause
de la liberté.

Nul cadre ne pouvait mieux convenir à l'auteur de
Notre-Dame de Paris et du *Rhin*, en train de devenir
l'auteur de *Napoléon le Petit*. Victor Hugo vint loger là
dans une petite chambre modestement garnie d'un poêle
en fonte, de six chaises, d'un vieux canapé en crin, et où
l'on arrivait par un escalier, au fond d'un bureau de tabac.
C'est là, ayant sous les yeux le pavé autrefois rougi par le

sang de deux illustres martyrs et devant lui l'incomparable façade gothique, qu'il commença son œuvre de justicier. La maison était grande ouverte ; souvent le général Lamoricière entrait pendant que Victor Hugo était à la besogne, s'asseyait, bourrait silencieusement sa pipe et fumait en regardant le poète travailler ; mais c'était pour attendre le moment où il pourrait demander la lecture de quelqu'une des belles pages qui s'accumulaient sur la table. Le héros des guerres d'Afrique ne décolérait pas depuis le 2 Décembre. C'était son soulagement favori d'entendre quelque fragment des œuvres terribles qui se préparaient.

L'indignation tenait le poète haletant. En cinq ou six mois, il écrivit *Napoléon le Petit* et la plus grande partie de l'*Histoire d'un Crime*, c'est-à-dire un millier de pages. *Napoléon le Petit* fut la première œuvre qu'il jeta à la tête du despotisme ; mais l'*Histoire d'un Crime* était sur le chantier en même temps, puisqu'un long morceau de cette œuvre y est cité intégralement. D'ailleurs, le récit du coup d'État indique une singulière abondance de témoignages précis qui n'ont pu être recueillis qu'à Bruxelles, dans les premiers jours de l'exil.

On a qualifié *Napoléon le Petit* de pamphlet. J'y vois plutôt une des plus admirables œuvres oratoires de Victor Hugo. C'est aux *Philippiques* ou aux *Catilinaires* que fait penser cet éblouissant réquisitoire contre le gouvernement sorti de la boue sanglante de Décembre. Nulle part la prose de Victor Hugo n'est plus sobre, plus rapide, plus condensée, plus énergique, plus éclatante. J'y cherche en vain la trace de la féconde fantaisie que Victor Hugo mêle à toutes ses autres productions. Là, tout va droit au but. Une argumentation serrée, âpre, acharnée, court sous la splendeur du style. Tout se ramasse pour écraser le crime victorieux. Aux flétrissures les plus terribles succèdent des pages d'une admirable élévation. Quoi de plus beau que le tableau de ce qu'avait été, pendant un siècle, la tribune française que vient de renverser le coup d'État ? Jamais le poète a-t-il écrit une plus belle page que celle

où, comparant aux longs hivers de la Russie l'engourdis-
sement de la France soumise et muette, il salue d'avance
le rayon de printemps qui brisera, dans un écroulement
de débâcle, les fondements sur lesquels le nouveau césarisme a assis sa puissance ?

La pensée politique a, dans *Napoléon le Petit*, la même
force que dans la série de discours prononcés à l'Assemblée nationale de 1849 à 1851. Dans le reste de son œuvre,
— avant et après, — Victor Hugo apparaît comme un
génie qu'aucune des grandes questions sociales ou nationales ne laisse indifférent, qui apporte à la cause républicaine l'appoint de sa gloire, qui prête à la voix de sa
conscience indignée les plus magnifiques accents, mais
qui laisse le plus souvent de côté les questions de pure
politique. Il en est autrement pendant les trois ou quatre
années qui embrassent, avec la vie parlementaire du poète,
les premiers mois de son exil. Je rappellerai notamment,
dans *Napoléon le Petit*, des pages superbes sur le rôle de
l'instituteur dans une démocratie, pages qui semblent
avoir signalé à la troisième République la principale des
œuvres qu'elle a, depuis, effectivement entreprises, et
l'indication des quatre caractères dominants de l'organisation monarchique conservée par la démocratie, et qui
ont rendu possible l'attentat contre les libertés du pays :
armée permanente, administration centralisée, clergé
fonctionnaire, magistrature inamovible. Il faut revenir ici
sur un trait que j'ai déjà indiqué dans le cours de cette
étude. Victor Hugo fut des premiers à concevoir nettement
que les organismes de la royauté et de l'empire étaient
inconciliables avec un régime démocratique. La plupart
des républicains trouvaient tout naturel de coucher la
République dans le lit que la royauté bourgeoise avait reçu
de la Restauration, et la Restauration du premier empire.
On a vu, dès le lendemain de 1830, Victor Hugo professer
l'opinion contraire. Ici sa pensée se retrouve, sous un aspect plus frappant, avec l'analyse des forces que ces organismes du passé préparent au rétablissement violent d'un

pouvoir personnel. Il y a lieu de croire que déjà, aujour-
d'hui, le caractère plus largement national donné à l'armée
assure à nos libertés populaires leur plus solide garantie.
C'est malheureusement le seul point sur lequel on ait
touché aux vieilles institutions dénoncées par Victor
Hugo.

Il est aisé de deviner quel retentissement eut, en
Europe, l'apparition de *Napoléon le Petit*. C'en fut assez
pour faire perdre au poète le premier asile qu'il ait trouvé
hors de France. La Belgique devait lui être fermée une
seconde fois; mais dans d'autres circonstances, par une
mesure dont le gouvernement belge devra porter devant
l'histoire la triste responsabilité. En 1852, il n'en était pas
tout à fait de même. L'indépendance et les très larges
libertés du petit royaume avaient une existence quelque
peu précaire à l'ombre redoutable de l'empire napolé-
nien. L'héritier du conquérant insatiable qui avait bouleversé l'Europe, le chef d'un pouvoir exclusivement militaire, pouvait être tenté de mettre la main sur la Belgique
au premier prétexte. Sous la pression du gouvernement
français, aussitôt après l'apparition de *Napoléon le Petit*,
une loi fut votée en Belgique, la loi Faider, qui valait à
peu près pour Victor Hugo un décret d'expulsion.

Il se décida à partir. Le 1er août, il s'embarquait à
Anvers pour l'Angleterre, au milieu des proscrits français et des libéraux belges venus pour saluer son départ.
De belles et hautes paroles furent échangées : puis le
navire emporta le poète vers ces horizons marins qu'il ne
devait plus quitter pendant dix-huit ans.

Il ne fit que passer à Londres. Il n'avait jamais songé
à s'y fixer. Victor Hugo avait pour l'immense et triste
capitale anglaise un goût très modéré. Je lui ai entendu
raconter que, quand il arriva dans la cité colossale qui
étend démesurément ses masses illimitées de maisons de
briques noires, sous la lugubre obscurité de ses brumes
chargées de poussières de houille; quand il vit l'énorme
fleuve jaune, enflant ses eaux troubles entre sa double

rangée de maisons, avec ses forêts de mâts prolongées à
perte de vue, sur le fleuve, puis au delà de ses rives, dans
les bassins, jusqu'au fond de l'horizon; quand il aperçut
ce monde colossal de fer et de fumées dégorgeant leurs
flocons dans le ciel sans lumière, et tamisant leur suie sur
les rues encombrées, il sentit je ne sais quel froid sinistre
tomber sur ses épaules, et il se retourna vers son fils en
lui disant : « Par où s'en va-t-on? »

Ce n'est pas pourtant que la grande cité n'ait ses beautés
et sa puissance bien faites, assurément, pour frapper
Victor Hugo. Mais on comprend aisément, en se rappelant
ce qu'il aimait et ce qu'il admirait, qu'elles ne lui fussent
pas sympathiques. Cela ne l'empêchait pas, bien entendu,
d'avoir, pour le peuple anglais, une très grande admiration.

Victor Hugo ne fit que passer par l'Angleterre. Parti,
comme on l'a vu, le 1er août, il débarquait quatre jours
après, le 5, à Jersey. C'est dire qu'il ne s'était pas attardé
en route.

IV

Ce fut tout d'abord une vie d'épreuves que celle de
Jersey.

Victor Hugo y arrivait à peu près ruiné. Son théâtre
était interdit, et ses œuvres nouvelles traquées, ses deux
principales ressources se trouvaient supprimées à la fois.
D'après son propre témoignage, ce qu'il avait pu mettre
de côté représentait sept mille cinq cents francs de
revenu. Il avait à pourvoir avec cela aux besoins de
neuf personnes. Son mobilier avait été vendu. Tous les
souvenirs précieux ou curieux du passé, qu'il avait réunis
amoureusement autour de son foyer, étaient maintenant
dispersés.

La poignée de proscrits qui avait cherché un asile dans l'archipel anglo-normand sentait le régime du 2 décembre autour d'elle. Elle était cernée, surveillée de toutes parts. Charles Hugo a décrit dans une page intéressante, qu'il faut mettre sous les yeux des lecteurs, les procédés de police dont la proscription était enveloppée :

« La douane de la frontière maritime qui regarde les îles de la Manche, dit-il, depuis Saint-Malo jusqu'à Cherbourg, ne se reposait ni jour ni nuit.

« On fouillait et on faisait déshabiller les voyageurs et les voyageuses. On interceptait le moindre papier. On détruisait jusqu'aux portraits des exilés. On confisquait un bâtiment parce qu'on avait saisi sur un matelot un exemplaire des *Châtiments*. A l'époque de l'extraction du varech, on forçait les pauvres bateaux pêcheurs à débarquer leur cargaison d'herbes marines et à la vider, au risque de disperser et de perdre la précieuse récolte, sur la côte où les douaniers la soumettaient à des fouilles minutieuses. Les tas de varech échelonnés sur la grève étaient bouleversés et jetés au vent, sous prétexte qu'ils pouvaient recéler des brochures politiques! Le prix du passeport entre Jersey et la côte française avait été élevé de 25 centimes à 5 francs. La peur du gouvernement impérial ne s'arrêtait devant rien : elle ne respectait ni la dignité des hommes, ni l'honneur des femmes. »

L'écrivain continue, en citant, d'après la lettre écrite par la femme d'un proscrit, les indécentes brutalités auxquelles les voyageuses étaient soumises. C'est à travers ces vexations indignes que devaient passer et repasser les amis de la France qui venaient voir les proscrits. Bien entendu, les lettres étaient ouvertes par la poste française. Mais le gouvernement impérial ne se bornait pas à surveiller de loin l'exil des proscrits. On devine sans peine qu'il avait à Jersey, puis à Guernesey, des nuées d'agents. Une tourbe immonde de mouchards enveloppait les exilés. Ici, c'est à Victor Hugo lui-même qu'il faut céder la parole :

« Un respectable pasteur protestant s'assied à votre foyer, ce protestantisme émarge à la caisse Troncin-Dumersan. Un prince étranger qui baragouine se présente : c'est Vidocq qui vient nous voir. Est-ce un vrai prince ? Oui, il est du sang royal, et aussi de la police. Un professeur gravement doctrinaire s'introduit chez vous, vous le surprenez lisant vos papiers... Votre exil est hanté par ce spectre, l'espion. Un inconnu, très mystérieux, vient vous parler bas à l'oreille ; il vous déclare que si vous le voulez, il se charge d'assassiner l'empereur ; c'est Bonaparte qui vous offre de tuer Bonaparte. A vos banquets de fraternité, quelqu'un dans un coin criera : Vive Marat ! Vive Hébert ! Vive la guillotine ! Avec un peu d'attention, vous reconnaîtrez la voix de Carlier. Quelquefois l'espion mendie ; l'empereur vous demande l'aumône par son Piétri... Vous payez les dettes d'auberge de cet exilé, c'est un agent ; vous payez le voyage de ce fugitif, c'est un sbire ; vous passez dans la rue : vous entendez dire « Voilà le vrai tyran ! » C'est de vous qu'on parle ; vous vous retournez : qui est cet homme ? On vous répond : C'est un proscrit. Point : c'est un fonctionnaire. Il est farouche et payé. C'est un républicain signé Maupas. »

Rien d'exaspérant comme ce cortège de mouchards que l'exil traîne avec lui. Parfois, il y avait pis : c'est quand la police impériale arrivait à trouver un traître dans la proscription même : quand la détresse finissait par lui livrer quelque misérable ; quand on avait le suprême serrement de cœur de découvrir un espion dans le compagnon des souffrances passées. Triste révélation, qui mêle une odieuse suspicion à la noble solidarité de ceux qui ensemble ont lutté et souffert pour le droit. Cela s'est produit notamment une fois, où certains proscrits voulaient faire un mauvais parti au faux frère, — un malheureux coquin pris en flagrant délit. Il y eut une sorte de jugement, la nuit, à Guernesey. Victor Hugo, dans *Choses vues*, a raconté ce triste incident de l'exil, dans des pages d'une rare puissance pathétique. Rien de poignant comme l'agonie morale du misérable démasqué, comme la sévérité douloureuse de ses anciens compagnons de misère qui avaient cru en lui, qui l'avaient aimé, secouru de tout ce qu'ils pouvaient prélever sur leur détresse.

Au milieu de ces souffrances, on voyait les rangs s'éclaircir. Les blessures ouvertes par les brutalités du despotisme, la maladie, le dénuement, abattaient tout ce qui n'était pas assez robuste pour résister. Le cimetière de Jersey, puis de Guernesey, se remplissait peu à peu. L'exil avait alors ses tristes solennités de deuil et de mort. Souvent, c'est Victor Hugo qu'on chargeait de dire le dernier adieu. Il salua ainsi la tombe de Jean Bousquet, de Louise Julien, de Félix Bony, d'Hennet de Kesler. Le souffle magnifique des *Châtiments,* est tout entier dans ces paroles d'un accent profond où se sentent l'émotion qui pleure sur le cercueil, la noble colère contre l'attentat qui compte une victime de plus et la sainte espérance dans l'avenir.

« Citoyens, disait-il sur la tombe de la malheureuse femme qui s'appelait Louise Julien, et qui, à peine échappée à la cellule sans air et sans lumière où le coup d'État l'avait jetée, était venue agoniser à Guernesey; citoyens, les peuples, dans le légitime orgueil de leur toute-puissance et de leur droit, construisent avec le granit et le marbre des édifices énormes, des enceintes majestueuses, des estrades sublimes, du haut desquelles parle leur génie, du haut desquelles se répandent à flots dans les âmes les éloquences saintes du patriotisme, du progrès et de la liberté... et ils disent : la tribune est invincible; ils se trompent : ces tribunes-là peuvent être renversées. Un traître vient, des soldats arrivent, une bande de brigands se concerte, se démasque, fait feu, et le sanctuaire est envahi, et la pierre et le marbre sont dispersés, et le palais et le temple où une grande nation parlait au monde, s'écroule; et l'immonde tyran vainqueur s'applaudit, bat

des mains, et dit : c'est fini. Citoyens ! A son tour le tyran
se trompe ; Dieu ne veut pas que le silence se fasse... Cette
tribune détruite, il la reconstruit. Non au milieu de la
place publique, non avec le granit et le marbre : il n'en a
pas besoin. Il la reconstruit dans la solitude, il la reconstruit avec l'herbe du cimetière, avec l'ombre des cyprès,
avec le monticule sinistre que font les cercueils cachés
sous terre ; et de cette solitude, de cette herbe, de ces cyprès, de ces cercueils disparus, savez-vous ce qu'il sort,
citoyens ? Il en sort le cri déchirant de l'humanité, il en
sort la dénonciation et le témoignage, il en sort l'accusation inexorable qui fait pâlir l'accusé couronné, il en sort
la formidable protestation des morts. Il en sort la voix
vengeresse, la voix inextinguible, la voix qu'on n'étouffe
pas, qu'on ne bâillonne pas ! Ah ! M. Bonaparte a fait taire
la tribune : c'est bien ! Maintenant qu'il fasse donc taire le
tombeau...

« O morts qui m'entourez et qui m'écoutez, malédiction
à Louis Bonaparte ! O morts ! Exécration à cet homme !...
Malédiction sous tous les cieux, sous tous les climats, en
France, en Autriche, en Lombardie, en Sicile, à Rome,
en Pologne, en Hongrie, malédiction aux violateurs du
droit humain et de la loi divine ! Malédiction aux pour-
voyeurs de pontons, aux dresseurs de gibets, aux destruc-
teurs de familles, aux tourmenteurs de peuples ! Malédiction aux proscripteurs des pères, des mères et des enfants !
Malédiction aux fouetteurs de femmes ! Proscrits, soyons
implacables dans ces solennelles et religieuses revendications du droit et de l'humanité. Le genre humain a besoin
de ces cris terribles ; la conscience universelle a besoin de
ces saintes indignations de la pitié. Exécrer les bourreaux
c'est consoler les victimes. Maudire les tyrans, c'est bénir
les nations. »

L'adieu au cercueil de Kesler n'est pas moins puissant.

« Adieu, mon vieux compagnon. Tu vas donc vivre de
la vraie vie... Tu vas connaître le mystère profond de ces
fleurs, de ces herbes que le vent courbe, de ces vagues

qu'on entend là-bas, de cette grande nature qui accepte la tombe dans sa nuit et l'âme dans sa lumière... Tu vas aller où sont les esprits lumineux qui ont éclairé et qui ont vécu ; où sont les penseurs, les martyrs, les apôtres, les prophètes, les précurseurs, les libérateurs. Tu vas voir tous ces grands cœurs flamboyants dans la forme radieuse que leur a donnée la mort. Écoute, tu diras à Jean-Jacques que la raison humaine est battue de verges ; tu diras à Beccaria que la loi en est venue à ce degré de honte qu'elle se cache pour tuer ; tu diras à Mirabeau que 89 est lié au pilori ; tu diras à Danton que le territoire est envahi par une horde pire que l'étranger ; tu diras à Saint-Just que le peuple n'a pas le droit de parler ; tu diras à Marceau que l'armée n'a pas le droit de penser ; tu diras à Robespierre que la République est poignardée ; tu diras à Camille Desmoulins que la justice est morte ; et tu leur diras à tous que tout est bien, et qu'en France une intrépide légion combat plus ardemment que jamais ; et que hors de France, nous, les sacrifiés volontaires, nous, la poignée des proscrits survivants, nous tenons toujours et que nous sommes là, résolus à ne jamais nous rendre, sur cette grande brèche qu'on appelle l'exil, avec nos convictions et avec leurs fantômes ! »

Telle était la tribune de la proscription : le bord des tombes.

D'autres épreuves lui étaient réservées. Son asile lui était supprimé une fois de plus. Chassée de Bruxelles, elle était chassée de Jersey.

Au début l'hospitalité anglaise avait été cordiale entre toutes. L'opinion, dans la libre Angleterre, avait été sévère pour le 2 Décembre. Le gouvernement britannique regardait avec une antipathie peu déguisée le pouvoir sanglant des Tuileries. Les choses changèrent quand un redoutable conflit s'annonça en Orient. C'étaient surtout les intérêts anglais qui étaient en jeu dans la querelle ouverte entre le tsar et le sultan. La Grande-Bretagne n'avait guère qu'une flotte à opposer au colossal empire russe. On a vu ses troupes de terre en Crimée. Admirables de vaillance, mais peu nombreuses et absurdement conduites, elles auraient été absolument impuissantes si elles avaient été réduites à leurs propos forces. L'Angleterre avait besoin des armées françaises, et l'empire les lui accordait.

Alors elle paya l'homme de Décembre en prévenances de toutes sortes. La reine alla rendre visite au conspirateur couronné ; offrant au régime sorti d'un guet-apens ce dont il avait besoin : le salut et la haute respectabilité d'une des plus vieilles et des plus libres monarchies d'Europe. Naturellement, le Napoléon voulut se servir, contre les proscrits, de l'amitié qu'il achetait avec des flots de sang français. Cela n'allait pas tout seul : l'opinion populaire veillait de l'autre côté du détroit ; et on sait qu'elle a son autorité sur le gouvernement. Mais on put dès lors apercevoir des symptômes menaçants.

Dès le 13 décembre 1854, à propos d'un discours du poète sur la tombe d'un proscrit, Sir Robert Peel disait à la tribune du Parlement :

« Cet individu (c'est de Victor Hugo qu'il s'agit) a une sorte de querelle personnelle avec le distingué personnage que le peuple français a choisi pour souverain, et il a dit au peuple de Jersey que notre alliance avec l'empereur des Français était une dégradation morale pour l'Angleterre... Si des misérables niaiseries de ce genre doivent être encore dites par des étrangers qui ont trouvé asile dans ce pays, je croirai devoir demander au secrétaire d'État à l'intérieur s'il n'y aurait pas moyen d'y mettre un terme. »

Victor Hugo répondit par un « avertissement à M. Bonaparte » pour le prévenir qu'il se rendait parfaitement compte des ressorts que l'empire faisait mouvoir ; mais que, dût-il être chassé d'Angleterre, il ne fléchirait pas.

Pour le moment, l'invite de Sir Robert Peel resta sans écho. Mais, huit mois après, le ministre de l'intérieur,

Sir George Grey, en visitant Jersey, signala au gouverneur l'attitude des proscrits. En même temps, il l'invitait à surveiller un Jersiais, négociant et magistrat municipal, « centenier », comme on dit là-bas, Philippe Asplet, que j'ai connu jusqu'au bout ami du grand poète. A la suite de cet ordre ministériel, le gouverneur essaya de peser sur Asplet : il y perdit sa peine. On était si impatient de trouver un prétexte, que le gouverneur tenta de le chercher dans une chanson bien connue sous l'empire, la *Badinguette*. Il prétendait attribuer aux proscrits cette plaisanterie notoirement venue de France, et sortie des bureaux de l'hôtel de ville de Paris. L'auteur, on le sait, était un employé alors inconnu de la préfecture, qui s'appelait Henri Rochefort.

Enfin, au mois d'octobre, le prétexte fut trouvé. C'était une lettre publiée par Félix Pyat, et adressée par lui à la reine d'Angleterre, pour lui reprocher, non sans quelque virulence, son alliance avec l'homme de Décembre. Il n'y avait aucune raison sensée pour mettre en cause, à ce propos, les exilés de Jersey. Félix Pyat n'était pas venu dans l'archipel anglo-normand : il habitait Londres. C'est là qu'il avait écrit la pièce incriminée ; là qu'il l'avait lue dans un meeting ; là qu'elle avait été publiée par la presse, sans qu'aucun accident se fût produit à ce sujet. L'organe de la proscription, à Jersey, le journal *l'Homme*, n'avait fait autre chose que de reproduire ce document en troisième page. Devant le sens commun, il était impossible de tirer contre les Français qui habitaient Jersey, un grief quelconque d'un document auquel ils étaient absolument étrangers. Mais il fallait en finir : faute de mieux, on se servit de la lettre de Félix Pyat. La majeure partie de la population, peu favorable aux proscrits, n'attendait qu'une occasion pour éclater. On était sûr de l'entraîner, même sans motif.

Un grand meeting fut convoqué à Saint-Hélier, pour le 12 octobre, sous la présidence du « connétable ». Des affiches menaçantes pour les proscrits y appelaient les

Jersiais. La réunion, bondée bien avant l'heure, se fit aux
cris : « Qu'on les balaye! Qu'on les pende! » Un officier,
parlant au nom de la garnison, se fit applaudir en disant :
« Qu'ils se cachent bien! Jersey n'est pas un lieu de sûreté
pour eux! » L'avocat le plus renommé de l'île, connétable
d'une des principales paroisses, essaya en vain de calmer
un peu ces furieux. Il n'y eut d'hésitation que quand un policier français prit la parole. Les Jersiais n'entendaient pas
avoir pour interprète un agent de l'empire. Ils le firent
taire; puis reprirent de plus belle. Après avoir brûlé un
exemplaire du journal *l'Homme* au milieu des bravos et
des huées du meeting, on envoya une députation au gouverneur pour lui demander sa suppression.

Les journaux qui arrivaient de Londres attisaient le feu.
Le *Times* trouvait que la présence des « incendiaires »
(il s'agissait de Victor Hugo et de ses amis) était « une
souillure pour le territoire anglais ». L'*Illustrated London
News* leur souhaitait le sort de l'Italien guillotiné après
une tentative d'assassinat sur Napoléon III. « La destinée
de Pianori qu'ils regardent comme un martyr, disait-il,
ne serait pas mal appropriée pour eux-mêmes. »

Il était évident que des paroles on passerait aux actes.
Il fallait s'attendre à voir les maisons des proscrits assail-
lies par une foule furieuse. Sur laquelle tomberait l'orage?
Il semblait bien fort que ce fût celle de Victor Hugo.
Cependant quelques amis craignirent pour lui. Victor
Hugo fut inquiet pour ses manuscrits. Un condamné à
mort du 2 Décembre, Preveraud, loyal et ferme républicain qui plus tard, jusqu'à sa mort, représenta à la
Chambre le département de l'Allier, vint, avec une petite
voiture, les prendre pour les mettre en sûreté. Le passant
qui aurait par hasard suivi ce jour-là une des routes les
plus solitaires de Jersey, aurait pu y rencontrer, un peu
après la tombée de la nuit, un homme en blouse traînant
une charrette à bras, chargée d'une grande malle noire
bardée de fer. Ce qui s'enfuyait ainsi dans les ténèbres à
travers champs, c'était le trésor de Victor Hugo, les

œuvres qu'il avait sur le chantier ; les visions terribles des *Contemplations*, cette épopée de l'histoire humaine qui s'appelle la *Légende des siècles* ; cette épopée de la vie moderne qui s'appelle les *Misérables* ; c'était une des plus éclatantes réunions de chefs-d'œuvre que le Génie ait donnés à l'esprit humain.

On redoutait surtout une attaque pour la maison du colonel Pianciani. Le colonel Pianciani, ancien membre du Parlement romain lors de la révolution de 48, avait été proscrit par le pape Pie IX, jadis grand ami de son père. A Jersey, il était l'administrateur du journal *l'Homme*. La plupart des proscrits se réunirent chez lui pour résister à la violence si elle se produisait. Il y avait là des hommes de toute nation, des soldats de tous les combats pour la liberté. Le colonel hongrois Sandor Teleki s'y trouvait avec les républicains français ou italiens. La nuit était tombée, la maison avait été mise en état de défense, on délibérait sur les périls de l'heure présente, quand, vers neuf heures du soir, on entendit un violent coup de sonnette. « Qui va là ? »... On fut vite rassuré. C'était le général Le Flô, le futur ministre de la guerre de M. Thiers, qui venait prendre sa part du danger et du combat.

On s'était trompé. L'agression se dirigeait d'un autre côté, vers l'imprimerie du journal. Une bande, conduite par des officiers de l'armée anglaise en costume bourgeois, venait assiéger la maison pour briser les presses. Au dedans, on était prêt pour se défendre. Au dehors, des agents de police gardaient la porte. Un colloque s'engagea entre un agent et l'un des officiers, qui pressa la police de les laisser faire. La fermeté de l'agent fut inébranlable. On voulut d'abord forcer la porte, puis la fenêtre ; on recula devant la résolution du représentant de l'autorité. « Allons mettre nos uniformes, dirent les officiers, et nous verrons si l'on osera encore nous résister. » Une averse effroyable, qui arriva à ce moment, empêcha la bande de revenir.

Le lendemain paraissait un arrêté d'expulsion contre Ribeyrolles, le colonel Pianciani et Thomas, le rédacteur, l'administrateur et le vendeur du journal des proscrits.

Ce n'était pas eux qu'on visait. Le gouvernement français aurait su peu de gré de l'expulsion de ces trois exilés. Le lecteur devine sans peine contre qui il fallait agir pour rendre à l'empire un service sérieux. Mais il était aisé de prévoir que les autres proscrits n'abandonneraient pas leurs trois amis, et qu'en atteignant ceux-ci, on était sûr d'atteindre vite ceux-là.

En effet, Victor Hugo rédigeait aussitôt une protestation que signèrent sur l'heure une quarantaine de proscrits de toute nationalité, et à laquelle Louis Blanc et Schœlcher envoyèrent leur adhésion de Londres. Comme la foule déchirait les affiches qui s'étalaient sur les murs, on vit les proscrits, auxquels se joignit un Anglais indigné, aller, le pot à colle en main, les placarder partout.

« Le coup d'État, disait ce manifeste, vient de faire son entrée dans les libertés anglaises...

« Le peuple français a pour bourreau, et le gouvernement anglais a pour allié, le crime-Empereur.

« Voilà ce que nous disons.

« Voilà ce que nous disions hier, et la presse anglaise en masse le disait avec nous; voilà ce que nous dirons demain, et la postérité unanime le dira avec nous.

« Voilà ce que nous dirons toujours, nous qui n'avons qu'une âme, la vérité, et qu'une parole, la justice.

« Et maintenant, expulsez-nous! »

L'expulsion tarda quelques jours : le temps nécessaire pour que le gouvernement anglais reçût les nouvelles, conférât avec le gouvernement français, et fît parvenir sa résolution à Jersey. On a deviné cette résolution : tous les signataires de la protestation étaient expulsés.

Au moment du départ, leur dernière pensée fut pour leurs morts. Le 31 octobre, ils allaient ensemble dire un adieu ému aux tombeaux qu'ils laissaient à Jersey.

Puis ils s'embarquèrent, Victor Hugo, son second fils,

et ses amis Vacquerie et Meurice, le 31 octobre même; les autres le 2 novembre. Le groupe de Jersey fut dispersé. Une partie allait à Londres, l'autre à Guernesey.

Allait-on être expulsé de nouveau? Cela semblait à prévoir. La première expulsion n'avait pas de sens si l'on en restait là. Mais l'opinion publique anglaise s'était émue. De toutes les grandes villes s'élevaient des protestations vigoureuses contre l'humiliation infligée aux libertés anglaises par complaisance pour le despotisme français. Le gouvernement britannique a des traditions de sagesse politique qui lui interdisent de braver le sentiment national. Il s'arrêta là. L'empire dut se contenter de la première expulsion.

La population jersiaise avait jusqu'au bout manifesté sa malveillance. Le départ des proscrits avait attiré une foule d'où sortaient des cris insultants, qui d'ailleurs furent vite réprimés. Mais quatre ou cinq ans plus tard, la réflexion ayant fait son œuvre, la situation ayant changé et la gloire de Victor Hugo ayant pris un nouvel éclat, Jersey rougit de ses anciennes violences et s'efforça d'en effacer la trace.

La souscription ouverte en Angleterre pour l'expédition des Mille de Garibaldi, fournit l'occasion cherchée. On demanda à Victor Hugo de rentrer à Jersey, pour y être l'orateur du meeting convoqué à cette occasion, et d'accepter ensuite un banquet. Victor Hugo y consentit.

Mais c'était à Guernesey qu'il s'était fixé. Il devait y rester jusqu'au jour où la chute de l'empire lui rouvrirait les portes de la patrie.

V

C'est au milieu de ces épreuves que Victor Hugo prenait toute sa grandeur.

S'il avait voulu, par le choix de son asile, donner un

aspect plus saisissant à sa destinée et à sa gloire, il lui
aurait été impossible de trouver mieux. On sait que l'archipel anglo-normand est un fragment du continent français brisé par la tempête et saccagé par la mer depuis
onze ou douze siècles. Des écueils, des groupes de rocs
sauvages habités par les mouettes et quatre îles battues
par les orages forment, au milieu des vagues, les ruines
éparses de ce qui fut un canton de la Gaule romaine.
La partie de la Manche où se trouve l'archipel, et que
n'abrite pas la presqu'île du Cotentin, appartient en réalité à l'Atlantique par tous ses caractères : la puissance
souveraine des Océans, le vaste déploiement du flot qui
a roulé librement sur toute la rondeur du globe, l'immense
et tumultueux mouvement des vents et des nuages accou-
rant des profondeurs de leur domaine illimité. Là, ce n'est
plus la craie fragile des gracieuses falaises normandes :
c'est déjà toute l'âpreté du granit breton, comme dans
cette noire forteresse du Finistère qui, depuis l'origine
des âges, furieusement attaquée, heurtée, déchiquetée,
percée de brèches, semée d'écroulements, par l'assaut
éternel de toutes les armées des vagues, couvre encore
fidèlement la France de ses remparts cyclopéens.

Une charmante anomalie complète, on le sait, la physionomie des îles normandes. Grâce au courant d'eau tiède
qui, du fond du golfe du Mexique, vient baigner les côtes
de la vieille Europe, la nature y mêle, à l'incomparable
grandeur des horizons marins, à la sévère tristesse des
plateaux rasés par le vent impérieux du large, aux sombres
drames qui remplissent incessamment de leur épouvante
le ciel et l'océan, tous les sourires d'un printemps perpétuel
et toutes les splendeurs d'une végétation semi-tropicale,
Partout où la verdure peut s'abriter, et parfois jusque dans
les haies, les aloès, les lauriers-roses, les grands fuchsias,
les géraniums arborescents, les citronniers, les myrtes
évoquent, sous les gros nuages du Nord, le souvenir des pays
ensoleillés que baignent les eaux bleues de la Méditer-
ranée. Par un étrange paradoxe de la nature, à côté d'un

paysage normand ou anglais, près des herbages courts et brûlés par la rosée saline ou des ormes tordus, ébouriffés par le « Noroît », on rencontre à chaque instant comme un coin de cette fabuleuse forêt d'Ardennes, que les légendes du moyen âge remplissaient de végétations presque africaines, et où Shakespeare promenait les amours d'Orlando et de Rosalinde.

C'est du haut de ce piédestal colossal de granit brut, sauvagement taillé par la tempête, assailli par tous les soulèvements de l'Océan et fleuri seulement, dans ses fissures, de ces étranges bouquets exotiques, c'est parmi les paquets d'écume, dans le vent chargé d'embruns, sous le ciel plein d'orages qui roule ses tonnerres sur les vagues, que le poète, debout dans sa révolte contre le crime heureux, jetant à son pays muet, tantôt le cri de sa colère vengeresse, tantôt les créations démesurées de son génie toujours en travail, apparut à la France et au monde pendant dix-neuf ans de proscription.

Lui-même, dans ce milieu, put sentir son génie élargi et transfiguré. Une vie nouvelle, très sévère, mais d'une incomparable grandeur intellectuelle, s'ouvrit pour lui. Jusque-là, quelque profond qu'ait été le sentiment de communion avec la nature révélé par ses premières poésies, les épaisses murailles des villes, les préoccupations de la vie sociale, le besoin de vivre dans une certaine mesure, pour les opinions des autres, pour les conventions du monde, s'étaient interposés le plus souvent, entre lui et les libres horizons de sa pensée. L'homme moderne n'aperçoit guère que par échappées les choses éternelles de la terre et de la voûte céleste. Il n'est pas tout à lui : il a le public sur ses épaules, jusqu'à sa table de travail. Au milieu des amertumes de l'exil, Victor Hugo entrait dans cette existence commune avec toutes les forces et toutes les visions de la nature, qui devait se prolonger dix-huit années. Les songeries fécondes dans les champs, sur les grèves, le travail bercé par le grondement des flots et du vent, allaient remplir toutes ses heures. Dorénavant, ses

œuvres montreront mêlés à toutes les échancrures du
paysage, le sable de la dune où fleurit le chardon bleu, le
torse difforme des rochers flagellés par les lames, tous les
frissons du crépuscule et toutes les épouvantes de la nuit.
Pendant qu'il s'en ira sur les plateaux où passe la brise,
sentant l'œuvre du jour grandir dans son cerveau, il prendra
du pied avec les herbes grasses, avec l'écorce du globe,
ce contact qui fait monter en quelque sorte, dans les veines
de l'homme, la sève de la terre. Dès le début, il avait aimé
la mer avec passion; nul n'en avait, en aucune langue,
traduit l'impression avec plus d'intensité : il était si hanté
de sa pensée, que nous l'avons vu, jusqu'à la tribune de la
Chambre des pairs, changer un discours d'affaires en
marine d'une coloration merveilleuse. Mais maintenant,
c'est bien autre chose! L'Océan devient son inspirateur,
son conseiller de toutes les heures. Le poète vivra dans
une familiarité incessante avec toutes les transformations
de ce compagnon formidable, avec ses tragiques convulsions, avec ses apaisements majestueux. Il sera toujours
enveloppé de ces dix mille voix, aux accents divers, qui
roulent comme la rumeur confuse d'on ne sait quelle multitude mystérieuse. Il vivra tout entier dans les mouvements des nuages, amalgamant ses rêves aux sourires passagers du ciel, ou aux terribles combats des tempêtes.

A Guernesey, il travaille de grand matin, debout devant
son pupitre, dans une cage de verre qu'il a fait placer au
plus haut de sa maison, et d'où le regard embrasse tout
l'horizon. C'est là qu'en hiver, levé bien avant l'aube, il
passe de longues heures, au milieu des profondeurs vertigineuses du ciel nocturne, au-dessus des flots cachés dont
le grondement l'enveloppe. C'est ainsi que les astres
viennent d'eux-mêmes jeter leurs rayons sur son œuvre;
tantôt amis et souriants comme la « Stella » des *Châtiments*; tantôt terribles et pleins de l'horreur du mystère
éternel, comme ces constellations effrayantes dont il évoque
les feux sinistres, dans les poèmes des *Contemplations*
écrits au bord de l'infini.

Aussi sa pensée prend-elle une fécondité extraordinaire et des proportions démesurées. Dans sa solitude remplie par ce que les choses ont de plus puissant, ce ne sont pas seulement les impressions de la nature qui deviennent plus vives; les grandes apparitions des siècles passés se dressent plus larges et plus colorées; les souvenirs de jeunesse reviennent plus intenses, en même temps que les redoutables méditations sur les problèmes de la destinée et de la mort s'enfoncent dans un abîme plus profond. Bientôt même, son regard de voyant sera hanté de formes fantastiques. La vague sensation de mondes inconnus mêlera son frisson à ce colossal travail de la pensée. Ce sera, par exemple, cette idée étrange qu'il a exprimée parfois devant nous, que des créatures impalpables et mystérieuses flottent dans la transparence de l'atmosphère, et qu'un jour, prenant des notes dans son jardin à Guernesey, il a vu distinctement frémir sur son papier l'ombre diaphane de leurs ailes. Cette pensée, qu'il a attribuée à Gilliatt dans les *Travailleurs de la mer*, était en réalité la sienne. Tous les poèmes écrits dans cette période montrent quelles visions de plus vaste envergure surgissaient dans ses rêveries solitaires, ombres des morts qu'il a aimés, fantômes des civilisations disparues, spectres du mystère éternel. Au milieu de ces inspirations, sa forme se renouvelle encore une fois. Victor Hugo avait débuté par la très belle rhétorique des *Odes et Ballades* : il ne s'en est pas séparé d'un seul coup, et longtemps l'on a pu reconnaître, dans nombre de ses œuvres, une sorte d'éloquence classique sous le costume volontairement bizarre du romantisme. Puis, dans toute la durée de sa première manière, la maîtrise incomparable du langage et du rythme domine et efface parfois l'idée ou le sentiment qu'il traduit. Les mots sont si puissamment enchâssés, les couleurs sont opposées en contrastes si éclatants, les reliefs sont taillés en arêtes si tranchantes, que les palpitations de la vie, les sensations intimes, le cri spontané de la passion perdent quelque chose de leur accent sous leur merveilleux

revêtement de splendeur littéraire. Il y a souvent une sorte
de magnificence d'apparat, dans ces vers si superbement
frappés, dans ces phrases découpées à l'emporte-pièce.
Tout le monde crépusculaire d'idées seulement entrevues,
d'énigmes redoutables, de formes vagues noyées dans la
brume du rêve, d'émotions indéfinissables remuant le fond
le plus obscur de l'homme, tout ce monde qui forme le
domaine du mystère sur la limite de l'esprit humain, et
qui donne peut-être à la poésie ses notes les plus péné-
trantes et les plus troublantes, s'accommodait mal de
l'aveuglante lumière et des lignes terriblement arrêtées
qui caractérisaient la forme du maître. Tout cela change
dans la période de l'exil. Non qu'on voie disparaître ni la
grande éloquence naturelle aux très hautes pensées, ni ces
caractères étranges et exceptionnels du style, qui semblent
imprimer à chaque ligne la griffe de Victor Hugo. Au
contraire, l'une et l'autre s'accentuent encore. Mais le
maître manie l'expression et le rythme avec une souveraine
familiarité; le vers, débarrassé de sa dure et éclatante
armure, dénoue et laisse flotter ses amples draperies;
l'inspiration se répand avec une spontanéité débordante.
Parfois même, au milieu de l'œuvre, on voit les digres-
sions les plus imprévues foisonner en sortes de causeries
souvent singulières, et toujours éclatantes. La forme,
moins compacte, se prête à l'évocation de tous les mystères, et enveloppe avec une grandeur fantastique les
formes confuses de la vision. Surtout, des *Châtiments* aux
Misérables, le cri de colère, de pitié et d'amour jaillit si
profond, si direct, si déchirant, qu'il vous prend aux
entrailles.

Je disais tout à l'heure qu'il est impossible de ne pas
reconnaître, dans l'œuvre d'exil de Victor Hugo, l'influence
et en quelque sorte la force d'assimilation exercée sur lui
par une sorte de vie commune avec l'Océan. Il me semble
presque qu'on les retrouve, non seulement dans la grandeur démesurée des conceptions que le poète verra surgir
au-dessus de l'immensité tumultueuse dont il est enve-

loppé, mais encore jusque dans le style de ses dernières
œuvres, dans la forme qu'il va donner au vers épique,
dans cette ample période poétique de la *Légende des
siècles*, qui se développe, souple et puissante, avec les
mouvements toujours divers et les larges plis de la vague
étalant sur la grève sa traîne frangée d'écumes.

VI

La première œuvre de l'exil, s'appela *les Châtiments*.

Œuvre unique dans la littérature de tous les temps et
de tous les pays. Si l'on voulait lui chercher des précédents dans le passé, il faudrait remonter jusqu'à l'empire
des Césars, quand, au milieu d'un monde qui finissait, de
grands esprits nourris de la forte doctrine stoïcienne
mêlèrent dans la même indignation et dans la même protestation le génie républicain de la vieille Rome et l'idéal
de haute moralité né de la philosophie grecque. Ainsi
se formèrent les grands écrivains, dont les plus illustres
furent Lucain, Tacite et Juvénal. Il a suffi de leurs chefs-
d'œuvre, coulés en airain indestructible, pour réveiller, à
travers les siècles, avec la puissance sans égale de la
pensée armée du style, l'enthousiasme pour la liberté et
la révolte contre le crime.

On trouve dans les *Châtiments* ce qui fait l'inspiration
de leur œuvre : les plus nobles accents de la conscience,
les plus cruelles morsures de la satire, devenue la vengeresse des libertés égorgées. Mais ce ne sont là que deux
des notes que font vibrer les magnifiques poèmes de
Jersey. L'attaque y a d'autres proportions. L'épopée, le
chant lyrique, le drame, le rire léger de la chanson, le
génie vertigineux du poème de Dante, les mille voix des
forêts, de la mer et du ciel s'ajoutent à la satire pour

accuser la trahison triomphante. Jamais poèmes ne méritèrent mieux le titre magnifique que Victor Hugo donna à l'un de ses derniers recueils : « Toute la lyre. »

La satire y est déjà extraordinaire. Je ne connais pas de pendant à cette œuvre où le poète, de son poing athlétique qui peut soulever des rochers comme celui des héros d'Homère, ramasse pêle-mêle tout ce qui lui tombe sous la main pour en foudroyer la bande impériale. Rien d'étourdissant comme ce débordement de colère, qui unit à l'âpreté corrosive de Juvénal toutes les splendeurs et toutes les exubérances de la sublime bouffonnerie de Rabelais. Dans l'énorme courant d'invectives, si prodigieusement vaste et impétueux qu'on s'y sent enveloppé, emporté irrésistiblement, la trivialité du calembour passe à côté de portraits dignes d'un maître, l'injure se mêle aux plus nobles protestations de l'honnêteté outragée. Et ces éléments incohérents arrivent à former un ensemble éblouissant. Les profils que le poète trace avec une incroyable force comique restent devant le regard ; depuis le jésuite en robe courte jusqu'au lâche sans égal qui déshonora la présidence de l'Assemblée. D'un coup de plume, il a cloué une silhouette vivante et saignante au pilori. S'il veut faire grimacer dans son vers ce qu'il ne manque pas d'appeler « les grands corps de l'État », Daumier, qui a donné à la caricature une sorte d'ampleur michelangesque, ne masse pas, d'un crayon plus terrible, dans ses admirables planches de la Cour des pairs, les difformités et les obésités influentes de la royauté bourgeoise. S'il peint les bohèmes, hier en guenilles, maintenant installés au pouvoir dans le sang, Callot ne creuse pas sur le cuivre, d'un trait plus incisif, le galbe magistral de ses gueux dépenaillés. Jamais le mépris ne cingla avec une vigueur plus surhumaine. On entend, à travers une sorte d'immense symphonie à la fois éclatante et burlesque, un sifflement continu de lanières, dont chaque coup laissera une marque de honte ineffaçable sur la peau qu'il châtie. Puis, soudain, d'un coup d'aile,

le poète s'élève aux régions les plus élevées de la conscience. Jamais le noble orgueil du droit vaincu parla-t-il
un plus beau langage que dans *Ultima verba*, où le poète
prend l'engagement solennel qu'il a tenu :

Et s'il n'en reste qu'un, je serai celui-là !

Maintenant, voici toutes les larmes et toutes les terreurs du drame. C'est le *Souvenir de la nuit du 4*; le cri
désespéré de la vieille grand' mère devant le corps, troué
de balles, de l'enfant qu'elle adorait. C'est le tableau de la
misère ouvrière grelottant dans les caves de Lille, de
l'enfance rachitique, épuisée, tordue, défigurée par le
despotisme meurtrier de la machine et par les ravages de
la détresse. C'est cette effrayante vision des cadavres du
coup d'État entassés, au vent et à la pluie, dans le
cimetière Montmartre; vision moins effrayante, hélas!
que celle que la guerre civile réservait à la France,
dix-neuf ans plus tard. C'est l'agonie du prêtre héroïque,
torturé par les barbares de l'Extrême-Orient, avec la
magnifique invocation au Crucifix prostitué par les *Te
Deum* du 2 Décembre. C'est enfin le long martyre de
Pauline Roland, le poème le plus déchirant peut-être où
jamais le génie ait fait sangloter la pitié humaine. Victor
Hugo n'avait pas eu auparavant, on peut ajouter qu'il ne
retrouvera que dans de rares occasions, ces accents profonds dont l'émotion gonfle les paupières de pleurs
amers; on voit que le poète a été blessé au cœur par les
souffrances qu'il chante, et la plaie saigne.

Mais l'œuvre s'élargit encore. Les temps présents ne
lui suffisent plus. On y trouve déjà, dans une suite de
tableaux incomparables où revivent les époques disparues,
ces vastes horizons historiques et ce grand souffle d'épopée
qui feront plus tard de la *Légende des siècles* une création
sans précédents. Voici la majesté hiératique de la Bible;
le défilé des formidables trompettes d'Israël autour des
murs de Jéricho. Puis c'est, dans la nuit, au bord de la
mer, Harmodius, hagard, son poignard en main, enten-

dant passer dans le tumulte des vents et des flots tous les
gémissements, tous les cris de colère, toutes les voix de
la douleur et de la conscience qui accusent et condamnent
le tyran. Puis c'est l'empire des Césars, résumé dans cette
merveilleuse peinture de l'égout de Rome, où, tandis qu'à
l'entrée, une scène bien vivante de l'antiquité latine
brille dans un rayon de soleil italien, au fond des obscures
galeries souterraines, tous les vices et toutes les hontes
de la ville impure, filtrant sous la surface du sol, font
luire confusément leur immonde suintement sur les blocs
colossaux du vieux cloaque étrusque. Les rêves du
moyen âge succèdent aux souvenirs classiques. La chasse
fantastique du chasseur noir passe dans une vague clarté
de lune, à travers les profondes futaies de Fontainebleau.
Puis voici l'épopée révolutionnaire, les soldats de l'an II,
courant de victoire en victoire,

> Avec leurs vieux fusils sonnant sur leurs épaules,

pendant qu'au-dessus d'eux, la figure géante de la République, plus grande encore que celle dont Rude fit d'un
ciseau si magistral palpiter les ailes dans la pierre,
montre du doigt à ces Titans en haillons le ciel à esca-
lader. Voici enfin l'épopée napoléonienne, chantée avec
une puissance qu'aucun autre ne surpassa ; la revanche
de la Destinée sur le génie de la Force ; la retraite de
Russie, avec ses désespoirs et ses agonies, traînant sans
fin son noir défilé d'ombres sur la lividité des neiges sans
limite ; et le désastre de Waterloo, et les longues tortures
de Sainte-Hélène !

Mais ce n'est point encore assez : à tous les accents de
sa colère, à toutes les visions grandioses du passé, le
poète ajoute, par surcroît, toutes les émotions de la nature,
A chaque instant apparaissent brusquement, comme
pour rafraîchir le regard, des morceaux de paysage, des
coins de ciel ; et jamais il ne les a plus admirablement
traduits. Quel peintre fit étinceler sur la campagne un plus
joyeux lever de soleil que celui qui illumine une des plus

jolies pièces des *Châtiments?* Où a-t-on mieux rendu la grandeur imposante du désert que dans cette nuit d'Afrique où le poète dresse, au milieu des fauves épouvantés, la stature royale du lion? Les abeilles des *Géorgiques* désavoueraient-elles leurs sœurs « aux ailes d'or et aux flèches de flamme » qui fuient les plis déshonorés du manteau impérial? Où trouverait-on une invocation plus religieuse aux forces secrètes de la nature que celle que le poète adresse aux rochers, aux sources, aux chênes centenaires, dont il sent « l'âme éparse entrer dans son cœur »? Y a-t-il enfin nulle part une plus merveilleuse échappée sur la profondeur radieuse du crépuscule, que celle où il faisait frissonner la lueur naissante de l'étoile, avec une émotion si tendre et si pénétrante?

Telle est l'ampleur infinie du poème; et tout, à la fois, le martyre social de l'ouvrier comme le martyre religieux du prêtre, les trompettes bibliques de Jéricho comme la fanfare du chasseur noir, les hontes des Césars romains comme les glorieux désastres du César corse, le premier rayon de l'étoile et le premier rayon du soleil, le bourdonnement laborieux des abeilles et le rugissement souverain du lion, tout ce qui vit, tout ce qui a vécu, depuis les ombres des générations disparues jusqu'à l'âme éparse des eaux, des monts et des forêts, vient jeter au guetapens couronné une condamnation et une flétrissure de plus.

VII

C'est un curieux retour de la destinée, qui a fait ainsi fustiger par Victor Hugo les indignes héritiers de cette gloire napoléonienne qu'il avait si magnifiquement chantée. Le crime de Décembre l'amenait à clouer au pilori nombre d'hommes avec lesquels il avait été en relations plus ou moins étroites. Il n'avait guère vu le nouvel empereur, qui, sous Louis-Philippe, vivait quelque peu à l'écart des siens. C'est à ce qu'il semble, lors de sa candidature à la présidence, que le prince Louis Bonaparte entra pour la première fois en rapport avec lui ; et Victor Hugo cessa d'aller à l'Élysée assez vite après l'élection. Mais il avait été au mieux avec le prince Jérôme, l'ancien roi de Westphalie, dont il avait demandé la rentrée en France. Un concours de circonstances plus singulier et moins connu lui avait fait connaître la future impératrice, dans un temps où, assurément, elle ne se doutait guère qu'elle épouserait un Bonaparte et qu'elle porterait la couronne. On sait que Mérimée était fort intime avec sa mère, Mme de Montijo. Un jour, il fit déjeuner, chez Ledoyen, la mère et la fille, alors toute jeune, avec Victor Hugo et Alexandre Dumas père. La conversation tomba sur l'Espagne ; Dumas, qui en revenait, se mit à blaguer le pays du Romancero avec son brio étourdissant. Le sujet lui donnait tant de verve qu'il ne s'aperçut pas de l'effet qu'il produisait. Les deux Espagnoles étaient blessées au cœur par les plaisanteries dont le merveilleux causeur criblait leur patrie. La future impératrice en avait les larmes aux yeux. On devine si Victor Hugo saisit l'occasion de se faire le champion du pays auquel il a dû quelques-unes de ses plus hautes inspirations. On devine si Mme de Montijo et sa fille lui surent gré de son admiration pour l'Espagne. A la suite du déjeuner, elles vinrent quelquefois avec Mérimée chez le poète, place Royale. Un devin qui leur eût prédit quels événements devaient, quatre ou cinq ans plus tard, creuser entre eux le fossé du 2 Décembre, leur aurait assurément paru atteint de folie aiguë. Il est à remarquer qu'il n'y a, d'ailleurs, dans les *Châtiments*, ni un mot, ni une allusion, qui visent l'impératrice ou le prince Jérôme.

En revanche, Victor Hugo exécuta sans pitié quelques-uns de ses anciens amis : par exemple Montalembert. Au temps où Montalembert et Lacordaire rédigeaient l'*Avenir*, sous la direction de Lamennais, le futur orateur de la droite comptait au nombre des familiers et des admirateurs passionnés du grand poète dramatique. Il était alors dans tout le feu de son enthousiasme pour la liberté et pour les nations opprimées. On a vu comment plus tard, à l'Assemblée nationale de 1849, Victor Hugo, devenu le grand orateur de la démocratie, et son ancien ami devenu le porte-parole le plus violent de la réaction, s'étaient heurtés à maintes reprises. Montalembert fut un des complices du 2 Décembre : non seulement il applaudit au coup d'État, mais il en reçut un poste politique, et il entra comme candidat officiel dans la première Chambre de l'empire, pendant que ses amis, les Thiers, les Berryer, les Dufaure, tenaient à honneur de rester parmi les vaincus. Sa punition fut cruelle. Il ne tarda pas à s'éloigner du régime qu'il avait contribué à fonder. Il le combattit d'abord autant qu'on pouvait le combattre dans les Chambres domestiquées de cette époque. Il resta ensuite, jusqu'à sa mort, l'un des plus violents ennemis du gouvernement impérial. C'est à lui que s'adresse la pièce des *Châtiments* : « A un qui veut se détacher. » Le jugement de l'histoire sera celui du poète. Rien ne peut effacer la part prise au guet-apens sanglant accompli contre la réprésentation nationale et contre la liberté.

Les *Châtiments* furent écrits, en quelque sorte, d'un seul élan. Le feu intérieur allumé par la colère du 2 Décembre déborda pendant des mois comme de la bouche d'un volcan. Il y eut là comme une éruption de chefs-d'œuvre. Victor Hugo venait d'arriver à Jersey. Déjà, auparavant, les vers lui avaient jailli du cerveau, armés en guerre, parmi les émotions de la lutte politique. Une petite partie des *Châtiments* est datée de Paris et a été composée dans les veillées des batailles de tribune. Sept pièces, presque toutes assez courtes, sont dans ce cas ; par exemple, les beaux vers qu'il adresse à ses deux

fils et à ses deux amis : Paul Meurice et Vacquerie, à la
suite de leur condamnation pour insulte à l'échafaud.
Deux seulement figurent parmi les chefs-d'œuvre du
volume. Ce sont les deux terribles portraits de journaliste
cafard, écrits en septembre 1850, plus d'un an avant le
coup d'État. On sait que le modèle était M. Veuillot.

J'ai dit que quand Victor Hugo proscrit arriva à
Bruxelles, son premier travail fut consacré au terrible
pamphlet *Napoléon le Petit*, et à l'*Histoire du coup
d'État* qui ne fut publiée que longtemps après. Mais
malgré ce labeur précipité, l'indignation du poète éclatait
en strophes rythmées; le génie des *Châtiments* tour-
mentait déjà Victor Hugo. A peine arrivé, les vers se
pressaient sous sa plume. La pièce où il rapproche les
premiers exploits de Napoléon et le bagne mérité par son
indigne héritier :

> O Toulon! c'est par toi que les oncles commencent
>   Et que finissent les neveux!

semble avoir été la première en date : Elle est du
12 décembre, et Victor Hugo était arrivé le 11. On voit si
l'inspiration le harcelait. Aussitôt après avoir marqué
Louis Bonaparte, il exécuta Dupin. Les admirables vers
sur « l'autre Président » sont aussi de Bruxelles et de
décembre 31. Au nouvel an, il apprenait le *Te Deum*
impudemment chanté à Notre-Dame en l'honneur du coup
d'État; et il écrivait les ïambes éclatants et passionnés
qui figurent parmi les belles pièces du recueil. Six ou
sept autres morceaux furent encore composés au milieu
du travail qui l'occupait alors.

On sait comment *Napoléon le Petit* l'obligea à quitter
la Belgique, et comment il alla à Jersey par Londres. Les
flots réveillèrent aussitôt son inspiration. Dans la traversée d'Anvers au rivage anglais, il composait « le Chant
de ceux qui s'en vont sur la mer ». Une autre des pièces

des *Châtiments* fut écrite dans les quelques heures passées à Londres.

Il y a déjà là des pièces admirables; mais tout ce qu'il apportait à Jersey tient relativement une place secondaire dans l'ensemble de ces magnifiques poèmes. Rien n'y révèle encore l'incomparable ampleur que l'ouvrage allait prendre. Aussitôt à Jersey il apprenait la plaisanterie fort anodine et probablement un peu contrainte par laquelle, d'après les feuilles officieuses, l'homme du coup d'État avait accueilli son premier livre : *Napoléon le Petit par Victor Hugo le Grand.* S'il a réellement prononcé cette parole, il ne croyait pas dire si juste. Quoi qu'il en soit, un cri de colère, d'une brûlante passion, jaillit de la poitrine du poète, le cri qui lui dicta les vers fameux :

> Ah! tu finiras bien par hurler, misérable!...
> ... Je tiens le fer rouge et vois ta chair fumer!

A peine était-il installé que, dès la fin d'octobre, les *Châtiments*, on peut le dire, faisaient explosion. Et cela avec une telle force, qu'on se demande comment la besogne matérielle de la composition a pu tenir en si peu de semaines. La part de novembre et de décembre seuls est de 26 pièces et de 2,400 vers. Dans le nombre se trouvent quelques-uns des grands chefs-d'œuvre : l'*Expiation*, *Pauline Roland*, *Orientale* (la pièce sur Abd-el-Kader), *Nox* (la terrible nuit du 2 Décembre), *Un martyr* (les vers sur le missionnaire torturé et assassiné en Chine), *Déjà nommé* (la seconde pièce sur Dupin). La seule matinée du 2 Décembre nous a donné trois des morceaux les plus admirables du recueil : le *Souvenir de la nuit du 4*, — *Ultima verba*, — et les strophes pleines de l'émotion de la nature qui commencent ainsi :

> O Soleil! O face divine!

L'inspiration ne semble pas s'être arrêtée une minute de la seconde moitié d'octobre à la première moitié de janvier. Alors, vinrent trois mois de repos, ou de revision du travail énorme accompli pendant l'automne et le commencement de l'hiver. Puis, d'avril jusqu'au cœur de l'été, l'inspiration se reprit à souffler presque aussi féconde, peut-être un peu moins violente qu'au début. C'est alors que Victor Hugo écrivit : *l'Egout de Rome, le Manteau impérial, la Caravane, Stella,* etc. Le livre était complet au commencement d'août. Quelques très beaux vers s'y ajoutèrent encore en septembre. Les *Châtiments* allaient paraître.

L'histoire littéraire n'offre peut-être pas d'exemple d'un pareil jet de chefs-d'œuvre. Et quand on songe à la variété infinie de ces poèmes, on reste étonné de la puissance de création dont ils témoignent.

Ils étaient aussitôt publiés — surtout contrefaits; — et malgré toute la vigilance de la police, les bonnes feuilles arrivaient aussitôt à Paris, où une légende veut que Gambetta les ait lues de sa voix retentissante, debout sur une table du café Procope. Le fait est assez invraisemblable, car, en 1853, Gambetta n'avait que quinze ou seize ans.

Ce qui est certain, c'est que l'empire, qui n'avait pas à se gêner pour les libertés publiques, surtout à cette époque dictatoriale où le sang avait à peine séché sur les pavés, multiplia les précautions les plus vexatoires pour empêcher les *Châtiments* d'entrer en France.

Le seul résultat qu'obtint le gouvernement impérial fut de faire voler Victor Hugo. C'était déjà quelque chose. Les *Châtiments* eurent une vente énorme; mais au profit d'un libraire anglais, nommé Jeffs, qui publiait les contrefaçons. Quant à l'éditeur véritable du poète, un certain Samuel, il commença par se faire verser par lui 2.500 francs, je ne sais à quel titre, et ne les lui remboursa jamais. Cette perte fut pour Victor Hugo le seul résultat pécuniaire des *Châtiments* jusqu'en 1870 [1].

Mais les *Châtiments* entrèrent en France; et chacun des

<hr>

[1] Victor Hugo. — *Actes et paroles.* — *Pendant l'exil.* — *Introduction.*

volumes minuscules imprimés en caractères microscopiques sur papier à cigarettes, qui avait réussi à dépister la police et la douane et qui avait passé la frontière. répandit autour de lui un large rayonnement. Ceux qui n'étaient pas assez heureux pour se procurer le volume lui-même, avaient tout au moins des cahiers où les pièces principales étaient copiées. Je me rappelle avoir vu quelques-uns de ces cahiers dans mon enfance. Par une rare puissance de recul. l'empire réalisait, pour l'un des chefs-d'œuvre de la poésie française, cette merveille de substituer le manuscrit à l'imprimerie. La multiplicité même des précautions prises surexcitait la verve d'invention pour les déjouer. Beaucoup avaient les principaux poèmes des *Châtiments* dans un asile où la police aurait eu peine à aller les saisir, dans leur mémoire.

Peu de livres ont eu l'action des *Châtiments*.

Je viens de rappeler l'influence exercée, à travers l'histoire, par quelques chefs-d'œuvre écrits au temps des Césars. Grâce aux pages immortelles, toutes pleines de la passion du droit, la contagion de la révolte contre toutes les tyrannies s'est trouvée indissolublement mêlée à la culture littéraire ; l'enseignement classique a recelé une étincelle républicaine. Quand, au sortir du moyen âge, l'humanité a retrouvé avec enthousiasme les œuvres de l'antiquité, elle y a pris, presque inconsciemment, par admiration littéraire, les premières notions de liberté. C'est ainsi que, sous l'ancien régime, une école de pensée démocratique se trouva établie parmi les institutions de la monarchie. Là se formèrent les philosophes du xviiᵉ siècle ; les hommes de 89 et de 93. Dans toute la première moitié de ce siècle encore. la jeunesse qui sortait de nos grands établissements publics d'enseignement en sortait avec la flamme de la Révolution.

Et les maîtres du monde que ces grands écrivains ont flétris en restent marqués à jamais. On a essayé de laver leur mémoire : les apologistes y ont perdu leur peine. Nulle réhabilitation possible : une phrase immortelle, un vers qui chante dans toutes les mémoires, ont inscrusté dans leur souvenir l'arrêt prononcé contre eux par les maîtres de la pensée. D'autres ne furent-ils pas aussi odieux? Auguste n'a-t-il pas été aussi perfide, aussi féroce que Tibère? Nombre de souverains de tous les pays ne furent-ils pas aussi criminels que les maîtres détestés de l'empire romain? C'est possible. Leur condamnation n'a pas reçu du génie la forme définitive sur laquelle s'use l'action du temps. Plusieurs même en ont reçu des louanges qui trompent encore l'esprit public. C'est chose merveilleuse que cette puissance des chefs-d'œuvre. Il a suffi qu'ils fussent de loin en loin du côté du droit pour donner toute sa force à l'esprit de liberté.

Les *Châtiments* justifient leur nom. Quelle punition plus cruelle que de sentir sur son nom une flétrissure liée à une œuvre immortelle? Le coup d'État pouvait triompher, mener à grand bruit la vie joyeuse des premières années de l'empire, profiter des prodigalités les plus extraordinaires de la fortune, bénéficier d'une prospérité préparée avant lui, et dont il recueillait l'honneur, remporter, grâce à la valeur des soldats et aux fautes des ennemis, d'éclatantes victoires dans des guerres conduites de façon à mener nos armées aux pires désastres, venir à bout du sourd mépris que les vieilles monarchies lui témoignaient à la première heure, et recevoir les hommages de toute l'Europe : un poète, un proscrit, à lui seul, suffisait pour lui interdire toute réhabilitation, et le déshonorer à jamais.

On le sentait si bien que le poète fut en butte à de curieuses sollicitations. Il fut plus d'une fois supplié de faire grâce, et de remanier un vers pour rayer un nom des *Châtiments*. Quelques-unes de ces demandes furent même accordées, si je ne me trompe : notamment à l'occasion de faits de guerre pendant le siège.

Dès le premier moment, l'influence des *Châtiments* était décisive. En vain le livre était interdit, arrêté à la frontière, poursuivi par la police, forcément ignoré des

quatre-vingt-dix-neuf centièmes de la France : il n'en avait
pas moins une force terrible contre l'empire tout-puissant.
Il s'était naturellement répandu dans le monde littéraire
et dans le monde des étudiants. A mesure qu'une nouvelle
génération passait par les grandes écoles de Paris, d'où
sort tout ce qui a la plus grande part dans la vie intellectuelle de la nation, elle y apprenait à mêler, à l'idée du
régime impérial, une idée de honte, de crime et de sang.
Un fossé profond se trouva ainsi creusé pendant toute la
durée du règne entre la jeunesse et le gouvernement. On a
souvent remarqué que l'empire, si fort au début, s'était
trouvé de plus en plus isolé au milieu de la nation, parce
que les générations nouvelles s'écartaient de lui. L'empire
lui-même s'inquiétait de cet éloignement, jusqu'à multiplier les avances à des élèves brillants des grandes écoles
pour les embaucher. Serait-il sérieux de contester la part
d'une œuvre telle que les *Châtiments* dans cet état de choses
sans précédent? Jusqu'à la dernière minute, le pouvoir
sorti du coup d'État garda une situation que n'avait eue
aucun autre pouvoir. Grandi par tous les succès, par la
solide adhésion de masses rurales, assez fort pour briser
toute résistance et faire taire toute contradiction, il n'arrivait pas à se faire accepter comme un pouvoir avouable ;
il restait hors de la loi commune ; ceux mêmes qui se rap-
prochaient de lui semblaient sentir qu'ils se diminuaient.
D'ordinaire, hélas! la France ne subit que trop le prestige de la force ; elle n'a pas toujours été assez indignée
par les violences militaires ; elle a pardonné trop aisément
plus d'un crime contre toutes ses libertés. N'est-il pas
évident que l'on doit en grande partie à la condamnation
prononcée par le plus grand poète du siècle, la protestation ininterrompue des jeunes intelligences contre le crime
de décembre ? S'il était une origine qui, étant donnés les
qualités et aussi les défauts de l'esprit national, dût lui
paraître impardonnable et inexplicable, c'était assurément
moins le coup d'État qu'une restauration imposée par
l'invasion étrangère. Et pourtant, la royauté revenue

d'exil, en 1815, fut loin de rencontrer l'hostilité unanime des générations nouvelles, jusqu'au jour où elle se lia indissolublement à la réaction cléricale. J'ai montré, au début de cette étude, que les grands esprits qui ont fait le magnifique mouvement de 1830, n'avaient pas tout d'abord de parti pris absolu contre elle. Au contraire, beaucoup lui étaient attachés ; et elle avait à ce moment la gloire littéraire de son côté. L'empire eut une destinée contraire. Il eut beau faire l'opposé des autres régimes, chercher à se rendre libéral, restituer des portions de droits confisqués : il garda toujours sur lui la marque que le poète lui avait imprimée : le fer rouge était entré dans la chair ; sa trace était indélébile.

Et quand vint l'heure où l'esprit public se réveilla ; quand le régime impérial fut assailli de toutes parts ; quand on entendit de nouveau dans la foule une sorte de grondement révolutionnaire : c'est le génie des poèmes vengeurs qui inspira les coups les plus retentissants portés au régime déjà chancelant. Qu'est-ce donc que la *Lanterne* de Rochefort ? Où donc le pamphlet foudroyant qui fit de si grands ravages dans l'édifice impérial a-t-il pris sa façon de bouffonnerie terrible ? N'est-il pas comme cousu de lambeaux des *Châtiments* ?... Presque en même temps éclate la grande voix de Gambetta. En un jour, le plaidoyer de l'affaire Baudin met hors de la foule l'avocat hier inconnu. Et c'est encore l'inspiration des *Châtiments* qui a fait vibrer l'éloquence du tribun dans lequel bientôt la démocratie avancée saluera son chef, la patrie l'organisateur de sa défense.

VIII

Il semble que quand le poète eut conscience d'avoir achevé sa tâche, quand toute sa passion se fut dépensée, quand il eut répandu en flots brûlants toutes les colères des *Châtiments*, il sentit se produire au fond de lui, dans la solitude et dans les douleurs de l'exil, une sorte d'abattement et comme un grand vide sombre largement ouvert à toutes les tristesses. Toutes les fois que les rumeurs du dehors et le bruit de ses propres passions s'apaisent autour de l'homme, il se retrouve en présence du mystère qui enveloppe sa destinée, des questions à jamais insolubles, posées par son existence d'un jour et par sa destruction prochaine, des immensités glacées du temps et de l'espace où son Univers n'est qu'un point imperceptible. Dans son tête-à-tête solitaire avec l'Océan, le poète las, à son dernier chef-d'œuvre, se sentit hanté à la fois par la pensée de ceux qu'il avait aimés, et qui n'étaient plus, et par l'éternel inconnu dont l'angoisse pèse sur le monde. De là l'inspiration qui dicta, pendant deux ans, ses œuvres les plus importantes, et à laquelle nous devons les terribles poèmes intitulés : *Au bord de l'Infini*. On dirait que le soleil de la nature vivante et joyeuse ne se lève plus sur l'œuvre de Victor Hugo dans cette courte période. Elle apparaît perpétuellement enveloppée de cette affreuse et éternelle nuit glacée des espaces cosmiques où l'imagination ne peut se hasarder sans une profonde horreur. Les astres qui sèment de leurs hiéroglyphes mystérieux le trou sans fond du ciel noir ajoutent encore à son effroi. C'est suspendu sur un gouffre de ténèbres percé de constellations sinistres, entendant confusément l'appel terrible de toutes les voix inconnues éparses dans les gémissements tumultueux des vents et des flots, que le poète, dans ses nuits de veille, sent voleter autour de son front, comme les oiseaux nocturnes de l'abîme, les spectres de ceux qu'il a perdus, les visions de la mort, toutes les épouvantes et tous les vertiges de l'infini.

En même temps, les formes de la nature terrestre, à peine entrevues dans l'ombre pleine d'horreur, se mettent à vivre sous son œil hagard, d'une sorte de vie fantastique. Il n'est pas jusqu'aux rochers et aux pierres où, par une idée qui lui revient comme une obsession, sous cinq ou six formes différentes, il ne voie tressaillir une âme affreusement obscure comme le souvenir d'une existence antérieure ou l'effort vers une existence à venir. Cette terreur que l'intelligence vivante de l'homme éprouve devant la mort, devant l'éternité, devant les espaces sans borne où il est perdu, cette terreur qui obséda Pascal jusqu'à l'affoler, et qu'il a condensée en quelques paroles immortelles, Victor Hugo lui prête son prodigieux coup d'aile lyrique, sa puissance magique d'évocation, l'allure démesurée de son génie de voyant, et tout le cortège effrayant des visions apocalyptiques.

Pascal, éperdu devant l'abîme, cherchait un refuge dans la dévotion la plus étroite, se hâtait de balbutier une prière machinale pour arrêter sur ses lèvres un cri d'effroi, et se bouchait, avec le mur nu d'une chapelle janséniste, la vue du trou béant de l'Infini. Victor Hugo appelle au secours de l'espérance qu'il voit chanceler au fond de lui-même, sa foi en Dieu et sa croyance à la vie éternelle. Mais malgré les affirmations qu'il éprouve le besoin de répéter à chaque vers, on sent que toutes deux fléchissent devant le terrible problème auquel les longues méditations de la solitude, les nuits passées en face de l'Océan, la voix redoutable des tempêtes, rendent toute sa puissance d'angoisse. Les premiers vers qu'il écrit sous le coup de cette redoutable inspiration (au moment où il est encore dans tout le feu des *Châtiments*) montrent la Prière construisant sur l'abîme le pont dont les inquiétudes du poète ont besoin. Mais ce pont suffit-il ? On peut en douter : car, dans les vers qui suivent aussitôt après, c'est à la force de l'esprit humain qu'il fait appel.

> Vous savez bien que j'ai des ailes,
>   Ô vérités !

A chaque pièce nouvelle, il annonce une lueur d'aube au fond des ténèbres qui l'entourent ; mais la pièce qui

vient après montre l'ombre plus épaisse encore. Pendant
deux ans de profonde crise morale, c'est à peine si cette
nuit d'orage est traversée de loin en loin par un rayon
consolateur. Enfin Victor Hugo se ressaisit : il a conscience d'être redevenu maître des terreurs de l'abîme ; et
dans l'admirable pièce intitulée *les Mages*, il montre les
grands génies de la pensée humaine dominant de leur
majesté sacerdotale le problème éternel sur lequel ils sont
penchés. Il se place assurément dans leurs rangs : c'est
un mouvement de légitime fierté, mais ce n'est pas une
solution.

Aux magnifiques poèmes écrits *au bord de l'Infini*,
Victor Hugo joignit les œuvres des années antérieures
pour former les *Contemplations*. Le recueil eut ainsi une
diversité d'inspiration qui le rendait merveilleux. Il
contenait avec des passages lumineux, avec des chansons
exquises, les vers profondément pathétiques que lui avait
inspirés la mort de sa fille, les plus belles pièces que lui
ait dictées la pensée des souffrances sociales, des morceaux d'un caractère antique pour la beauté plastique de
la forme, d'autres révélant encore chez le poëte des
accents tout nouveaux. Une longue suite de vers d'amour
formait un des éléments les plus intéressants du volume.
Quelques-uns (et ce ne sont pas les moins admirables)
appartiennent visiblement au domaine de la pure fantaisie. Les vers d'amour sont les seuls qui ne soient pas
datés, on comprend pour quel motif. Il est assez vraisemblable pour quelques-uns, d'après le style et la forme,
qu'ils ont été écrits ou récrits à Jersey. Il y aurait là, en
ce cas, un contraste intéressant, et sans doute une sorte
de repos intermédiaire, à côté des sombres poèmes dont
je viens de parler. Il semble en outre très probable que
les deux pièces justement célèbres où Victor Hugo justifie
son œuvre littéraire et politique, et dont l'une est donnée
comme une réponse à la lettre d'un marquis royaliste,
n'appartiennent pas à la date que le poète leur a attribuée
par une fiction qui ne lui répugnait pas, et qu'il est un peu

puéril de qualifier avec la sévérité de certains de ses
détracteurs. Ce n'est assurément pas le pair de France
de 1846 qui se vantait ainsi de son double rôle révolutionnaire.

Les dernières pièces des *Contemplations* semblent
marquer le terme des sombres inspirations qui ont jeté
leur angoisse et leur ombre sur la derière partie du
recueil. Victor Hugo reviendra souvent, surtout à la fin
de sa vie, aux redoutables méditations qui lui ont dicté
des pièces comme *Horror* ou *Ce que dit la bouche
d'Ombre*. Il les traduira avec sa magnificence ordinaire;
les idées, les sentiments. les mots sembleront presque les
mêmes: mais on n'y trouvera plus le profond frisson de
l'esprit et de la chair, qui donne un accent d'émotion si
terrible à l'œuvre des premières années d'exil. Il y a là
une crise que le poète a traversée; puis il retourne à ses
inspirations naturelles, à la grande lumière du soleil, à
la pleine intensité de la vie. C'est d'abord la vision des
siècles passés qui le hante. Le vieil Orient mystique,
l'antiquité, le moyen âge, l'Espagne de Philippe II,
revivent dans son cerveau en tableaux éclatants. Depuis
lontemps déjà il était porté vers des créations de cette
nature. Certaines des pièces relatives au moyen âge
étaient certainement composées depuis plusieurs années :
notamment les deux récits qu'il a empruntés à nos
vieilles chansons de geste : le *Mariage de Roland*, tiré
de Girard de Viane; *Aymerillot*, pris à Aymeri de Nar-
bonne. Mais maintenant, les morceaux s'ajoutent aux
morceaux, renouant le fil de l'histoire de siècle en siècle,
de civilisation en civilisation; et la *Légende des siècles*
est créée, c'est-à-dire, avec les *Châtiments*, l'œuvre de
poésie la plus puissante de Victor Hugo.

La conception de cette épopée d'un genre nouveau, qui
embrasse, depuis les origines jusqu'aux temps actuels,
toutes les destinées de l'humanité, est à elle seule d'une
grandeur incomparable. Si l'on voulait lui trouver ailleurs
un pendant encore incomplet, il faudrait le chercher dans

les arts plastiques; dans cette admirable suite de peintures de la Chambre des députés, où Delacroix a résumé toute l'antiquité depuis Orphée jusqu'à Attila. Il est possible que l'œuvre de Delacroix ait exercé une influence réelle sur l'esprit de Victor Hugo. Il a puisé dans la peinture moderne plus d'une de ses inspirations. Le *Semeur* des *Chansons des rues et des bois* ressemble d'une manière trop frappante à celui de Millet pour que la rencontre soit purement fortuite. En ce qui concerne les Delacroix du palais Bourbon, il est bien difficile de ne pas reconnaître les bergers chaldéens que le grand peintre nous montre les yeux fixés sur le ciel déjà coloré à l'horizon par l'approche du soleil, dans les beaux vers des *Châtiments* :

> C'est l'heure où las d'avoir toute la nuit
> Contemplé l'azur sombre et l'étoile qui fuit,
> Pleins d'horreur, s'endormaient les pâtres de Chaldée.

Il est donc fort probable que Victor Hugo avait présentes à la mémoire les grandes compositions du peintre romantique. Mais combien sa conception est plus vaste encore et plus grandiose! On chercherait vainement dans l'œuvre poétique de tous les temps et de tous les pays rien d'analogue à ces poèmes, qui forment, en quelque sorte, les chants divers du poème de l'humanité. La puissance de l'œuvre est faite de deux caractères en apparence contradictoires : le caractère le plus moderne, l'évocation exacte et colorée des milieux historiques; le caractère le plus archaïque, l'inspiration épique comme dans les vieux chants populaires des littératures primitives.

Notre siècle sera par excellence le siècle de l'Histoire. La partie la plus originale, peut-être, de son œuvre intellectuelle, sera son effort pour rechercher dans le passé les âmes diverses, les aspects locaux, les figures et les couleurs propres de chaque race et de chaque époque. Le génie historique du XIXᵉ siècle est tout entier dans la

Légende. A travers les libertés souveraines que Victor Hugo prend avec l'histoire et avec la géographie, le tableau qu'il présente de chacun des passés qu'il évoque a sa physionomie indiquée avec une exactitude frappante. Renan, dont on ne contestera assurément pas la compétence en ce qui concerne les choses de la *Bible*, était émerveillé d'en retrouver l'impression à la fois si juste et si grande dans « Ruth et Booz ». Velasquez n'a pas peint l'Espagne monarchique avec un sentiment plus frappant de réalité que Victor Hugo dans « la Rose de l'Infante ». Par ce sentiment de la couleur historique, le poète est bien de son temps, curieux entre tous de rechercher et de reproduire les aspects extérieurs, les sentiments profonds des générations qui ont passé sur le globe avant nous. Mais par un trait bien particulier de son esprit, il a conservé en même temps un don que notre culture actuelle semble exclure ; c'est peut-être le seul poète des époques de civilisation avancée qui ait été « épique » dans le vrai sens du mot. On sait le sens que la critique moderne a attaché à cette qualification. L'épopée proprement dite de l'*Iliade*, des Chansons et Gestes, du *Râmayana* ou des *Niebelungen*, est le produit du premier âge des nations. Elle n'a, au fond, rien de commun avec les imitations qu'en ont essayées les littératures déjà raffinées. Peu importe, à ce point de vue, que ces imitations soient, comme l'*Énéide*, aussi admirables que les poèmes vraiment nationaux des origines, ou que, comme la *Henriade*, elles exhalent l'incurable ennui attaché aux productions artificielles : elles n'ont, ni dans un cas, ni dans l'autre, rien de la véritable épopée. Ce qui la constitue, c'est le grandissement fabuleux des faits réels qui se produit spontanément dans l'esprit des foules pendant les âges obscurs, où la légende populaire remplace encore l'histoire écrite ; c'est ce travail de création poétique, mêlé inconsciemment à la mémoire, qui a fait du Charlemagne d'Alcuin celui de Roland et d'Ogier, et du terrible chef des hordes tartares l'Attila des *Niebelungen*. On a pu, peut-être à bon droit, douter que cette élaboration poétique des traditions nationales ait été jamais accomplie par un poète de métier. Et la célèbre hypothèse de Wolf, qui voit dans toutes les épopées l'œuvre collective des époques les plus anciennes, sera probablement confirmée par la science.

Par une sorte d'atavisme remarquable, il y avait dans le génie de Victor Hugo, si bien de son temps, à certains égards, quelque chose du génie primitif des épopées vraiment populaires. On le retrouve jusque dans ses travers, dans ses énumérations étourdissantes de noms propres pris pêle-mêle de tous les côtés, et jusque dans ce goût de géographies fantastiques affirmées au mépris de la mappemonde, et qui, chez un contemporain, apparaissent comme un caprice bizarre. On le retrouve mieux dans le don de resserrer les événements en scènes frappantes, dans la simplicité magnanime des sentiments, excluant les nuances, les tempéraments et les complexités de l'esprit moderne. Et c'est ce mélange des caractères en apparence opposés de l'histoire et de l'épopée, qui fait le caractère de la *Légende des siècles*.

Il était impossible qu'on n'y retrouvât pas un écho de la noble et brûlante passion qui a débordé dans les *Châtiments*. En effet, les allusions au pouvoir sanglant du 2 Décembre s'y retrouvent à chaque instant. L'admirable et mélancolique quatrain placé en tête du recueil rappelle avec un sentiment profond l'exil de l'auteur :

> Livre, qu'un vent t'emporte,
> En France où je suis né !
> L'arbre déraciné
> Donne sa feuille morte.

Mais, à dire vrai, ces vingt-quatre syllabes sont les seules où l'on retrouve la profonde tristesse, si marquée dans certaines pièces des *Châtiments*, et qui remplit les dernières pièces des *Contemplations*. Une magnifique et

éblouissante lumière inonde les compositions où revivent
toutes les grandeurs du passé. Cet esprit puissant, qui
naguère se penchait, plein d'épouvante, au bord de
l'abîme sans fond pour lui demander le secret de la destinée humaine, la voit aujourd'hui noyée dans la fécondité
toute-puissante de la nature. La Mort semblait l'envelopper, l'obséder de ses appels sinistres : maintenant la vie
déborde en lui comme autour de lui. La pièce dominante
de la *Légende des siècles*, au point de vue de la pensée,
et en même temps la plus belle peut-être au point de vue
poétique, c'est « le Satyre » ; c'est ce poème des forces
secrètes de la nature, où, à la fin, les divinités à moitié
humaines du Paganisme, jusqu'au Souverain de la terre
et du ciel, s'évanouissent devant l'apparition du révolté
symbolique en qui débordent toutes les énergies vitales
de la terre. Mais dans cette magnifique insurrection de
toutes les âmes profondes cachées au fond des choses,
contre le pouvoir souverain de la monarchie céleste, est-ce
seulement Jupiter qui est menacé ? Que devient le Dieu
personnel, auquel Victor Hugo était jusque-là resté fidèle,
et auquel il reviendra peu après ?

Le tableau de l'avenir, qui termine le recueil, cette
vision où les créations scientifiques des temps modernes
prennent la figure démesurée des apparitions apocalyptiques, complète par une pensée de puissance et d'espérance le livre où revivent tous les siècles antérieurs.

IX

Aussitôt la *Légende des siècles* terminée, Victor Hugo
achève les *Misérables*, il va mettre sur le chantier les
Travailleurs de la mer. Aux plus admirables œuvres
poétiques qui existent en langue française, il va ajouter

des œuvres en prose égales. Chacune de ces étapes s'arrête sur un sommet dont la hauteur n'avait pas encore été atteinte.

Ce n'est point ici le lieu de rappeler les mérites qui font des *Misérables* une œuvre incomparable : la magnifique pensée de pitié et de réhabilitation qui domine le livre tout entier; la puissance de peinture qui fait que chacun de ces tableaux laisse ses contours et ses couleurs fixés dans la mémoire, avec la précision des contours et des couleurs qu'on a devant les yeux; la grandeur épique ajoutée à la merveilleuse exubérance du roman, et mêlant à des scènes où se multiplie toute la diversité de l'existence, le combat solennel de Waterloo et les luttes héroïques des barricades; cette intensité d'émotion, qui jamais n'a eu plus de force et qui arrache irrésistiblement pour toutes les souffrances du cœur humain un sanglot au fond même de la poitrine; enfin le don de créer des personnages vivants que Victor Hugo n'a pas eu ailleurs au même degré : car la plupart de ses créations appartiennent à un monde poétique et exceptionnel. Ici, tous sont de chair et d'os; il n'est pas jusqu'aux figures épisodiques qu'on ne connaisse comme si on les avait rencontrées. Un profil tracé d'un trait suffit pour donner le souffle des lèvres et l'étincelle des yeux à un visage bien réel.

Mais ce qu'il faut dire, c'est que nulle part Victor Hugo n'a mis plus de lui-même, dans le sens intime du mot. On y voit transparaître le fonds spontané et familier de l'homme, si souvent voilé dans le reste de l'œuvre du poëte. C'est dans les *Misérables* qu'il se livre le plus. Il a écrit lui-même comment il s'était détendu sous l'influence de la nature dont il était enveloppé. Dans les très belles paroles prononcés à Jersey la première fois qu'il y revint après son expulsion, il a raconté ce qui s'était passé en lui, durant les premières années d'exil. « J'avais lutté, dit-il, contre l'asservissement d'un peuple par un homme : tout ce combat convulsif tremblait encore en moi; j'étais

indigné, éperdu et haletant. Eh bien! Jersey m'a calmé.
J'ai trouvé, je le répète, la paix, le repos, un apaisement
sévère et profond dans cette douce nature de vos campagnes, dans ce salut affectueux de vos laboureurs, dans ces
vallées, dans ces solitudes, dans ces nuits qui, sur la mer,
semblent plus largement étoilées, dans cet Océan éternellement ému qui semble palpiter directement sous l'haleine
de Dieu. Et c'est ainsi que tout en gardant la colère contre
le crime, j'ai senti l'immensité mêler à cette colère un
élargissement serein... Ah! je ne l'oublierai jamais, ce
majestueux apaisement des premiers jours de l'exil par la
nature! »

On l'a vu par l'œuvre même de Victor Hugo, l'effet
produit n'a peut-être pas été aussi rapide : c'est à Guernesey qu'il est devenu complet. Mais il a été plus étendu
encore que le poëte ne le dit. Il semble qu'à ce moment,
à la brise rafraîchissante du large, une sorte de renouveau
ait fait affluer une seconde fois dans ses veines une merveilleuse sève de jeunesse. Au sortir de l'évocation des
siècles passés, on dirait que Victor Hugo est ressaisi par
ses vingt ans d'autrefois. On le voit à chaque instant dans
les *Misérables*. Ce soleil matinal des premières années de
l'existence, dont les rayons ont un éclat et une force vivifiante qu'on ne retrouvera plus, illumine le rire joyeux de
Gavroche, les grêles figures de filles en haillons, dont la
grâce maladive est si pénétrante, les têtes blondes d'enfants
dont l'œuvre est comme éclairée, et le groupe héroïque
d'étudiants que domine le buste marmoréen d'Enjolras.
Ce grand Paris, dont le poëte est privé, revient sous ses
regards tel qu'il l'a connu adolescent ou jeune homme ; le
Paris de la Restauration, avec ses revenants de l'émigra-
tion poudrés et en culotte, ses couvents silencieux, l'air
renfermé de ses vieux salons royalistes, la généreuse
révolte des générations nouvelles, les mille traits curieux
de ses physionomies disparues. Tous les coins de la grande
ville qu'il a aperçus dans ses promenades d'autrefois, se
peignent pour l'exilé dans les brumes de l'Océan avec une

intensité extraordinaire : la solitude sinistre de ses boulevards extérieurs, le printemps de ses jardins publics,
débordant de fleurs, lustré de pluie, étincelant de soleil :
l'aube jetant sa lueur blafarde sur les grands murs lugubres
de la banlieue avec des dômes lointains profilés sur le ciel
clair ; la paisible et mélancolique allée du Luxembourg où
des romans d'amour timide, brûlant et farouche, se nour-
rissent d'un regard surpris au passage, d'un pan de robe
entrevu dans un coup de vent. Il y a, dans l'histoire de
Marius telle que Victor Hugo la raconte, mieux que de
l'autobiographie : on y retrouve encore toutes fraîches les
impressions les plus vives de l'existence humaine, à l'âge
des premières forces viriles et des douleurs rayonnantes
d'espérance.

Les *Misérables* ont une portée politique presque égale à
celle des *Châtiments*, mais dans un sens bien différent. Le
souvenir des libertés égorgées et l'âpre colère du justicier
jettent sur les poèmes de Jersey l'ombre de leurs nuages
orageux et les feux sinistres de leurs éclairs : dans les
Misérables, un rayon d'aurore éclaire l'avenir de la joie
héroïque des grands combats révolutionnaires. Toutes les
spendeurs de la jeunesse sont mêlées à tous les enthousiasmes de la liberté, dans la magnifique évocation du
peuple des étudiants aux environs de 1830, avec leur
exubérance de printemps, leur gaîté étincelante, leurs
aspirations à tout ce qui est haut et grand, leur culte de
l'art, leur foi républicaine, et, pour couronnement, l'épopée de la barricade. On respire à pleins poumons, dans
ces pages admirables, l'électricité vivifiante des heures de
Révolution. La glorification des luttes anciennes retentit
comme une fanfare de réveil : c'est, devant le despotisme
impérial, la diane sonnée à l'armée des générations nouvelles.

On pouvait croire qu'après cela, la série des grands
chefs-d'œuvre était épuisée : comment ne pas descendre
après avoir chanté tous les siècles dans la *Légende* et les
temps modernes dans les *Misérables* ? Pourtant Victor

Hugo allait donner encore une œuvre égale. Il lui restait
un domaine nouveau : lequel? L'asile qui l'avait recueilli,
les rochers lavés d'écume au milieu desquels la proscription l'avait porté, le monde des vagues courant à perte de
vue auxquelles toutes ses pensées s'étaient amalgamées
depuis douze ans; et alors, il conçoit les *Travailleurs de
la mer*. Il écrit le roman de l'Océan, le compagnon
colossal avec lequel il vit maintenant dans une intimité
de toutes les minutes, qui l'a pacifié, inspiré, « élargi »
suivant la propre expression du poète, à la mesure de son
immensité. Il en fait le héros de l'œuvre nouvelle; et le
drame qu'il entreprend va avoir pour personnages les
flots, les nuages et les vents.

Il me paraît impossible de mettre cette dernière production au-dessous d'aucune des productions de Victor
Hugo. Car c'est la création du génie humain où est tra-
duite, avec le plus d'intensité, la plus puissante et la plus
profonde entre toutes les impressions de la nature, celle
de la mer. A cet égard, rien de comparable à cette œuvre
prodigieuse, toute ruisselante d'eau salée comme l'écueil
sur lequel elle est bâtie, secouant au-dessus de sa tête,
comme un panache blanc et noir, des vols de mouettes et
de goélands, ayant sous ses fondements couverts de che-
velures pendantes de varechs, les trésors cachés de
l'Océan, ses étranges végétations multicolores, ses écrins
de coquillages, son peuple de créatures difformes comme
la faune d'une autre planète, tout ce monde mystérieux,
baigné dans le crépuscule glauque des profondeurs, et que
le retrait périodique des eaux laisse entrevoir dans une
demi-révélation. On sent que le poète a vécu, comme nul
autre, de la vie de l'Océan; qu'il est devenu le familier
du ciel changeant du large, où l'on est comme suspendu
dans l'ouverture illimitée des horizons marins; qu'il s'est
mêlé aux populations dont toute l'existence est attachée
aux péripéties incessantes des événements aériens. On
aspire à pleins poumons, d'un bout à l'autre du roman,
l'âcreté vivifiante de l'oxygène chargé du sel.

Et l'œuvre de l'exil ne s'arrête pas là. J'ai parlé de la poussée de jeunesse qui se reflète dans les productions de Guernesey. Voici qu'elle éclate dans la joie éblouissante des *Chansons des rues et des bois*. Bien que les pièces du recueil portent des dates anciennes, par un anachronisme transparent qu'explique leur inspiration la plus fréquente, personne ne peut s'y tromper : la forme indique nettement la dernière manière du maître; elle en révèle une transformation nouvelle, et la plus étonnante peut-être, pour le maniement magistral des mots et des rythmes. Théophile Gautier avait réalisé cette merveille, de resserrer les poèmes les plus divers et les plus magnifiques dans le cadre étroit des strophes les plus courtes de la prosodie française. On dirait que Victor Hugo s'est plu à relever la gageure; mais ce ne sont ni des émaux, ni des camées qu'il enchâsse dans le même cadre : par un tour de force perpétuel, il a su faire tenir l'exubérance de la verve la plus débordante, les plus splendides richesses poétiques, parfois l'ampleur démesurée des plus vastes horizons, dans de petits vers d'une grandeur incomparable. Aussitôt après, la traduction des œuvres de Shakespeare par son fils lui donnait l'occasion d'écrire, à propos du grand poète anglais, les pages éclatantes où il fait défiler tous les grands génies de l'humanité. Puis, c'était un nouveau roman : *l'Homme qui rit*, digne des précédents par la puissante coloration des peintures, par la grandeur de certaines créations, comme celle de lady Josiane, et qui aurait peut-être pris rang parmi les grands chefs-d'œuvre s'il n'était venu après les *Misérables* et les *Travailleurs de la mer*. Et cet amas d'œuvres merveilleuses ne représente pas encore toute la fécondité des années d'exil. D'autres conceptions se pressent dans le cerveau du poète; d'autres pages préparent des œuvres futures qui ne verront pas le jour de son vivant. C'est le cas, par exemple, pour le *Théâtre en liberté*, où se trouve un fragment comparable aux plus sublimes inspirations de Victor Hugo : la mort de la sorcière, si singulièrement mêlée à la fantaisie intitulée : *Mangeront-ils?*

Récapitulons : *Napoléon le Petit*, les *Châtiments*, les *Contemplations*, la *Légende des siècles*, les *Misérables*, les *Travailleurs de la mer*, les *Chansons des rues et des bois*, *William Shakespeare*, l'*Homme qui rit*, neuf ouvrages, vingt-quatre volumes, sans compter d'innombrables fragments publiés plus tard; dans ce nombre peut-être les chefs-d'œuvre les plus éclatants de la langue française; tel fut le travail de dix-huit ans de proscription, et surtout de dix-sept années dans les maisons battues par le vent du large, dont le nom appartient dorénavant à l'histoire de l'esprit humain.

Ces maisons elles-mêmes méritent quelques mots : elles aussi, elles ont été des œuvres. On sait que Victor Hugo, comme chef du mouvement romantique, avait été des premiers à rechercher et à placer autour de lui, dans sa demeure, les productions curieuses et singulières des arts du moyen âge, de la Renaissance et de l'Orient. Le bibelot, alors, n'était pas la mode banale qu'il est devenu depuis; on ne voyait pas les Philistins les plus épais acheter au poids de l'or les plus plates contrefaçons, des œuvres où le génie naïf des artisans d'autrefois a laissé son empreinte; il n'y avait pas à tous les coins de rue des « vieux chênes » tout neufs, pourvus de faux trous de vers au moyen de recettes connues, et des fontaines à la corne qui n'avaient jamais vu Rouen. Le maître, même après la vente forcée des trésors amassés place Royale, possédait quelques-unes des merveilles qu'on trouvait encore avant que la mode s'en mêlât : verres de Venise, porcelaines de Chine et du Japon, colonnes torses en bois sculpté, statues de figure archaïque, bronzes aux savantes patines, tissus aux colorations étranges, meubles aux architectures fantastiques, émaux, fers forgés, carreaux de faïence : toutes ces matières antiques, où vit, dans une diversité pittoresque, l'idéal des siècles disparus. Mais il n'était pas homme à les recueillir sans les associer à sa pensée. Il les prenait comme il prend, pour

ses poèmes, ses drames et ses romans, les détails
archaïques, de contours curieux, de couleurs éclatantes et
bizarres, qu'il a été chercher de tous côtés dans ses fouilles
de documents anciens, et qu'il accumule, avec sa fantaisie
souveraine, dans des tableaux marqués du caractère impérieux de son génie. Jusque dans son mobilier, avec tout ce
bric-à-brac, il faisait du Victor Hugo. Il ne se contentait
pas de le grouper, en combinaisons magistrales qui faisaient de sa demeure un poème touffu, étrange et fantastique : il y mettait du sien. Au besoin, il taillait le bois,
il le colorait, ou il dirigeait les charpentiers, les forge-
rons, pour plier les matériaux à sa pensée. On sait combien ses dessins, exécutés par des procédés à lui, bar-
bouillés d'encre et de marc de café, parfois rehaussés d'une
unique tache rouge, évoquent des visions à la fois étranges
et précises. Il composait de même sa demeure; en sorte
que la physionomie de ses créations d'exil serait incom-
plète, sans un regard jeté sur le sanctuaire, plein de trésors étincelant dans l'ombre, d'où tous ces chefs-d'œuvre
ont pris leur vol.

<h1 style="text-align:center">X</h1>

J'ai insisté sur l'œuvre littéraire de Victor Hugo en
exil. C'est que, même dans ses parties les plus étrangères
aux luttes des partis, elle se rattache à l'action politique
du maître. Chacun de ses chefs-d'œuvre, n'eût-il pas un
mot applicable directement ou indirectement à l'empire,
avait cette portée qu'il venait de l'étranger, et qu'il dénonçait l'exil du plus grand génie de la France. A mesure que
le poète apparaissait plus haut et avec plus d'éclat sur son
rocher, on sentait plus vivement ce trait caractéristique
du régime : la gloire intellectuelle du pays proscrite.

A mesure que ces poèmes ou ces romans prodigieux se succédaient, la suprématie littéraire de Victor Hugo devenait incontestable. Pendant qu'on voyait monter son génie à l'horizon, le génie rival de Lamartine descendait et s'éteignait. En même temps, le mouvement des hommes et des esprits s'ajoutait à l'œuvre de Victor Hugo. Il y a des époques littéraires où les grands talents les plus originaux apparaissent groupés autour d'un maître. La seconde moitié du siècle montrait l'école de Victor Hugo seule vivante et seule feconde, les autres grands esprits du temps n'ayant pas laissé d'héritiers. Les poètes des dix premières années de l'empire s'appelaient : Théophile Gautier, Théodore de Banville, Leconte de Lisle, Baudelaire. Tous se rattachaient à lui, dans une large mesure; tous, à part Leconte de Lisle, étaient fanatiques de sa gloire. Le maître du roman moderne qui se révélait dans cette période, le grand Flaubert, était de la même famille. On sait que ce créateur du réalisme était fervent romantique. En outre, la transformation de la pensée et du style de Victor Hugo exerçait une action décisive sur le mouvement littéraire. Sitôt qu'un groupe de poètes jeunes va paraître avec les Parnassiens, ils s'inspireront beaucoup moins des *Feuilles d'automne* ou de *Hernani* que des *Contemplations*, et surtout de la *Légende des siècles* dont l'admirable vers épique, plus ou moins bien manié, va devenir la langue ordinaire de la poésie française. C'est ainsi que le nom de l'exilé apparaît dominant de plus en plus son époque et que les générations nouvelles subissent de plus en plus son influence.

Cette situation a été l'œuvre du temps. La période où parurent les premières œuvres d'exil était peu favorable aux grands essors poétiques. Les neuf ou dix premières années de l'empire eurent une physionomie particulière. Quand la géologie a retrouvé dans les entrailles du sol l'histoire des faunes et des flores éteintes, elle a révélé presque sur tous les points de la planète d'étranges révolutions de la nature. Elle montre des époques où des brises plus chaudes caressaient d'exubérantes et splendides végétations tropicales jusque sur notre vieux sol français; puis, à deux reprises, des retours offensifs de l'hiver, encore inexpliqués; d'énormes glaciers descendant des sommets presque jusqu'au bord de la mer, comme au Groenland et au Spitzberg; de tristes forêts sibériennes envahissant les régions où débordait jadis la vie chaude des régions ensoleillées; des monstres enveloppés d'épaisses fourrures aux longs poils tombants, résistant seuls aux souffles froids d'un ciel devenu hyperboréen. Comme l'histoire du globe, l'histoire du mouvement intellectuel, dans tous les pays, a ses périodes glaciaires. Aux fécondes explosions du génie national succèdent de longs refroidissements. Il semble que le sol soit devenu stérile; la sève de la jeunesse elle-même paraît gelée; les générations nouvelles naissent déjà vieilles et déssechées. On serait presque tenté de croire à une extinction de la force vitale, quand un retour de chaleur vient réveiller dans la nature les germes féconds de l'avenir.

On assistait à l'une de ces époques de refroidissement intellectuel les plus marquées, au lendemain du 2 Décembre. Elle fut d'autant plus sensible qu'elle succédait à une époque d'enthousiasme qui avait duré plus d'un quart de siècle. Ceux qui ont vécu au temps du romantisme, pour la plupart disparus aujourd'hui, s'en souvenaient comme d'un paradis perdu. Je me rappelle encore avec quelle émotion en parlait Michelet lui-même, qui, pourtant, vivait dans une austérité laborieuse, au milieu de la poussière des bibliothèques, des archives, loin des cénacles joyeux et bruyants. Gautier, si impassible, garda toute la vie la nostalgie de ce monde disparu. Dans son *Histoire du romantisme*, il compare le milieu où il s'est développé à l'Éden d'où l'Adam biblique est exilé par l'ange au glaive de feu. Ce n'est pas l'action du coup d'État qui a détruit cette floraison intellectuelle. Dès la fin du règne de Louis-Philippe, et encore plus après les sanglantes convulsions de 1848, une réaction était sensible. Comme tous les évé-

nements de l'histoire, le 2 Décembre fut à la fois un effet et
une cause. C'est la décroissance du puissant mouvement
des esprits qui le rendit possible ; mais il lui porta le dernier coup.

On aurait dit que le pays de 89 et de 1830 était éteint,
tant il acceptait le silence de plomb du despotisme ! Il était
convenu que les enthousiasmes d'autrefois étaient choses
parfaitement ridicules et démodées, comme les chapeaux
Bolivar ou les manches à gigots. Chaque année apportait
une race de petits jeunes gens vieillots, à la fois très
viveurs et très officiels. Une école littéraire récente, l'école
du bon sens, parlait à cette jeunesse le langage qui lui
convenait. Cette école n'avait pas supprimé toutes les
émotions, il faut le reconnaître. Elle éprouvait encore,
par exception, des attendrissements contagieux pour les
infortunés héritiers d'un titre nobiliaire qui passagèrement,
se trouvaient ne point posséder cinquante mille livres de
rente, ou pour les lorettes devenues sentimentales et
malades de la poitrine. Mais elle aimait mieux « blaguer »
que s'attendrir. Chose curieuse ! Cette époque est précisément celle où parurent nombre des chefs-d'œuvre du siècle.
Aux productions de l'exil, signées Victor Hugo, Quinet,
Louis Blanc, il faut ajouter celles des écrivains restés en
France. Le seul génie alors vivant et en pleine fécondité
qu'on puisse comparer à Victor Hugo, Michelet, continuait, agrandissait encore le monument qu'il a élevé à
l'histoire de la patrie. Gautier produisait quelques-unes
de ses œuvres les plus admirables. Flaubert donnait
Madame Bovary et *Salammbô*. Sainte-Beuve continuait
son œuvre incomparable de critique. Renan se révélait.
J'ai rappelé tout à l'heure les poètes de la seconde génération du romantisme. Mais tout ce qui vibrait encore aux
émotions d'autrefois se sentait isolé, et comme mordu par
le froid ambiant. En dehors même de toute idée politique,
un poète tel que Baudelaire exprimait avec une fureur
concentrée, sa haine du milieu auquel il s'adressait. Les
plus ardentes passions de l'idéal se refoulaient, se

cachaient sous une ironie féroce ou sous une impassibilité marmoréenne. Les intelligences les plus souples s'arrêtaient à une affectation d'indifférence.

En même temps, le triomphe de l'empire paraissait complet. Des victoires couronnaient de leurs lauriers l'homme du 2 Décembre. La fortune faisait avec lui comme ces hommes de tripots qui éblouissent, qui amorcent avec des gains faciles, les joueurs naïfs qu'ils veulent égorger. Le despote au profit duquel Morny avait fait réussir le 2 Décembre était, on le sait, une façon de somnambule, rêvassant derrrière ses paupières toujours baissées, dans une hallucination confuse, de brusques coups de tête, qui éclataient à l'improviste comme des défis au hasard. Ces surprises de casse-cou étaient d'autant plus dangereuses, que parmi les sabreurs du coup d'État, il ne se trouvait pas un véritable homme de guerre. Rien de mortel pour une armée, comme de devenir une armée de prétoriens. A quoi a-t-il tenu que les désastres de 1870 n'eussent lieu au début même du régime ? Un beau matin, l'Europe apprenait avec stupeur que nous déclarions la guerre à la Russie ; un autre jour, c'était contre l'Autriche que nos armées étaient mobilisées. On sait qu'aucune des deux expéditions ne fut conduite. En Crimée, nous allions assiéger une ville ouverte, dont l'ennemi fit une ville forte devant nous. Il fallut deux ans pour emporter ces remparts élevés sous nos yeux, sous le feu de nos canons. La désorganisation la plus lamentable qui jamais ait paralysé les forces d'une puissance militaire se révéla durant cette guerre qui semblait conduite par le hasard. Il eût suffi à l'empire russe, qui avait soixante millions d'habitants, de pouvoir lever et acheminer sur Sébastopol, en deux ans, une armée de trois ou quatre cent mille hommes, pour jeter à la mer, sans résistance possible, les troupes anglo-françaises. Quant à la campagne d'Italie, elle a été résumée d'un mot profond par un des généraux qui y ont joué un rôle éclatant. C'est Trochu qui l'a qualifiée :

« Une déroute en avant ». Toutes les guerres de l'empire ont été conduites de même. Les vices qui nous ont perdus à Wœrth, à Forbach, à Sedan, à Metz, apparaissent peut-être plus grands encore dans les campagnes de Crimée et d'Italie.

La fatalité a voulu que de brillants succès préparassent le désastre final, et que la chance se mît du côté du régime impérial, là où les frontières de la France n'étaient point en jeu, pour se retourner contre lui, le jour où il risquait le territoire même de la patrie. Par deux fois, il eut affaire à des armées compromises par une désorganisation et un commandement peut-être pires encore que les nôtres. Le reste étant ainsi à peu près égal, le brio du soldat français couronna de victoires des chefs incapables. L'Alma, Magenta, Malakoff ont été des batailles de zouaves. La *furia francese,* éclatant parfois sans ordres, compensait la nullité de la direction. De telles habitudes de combat sont mortelles devant un ennemi qui est un peu conduit. Le malheur de la France voulut qu'on ne s'en aperçût que le jour où on eut affaire à la Prusse.

Le résultat immédiat fut de jeter quelque gloire militaire sur le 2 Décembre. Le souverain d'aventure que les vieilles monarchies d'Europe regardaient d'abord en parvenu et les pays libres en criminel, se trouva imposé à leur respect. L'autocratie russe, qui jusqu'alors l'avait traité avec un dédain hautain, apprit à le redouter d'abord, à rechercher son amitié ensuite. La libre Angleterre, indignée au premier moment contre le coup d'État, se fit prévenante et presque tendre, quand elle put obtenir, au prix du sang français, le triomphe de ses intérêts à Sébastopol. L'Italie dut son affranchissement au despote des Tuileries ; et le peuple parisien salua de ses acclamations une guerre de délivrance, entreprise par le régime du 2 Décembre. L'Exposition universelle de 1855 montra l'égorgeur de la République présidant majestueusement aux grandes fêtes de la civilisation européenne.

Nulle voix discordante ne pouvait s'élever. Le crime
heureux, comblé par la fortune, remplissait du bruit de
ses plaisirs la France silencieuse.

Je n'ai, sur ce temps déjà lointain, que de vagues
souvenirs d'enfance : mais l'impression d'écrasement qui
s'en dégageait reste encore vivante dans ma mémoire.
Tout d'abord, le coup d'État fut suivi d'une période de
bon plaisir, digne du bas-empire romain. La force
militaire régnait. C'était le temps où quand, en pleine
tranquillité, il prenait fantaisie à une sentinelle de tirer
sur un passant et à l'étendre mort, on se bornait à
étouffer l'incident. Un murmure perdait un homme. Une
sorte de proscription latente pesait sur les républicains
que l'exil avait épargnés. Ces temps de violence revinrent
après l'attentat d'Orsini, lors de la loi de sûreté générale,
quand un soudard, Espinasse, fut chargé de réveiller la
terreur des premiers jours. On parlait bas ; ceux qui ne
voulaient pas fléchir, comme mon père, étaient traqués de
journal en journal. J'ai vu s'asseoir au foyer de ma
famille, des hommes de bien et d'intelligence, des professeurs, les hommes les plus paisibles du monde, malgré
leur foi républicaine, et qui, ayant été arrêtés comme des
malfaiteurs, montraient, à leurs poignets, la meurtrissure
récente des fers. La police régnait insolemment. La France
semblait plus que résignée.

C'est dans cette période que parurent les premiers
chefs-d'œuvre de Victor Hugo : les *Contemplations*, la
Légende des siècles. Ce furent de grands événements
littéraires. Naturellement, dans une grande partie du
public, la pensée républicaine mêlait à l'admiration pour
le poète la protestation contre l'empire. Mais l'heure
n'était pas venue où ce sentiment pouvait prendre la
forme de manifestations retentissantes.

On sait que le gouvernement impérial publia une
amnistie aussitôt après la guerre d'Italie, en 1859. L'auteur
du coup d'État pardonnait aux défenseurs de la loi.
L'amnistie devait être, et fut en effet repoussée avec

mépris, sans l'ombre d'une hésitation, par les proscrits
les plus illustres, Hugo, Quinet, Louis Blanc, Schœlcher,
Charras. Ils ne songeaient pas à prétendre, ni imposer, ni
conseiller à tous la même attitude. En profitant de la
réouverture des frontières, les exilés ne se diminuaient
nullement par l'acceptation d'une mesure de pardon. La
force brutale leur avait fermé l'entrée de leur patrie : cet
obstacle matériel tombait, ils rentraient. Ils pouvaient
d'autant mieux le faire, qu'ils n'avaient jamais considéré
la loi qui les exilait que comme une violence criminelle.
La contrainte exercée sur eux par cette violence disparaissait ; rien de plus. Mais il n'était pas possible que les
hommes dont les noms représentaient avec le plus d'éclat
la République proscrite ne fissent pas de l'amnistie
de 1859 l'occasion d'une protestation nouvelle : ils avaient
le devoir sévère de rappeler qu'il ne pouvait y avoir, pour
l'attentat du 2 Décembre, ni oubli, ni prescription. Tout
en laissant rentrer nombre de leurs amis, ils soufffle-
tèrent d'un refus hautain l'amnistie impériale. Ce refus,
Victor Hugo l'avait écrit d'avance, dans les admirables
strophes intitulées : *Ultima verba*.

> Devant les trahisons et les têtes courbées,
> Je croiserai les bras, indigné, mais serein.
> Sombre fidélité pour les choses tombées,
> Sois ma force, et ma joie, et mon pilier d'airain !

> Oui, tant qu'il sera là, qu'on cède ou qu'on persiste,
> O France ! France aimée et qu'on pleure toujours,
> Je ne reverrai pas ta terre douce et triste,
> Tombeau de mes aïeux et nid de mes amours !

> Je ne reverrai pas ta rive qui nous tente,
> France ! hors le devoir, hélas ! j'oublierai tout !
> Parmi les exilés je planterai ma tente ;
> Je resterai proscrit, voulant rester debout.

> J'accepte l'âpre exil, n'eût-il ni fin ni terme,
> Sans chercher à savoir ni sans considérer
> Si quelqu'un a plié qu'on aurait cru plus ferme,
> Et si plusieurs s'en vont qui devraient demeurer.
>
> Si l'on n'est plus que mille, eh bien ! j'en suis ! Si même
> Ils ne sont plus cent, je brave encor Sylla.
> S'il en demeure dix, je serai le dixième,
> Et s'il n'en reste qu'un, je serai celui-là !

Victor Hugo n'était pas homme à déchirer l'engagement pris dans ces vers, datés de l'anniversaire du coup d'État (2 décembre 1852). Il répondit à l'amnistie par la déclaration suivante que publièrent les journaux :

« Personne n'attendra de moi que j'accorde, en ce qui me concerne, un moment d'attention à la chose appelée amnistie.

« Dans la situation où est la France, protestation absolue, inflexible, éternelle, voilà pour moi le devoir.

« Fidèle à l'engagement que j'ai pris vis-à-vis de ma conscience, je partagerai jusqu'au bout l'exil de la liberté. Quand la liberté rentrera, je rentrerai.

« Victor Hugo.

« Hauteville-House, 18 août 1859. »

On a essayé de représenter depuis lors ce refus de revoir la France, comme une attitude affectée par le poète pour attirer les yeux sur lui, comme une pose qu'il prenait à bon marché sur son rocher, au milieu d'une existence facile, dans l'intérêt exclusif de sa gloire. Il faudrait oublier, pour accorder quelque vraisemblance à cette façon de voir les choses, que la même réponse à la même mesure fut considérée comme une obligation impérieuse par les plus considérables des autres exilés. Il y avait parmi eux des hommes tels que Quinet, pour qui la privation de la patrie était notoirement une douleur amère de tous les instants, et auxquels la vie à l'étranger faisait sentir cruellement tous les embarras de l'existence. Il y avait des natures d'acier comme celle de Charras, l'austère soldat du devoir. Aucun de ceux-là n'eut un instant d'hésitation. On n'aurait pas compris qu'ils eussent un instant d'hésitation. L'absence de ces grands esprits et de ces grands caractères était une flétrissure pour le régime sorti du coup d'État. Leur exemple était un enseignement et une force pour tout ce qui travaillait à réveiller dans le pays le culte de la liberté. Leur retour aurait ressemblé à une amnistie accordée par les représentants du droit écrasé à la violence toute-puissante. Elle aurait effacé quelque chose du souvenir qui rendait impossible au régime impérial de prendre racine sur le sol de la France. Ils le comprirent, et restèrent en exil. Il est absurde de supposer que pour aucun de ces grands Français, la privation de la patrie, l'existence loin de leurs amis, loin de leurs proches, en dehors du pays dont ils étaient l'honneur, pût ne pas être une cruelle souffrance. Ils acceptèrent cette souffrance jusqu'au bout. On ne peut que plaindre ceux qui essayent de diminuer, de railler ou de dénigrer un tel sacrifice.

Il allait porter ses fruits. Aux environs de 1860, la France se réveillait. Ce réveil fut d'abord sensible dans le monde des écoles parisiennes, d'où tant de fois est partie l'étincelle. Des générations nouvelles arrivaient, chez lesquelles se rallumaient les enthousiasmes d'autrefois. On voyait reparaître presque en même temps la foi républicaine et la foi littéraire. Les jeunes hommes qui avaient alors une vingtaine d'années préparaient à la France un nouveau mouvement intellectuel. C'était la génération d'où sont sortis Gambetta, Zola, Daudet, un groupe nouveau de poètes. Un réveil semblable s'opérait dans les masses profondes de la démocratie ouvrière. Les idées de réforme sociale reparaissaient avec les idées de liberté. On approchait du moment où les votes de 1863 allaient jeter à l'empire la menace significative d'élections parisiennes tout entières d'opposition, où de la capitale, l'esprit républicain allait rapidement rayonner sur la province. En attendant, les Cinq, seuls dans une assemblée peuplée de candidats officiels, remuaient profondément l'opinion. Les républicains qui avaient continué sans défaillance la protestation contre le despotisme aux heures les plus sombres, dans un pays qui semblait sourd, entendaient maintenant de tous côtés des échos multiples répondre à leur appel. Une rumeur confuse de résurrection se faisait dans l'esprit public.

C'est alors que parurent les *Misérables*. L'effet fut prodigieux. Quand les deux premiers volumes furent mis en vente, tous les exemplaires furent enlevés en quelques heures. L'admiration pour le poète et pour le proscrit, lentement grandie dans le silence des années antérieures, fit une soudaine explosion. Elle alla croissant à mesure que les autres parties de l'œuvre paraissaient. Aussitôt après, le chef-d'œuvre nouveau devenait l'occasion d'une fête mémorable. Un banquet était offert à Victor Hugo. Bien entendu, c'est en Belgique qu'on célébrait le grand événement littéraire français. Le temps était loin où Victor Hugo, tout juste toléré dans le petit royaume menacé par le redoutable voisinage de l'Empire, était obligé de recourir à l'hospitalité de l'Angleterre. Le bourgmestre de Bruxelles présidait le banquet. Les écrivains, les républicains français étaient venus en foule de Paris. Des discours furent prononcés par Louis Blanc, par mon père, par Nefftzer, par Théodore de Banville, par Champfleury, par des représentants de l'Angleterre, de l'Italie, de l'Espagne. Victor Hugo répondit avec une émotion profonde. « Vous, mes amis de France, dit-il, et mes autres amis trouveront tout simple que ce soit à vous que j'adresse mon dernier mot, il y a onze ans vous avez vu partir presque un jeune homme : vous retrouvez un vieillard. Les cheveux ont changé, le cœur, non. Je vous remercie de vous être souvenus d'un absent; je vous remercie d'être venus; accueillez, vous aussi, dont les noms m'étaient chers de loin, et que je vois ici pour la première fois, accueillez mon profond attendrissement. Il me semble que chacun de vous m'apporte un peu de France; il me semble que je vois sortir de toutes vos âmes groupées autour de moi quelque chose de charmant et d'auguste qui ressemble à une lumière, et qui est le sourire de la patrie. »

Dès lors, il dominait incontestablement le mouvement intellectuel de cette patrie dont il était séparé. C'est surtout vers lui qu'étaient tournés les regards de cette jeunesse qui renouait les vieilles et généreuses traditions de l'esprit français. Tout ce qui marchait au combat tenait à avoir, comme feuille de route, la lettre datée de Hauteville-House, quelque peu brutalisée en route par la police, quand elle avait passé par la poste, et où au bas de l'écriture bien reconnaissable du maître, la signature ouvrait, comme dans un essor majestueux, les deux grandes ailes de son V. Au surplus, du monde entier, on s'adressait à lui : il se mêlait à tous les grands événements par des pages puissantes, que la presse répandait dans toutes les langues. C'étaient, d'abord, des protestations ininterrompues contre la barbarie de la peine de mort. Partout où se dressait un échafaud ou un gibet, quiconque revendiquait l'inviolabilité de la vie humaine faisait à Victor Hugo un appel qui était toujours entendu. Il sauva ainsi plus d'une existence. Il faisait en même temps entendre sa voix pour toutes les nationalités opprimées. La guerre d'Orient lui avait inspiré, quelques années avant, de magnifiques paroles où il décrivait, avec une force d'émotion extraordinaire, le hideux entassement des malades, des blessés, des mourants. Puis c'étaient l'expédition de Chine, la guerre du Mexique, Mentana. Il y a des morceaux superbes, dans ces pages jetées au vent du jour, qu'il a plus tard réunies sous ce titre : *Actes et Paroles.*

Pendant ce temps, le mouvement républicain se développait rapidement en France. Les premiers insuccès de l'empire étaient assurément pour quelque chose dans la décadence du pouvoir impérial. L'expédition du Mexique, si justement impopulaire, si lugubrement terminée par la honteuse reculade de notre gouvernement et par la fusillade de Queretaro, et la fondation de la puissance prussienne devant la France réduite à l'impuissance par sa funeste aventure américaine, ne pouvaient pas ne pas ébranler le régime dont les lourdes fautes apparaissaient avec tant d'évidence. Mais surtout, après quinze ans de compression, la France se ressaisissait. On arrivait à ces dernières années de l'empire, où la foule vibrait si profondément à tous les cris de guerre jetés contre le despotisme napoléonien, que la lutte, au milieu des bravos du public, prenait une sorte de gaieté. Le régime, naguère si fort, si redouté, entouré de tant de terreur, s'offrait, comme désemparé, à toutes les attaques. La vogue appartenait d'avance à qui lui porterait un coup bien retentissant.

Cette situation était déjà bien apparente, quand l'empire eut ses derniers beaux jours. Il convoquait l'Europe à Paris par une seconde Exposition universelle. C'est à cette occasion qu'il leva l'interdit qui pesait depuis seize ans sur l'œuvre dramatique de Victor Hugo. Le Théâtre-Français fut autorisé à reprendre *Hernani*.

Quels furent les véritables motifs de cet accès de libéralisme? Il y en eut sans doute de nature très diverse. D'abord la poussée de l'opinion. L'interdiction qui pesait sur les œuvres du grand poète français était, évidemment, une mesure violente et absurde qui ne pouvait pas durer indéfiniment. L'Exposition offrit une occasion toute naturelle pour y mettre un terme. On a prétendu que le maître du régime impérial avait, pour *Hernani* en particulier, une admiration ancienne. C'était sans doute un souvenir du temps où le monologue de Charles-Quint éveillait au fond de sa pensée ses rêves les plus chers. Il s'était dit plus d'une fois, comme le personnage du drame : « Être empereur! » Il paraît certain qu'une autre considération se mêla à celle-là, au moins dans l'entourage. On

croyait que ce drame, vieux de trente-sept ans, l'un de ceux
où la mode de 1830 était la plus marquée, semblerait, en
1867, un peu suranné et un peu ridicule. On espérait qu'il
ne supporterait pas l'épreuve des planches et que ceux
mêmes qui l'admiraient à la lecture, auraient quelque
mécompte à voir marcher sous leurs yeux, ces figures
ultra-romantiques. Si ce calcul fut fait, comme cela n'est
pas douteux, on s'était lourdement trompé.

La nouvelle « Première » de *Hernani* fut un événement
presque comparable à celle où Gautier avait arboré son
fameux gilet rouge. La puissance dramatique de l'œuvre,
l'éclat de cette langue magnifique qu'on n'était plus
habitué à entendre à la scène, rendaient le succès certain.
Mais il s'agissait bien de cela. *Hernani* eût été dix fois
moins beau, qu'il n'eût guère été accueilli autrement. On
voulait acclamer Victor Hugo; et en même temps, c'était
sur les Tuileries qu'on voulait tirer un feu roulant de
bravos accordés à la gloire du proscrit. Aucun de ceux
qui ont assisté à cette mémorable soirée ne l'oublieront
jamais. La plus grande partie de la foule qui s'était
entassée au parterre, aux galeries, dans les loges, arrivait
le cœur gonflé d'un enthousiasme qui avait besoin d'éclater. Pour les jeunes générations qui avaient grandi dans
l'admiration du maître, c'était une sorte d'émotion religieuse de voir pour la première fois sa pensée s'incarner
dans une action vivante à la lumière de la rampe. J'en-
tends encore (on sait qu'au Théâtre-Français, il n'y a ni
orchestre, ni par conséquent ouverture musicale), j'en-
tends encore les trois coups traditionnels sonner au
milieu de la grosse rumeur de la foule. Puis le rideau se
leva avec un léger bruissement sur l'intérieur gothique
que la duègne ouvre à Charles-Quint. Les vers du début
tombèrent au milieu du silence fiévreux qui précède les
orages. Ce fut l'affaire de quelques secondes. Au premier
mot qui donna prise aux bravos, la tempête éclata. Ce fut
un tonnerre d'applaudissements; il ne cessa plus. La première de 1830 avait été un combat, celle-ci était un

triomphe. Pendant les entr'actes, on s'abordait, on se félicitait, pour un peu on se serait embrassé. Le vieux Dumas père, dans une loge du fond, laissait de ses paupières noires tomber de grosses larmes sur le parterre. Je sais des écrivains aujourd'hui célèbres, dont la passion ne pouvait plus s'éteindre, et qui, après avoir prolongé la fête de cette mémorable soirée dans les cafés, dans les rues, pendant une partie de la nuit, s'en allèrent par delà les fortifications, dans la campagne, déclamer des tirades de *Hernani* au soleil levant. Aussitôt après, Victor Hugo recevait une lettre où il lisait : « Nous venons de saluer des applaudissements les plus enthousiastes la réapparition au théâtre de votre *Hernani*. Le nouveau triomphe du plus grand poète français a été une joie immense pour toute la jeune poésie. La soirée du vingt-huit fera époque dans notre existence. Il y avait pourtant une tristesse dans cette fête, votre absence était pénible à vos compagnons de gloire de 1830 ; mais elle était plus douloureuse encore pour les jeunes, à qui il n'a jamais été donné de toucher cette main qui a écrit la *Légende des siècles*. » Cela était signé Sully Prudhomme, François Coppée, Paul Verlaine, Armand Silvestre, d'Hervilly, Jean Aicard, etc.

Ce n'était assurément pas le succès que l'empire souhaitait à Victor Hugo. On saisit, peu après, l'occasion de beaux vers que le poète publia sur Mentana, pour arrêter *Hernani* au Théâtre-Français, et pour interdire *Ruy Blas* à l'Odéon. Victor Hugo fut avisé de l'interdiction par un lettre du directeur, Chilly. Il répondit :

A M. Louis Bonaparte, aux Tuileries.

Monsieur, je vous accuse réception de la lettre signée Chilly.

VICTOR HUGO.

Il fallut attendre deux ans pour obtenir l'autorisation

d'une nouvelle reprise, celle de *Lucrèce Borgia*, à la Porte-Saint-Martin. Ce fut l'occasion d'une manifestation semblable. J'ai déjà noté un trait curieux : c'est que, bien que les drames de Victor Hugo aient été écrits à une époque où il n'appartenait pas encore à la démocratie, son génie était si naturellement porté de ce côté, que les allusions républicaines y éclataient à chaque instant. On devine comment elles étaient accueillies par le public des dernières années de l'empire. Il n'y en avait pas une dont il ne se saisît, pour la jeter, dans un tonnerre d'applaudissements, à la tête de l'homme de Décembre.

XI

Tel fut le rôle politique de Victor Hugo pendant l'empire : attacher au despotisme une flétrissure immortelle ; donner à l'idée républicaine l'éclat de sa gloire ; mêler à ses chefs-d'œuvre un enseignement démocratique ; habituer la France à unir indissolublement l'admiration pour le génie et le culte de la liberté ; faire entendre sa grande voix pour toutes les grandes causes. Il ne s'occupait guère du reste. Il n'était pas homme à s'ingérer activement dans les questions de tactique, et à prendre parti dans les décisions intérieures de l'armée républicaine. Il planait plus haut.

Ce n'est pas que ces questions et ces décisions n'aient joué un rôle important dans l'histoire du parti sous l'empire. On se querella surtout sur un point : fallait-il siéger à la Chambre malgré le serment exigé des députés? Cette difficulté ne prit naissance qu'à cause du coup d'État. Sous Louis-Philippe, le même serment n'avait pas semblé avoir la même portée. On n'avait jamais imaginé qu'il liât à un régime des adversaires résolus. Personne ne songeait à le refuser. Personne ne songeait à le reprocher à des ennemis avoués du gouvernement. Des républicains comme Ledru-Rollin, des légitimistes comme Berryer le prêtaient sans hésitation; et quand Guizot prétendait mettre en contradiction, chez ce dernier, le serment du député et l'hommage porté par le royaliste à son souverain exilé, l'opinion publique condamnait la prétention de la majorité à « flétrir » cet acte de fidélité. Les plus nobles caractères, un Lafayette, un Lamartine, n'avaient paru à personne se parjurer en travaillant, l'un à la révolution de Juillet, l'autre à la révolution de Février, après avoir prêté le serment exigé dans les Chambres d'alors. Quelle que fût l'interprétation attachée à sa formule, nul n'admettait que le régime qui l'exigeait pût valablement prétendre exclure par là l'opposition à son principe de la représentation nationale.

Les choses changèrent quand on fut en présence du 2 Décembre. Au premier moment, le refus parut à tous un devoir strict. Des quelques républicains élus malgré la pression officielle, pas un n'accepta de siéger. Six ans après, l'opinion de quelques-uns se modifia, en partie sous l'impression du sentiment populaire. Les électeurs voulaient être représentés effectivement. C'est notamment la pression de l'opinion lyonnaise qui amena Hénon, à la foi si modeste et si ferme, si peu soupçonnable d'ambition personnelle, à prêter en 1857 le serment refusé en 1852. Un groupe se formait, qui trouvait que la protestation pure risquait de rester stérile, et qu'il fallait une lutte plus active. Avec Hénon, Jules Favre, Émile Ollivier, Picard, Darimon allaient former le groupe des Cinq. L'influence exercée par leur parole, sitôt que la publicité des débats fut rétablie, ramena bien vite nombre d'autres à la même idée. En 1863, Thiers, Berryer, Garnier-Pagès, Carnot, Jules Simon, mon père, vinrent prendre place à côté des Cinq. Les derniers protestaires se rendirent aux élections suivantes.

Cette transformation ne se fit pas sans tiraillements.

Plus d'un jugea sévèrement les assermentés, qui suivit leur exemple peu après. De là, dans le sein du parti, des divisions personnelles qui, pour rester peu connues du public, à cette époque de presse muselée, n'en furent pas moins vives. Les proscrits, naturellement, n'admettaient pas l'entrée au Corps législatif. Quand Jules Simon, qui avait été des plus ardents contre le serment, s'y résigna à son tour, il fut très sévèrement blâmé par ses amis de l'exil, par Quinet, par Charras. Il est probable que Victor Hugo était du même avis. Il ne semble pas, toutefois, être intervenu dans la querelle.

La vérité est que la cause républicaine profita à la fois des deux forces : la lutte active de ses orateurs dans le Parlement ; la fière et intraitable protestation de ses proscrits au dehors. Dès que le pays put entendre ce qui se passait dans le Corps législatif, la voix de bronze de Jules Favre eut dans toute la France un retentissement éclatant. C'était encore un dur combat que celui que dirigeait le grand orateur. Ils étaient cinq, perdus parmi les centaines de mamelucks du régime impérial. Sur les cinq, deux restaient silencieux ; un troisième devait bientôt faire défection ; le talent alerte et spirituel du quatrième n'aurait pas suffi, seul, à une lutte de ce genre ; le poids de la bataille retombait sur l'infatigable et amer ennemi de l'empire, toujours debout dans sa force hautaine au milieu des rumeurs et des huées. Il y eut un éclat incontestable dans le rôle de ce robuste athlète, dont le masque tragique, la blessante et redoutable éloquence, semblaient marqués au sceau du malheur ; dont l'existence semée d'erreurs irréparables, a sur elle l'ombre sinistre de la fatalité ; que la haine égara plus d'une fois, mais qui échappa jusqu'au bout aux inspirations basses et mesquines, et qui a gardé une sorte de grandeur d'âme jusque dans ses fautes les plus lourdes. On n'a pas le droit d'oublier les longues années où il fut sans cesse sur la brèche, et les rudes coups qu'il porta au régime impérial.

A dater de 1863, toute une phalange d'orateurs entra

en scène. Dans leurs rangs, les noms les plus illustres des deux royautés tombées se mêlaient aux noms républicains. L'action exercée par les discussions parlementaires fut énorme. Ce n'est pas une raison pour oublier l'action exercée par la protestation obstinée des proscrits, par le rayonnement de leurs œuvres, et par la gloire attachée à leurs noms. Elle était d'autant plus forte, que la proscription républicaine de 1851 n'a ressemblé à aucune autre. On a souvent décrit les inconvénients attachés d'habitude aux douleurs de l'exil. Ceux que les événements politiques ont jetés hors de leur patrie ont peine à vivre d'autre chose que de la pensée toujours ressassée de leurs colères et de leurs souffrances ; à ne point laisser l'amertume dont ils sont remplis, pénétrer et altérer tout le travail intérieur de leur cerveau ; à ne pas être accaparés par l'idée fixe de la revanche ; à ne pas perdre ainsi la vue exacte des choses, et la communication avec l'esprit de la patrie absente ; à éviter les illusions, les jugements injustes qui inspirent les plus dangereuses erreurs. Ces inconvénients n'étaient pas à redouter pour les illustres proscrits de l'empire. Ils avaient autre chose à faire qu'à retourner sans relâche dans leur pensée inquiète les colères de la défaite. Ces grands esprits avaient leur œuvre à continuer. On a vu comment Victor Hugo, aussitôt après l'explosion des *Châtiments*, avait traversé sa plus belle période d'éclatante fécondité. Nombre de ses compagnons, chacun dans sa mesure et à son rang, continuaient, en dehors même de la politique, leur collaboration à l'œuvre intellectuelle du temps. Quinet écrivait successivement le poème des origines de la France dans *Merlin l'Enchanteur*, et le poème des origines du monde dans *la Création*. Louis Blanc donnait son *Histoire de la Révolution* et ses belles *Lettres sur l'Angleterre*, où le socialiste de 1848 apparaissait dans une large mesure apaisé et mûri par le spectacle des libertés britanniques. Charras, bien qu'il n'eût jamais fait jusque-là œuvre d'écrivain, révélait à l'histoire la véritable campagne de *Waterloo*. Il faut renoncer à citer en entier l'œuvre littéraire, historique, philosophique, par laquelle les proscrits de 1851 se tenaient en communion étroite avec la pensée de leur pays, et restaient présents par leur glorieuse collaboration, dans la patrie dont la force leur fermait la frontière.

C'est sous cette double influence que la France devint républicaine ; elle qui l'était à peine, malgré les apparences, au lendemain de la révolution de 1848. L'opposition qui combattait l'empire offrait, comme cela était naturel, un mélange d'opinions très diverses. Les orléanistes et les fidèles de la Restauration s'y trouvaient mêlés aux hommes de la démocratie. Les pires réactionnaires de 1851 étaient redevenus libéraux. Les protestations n'avaient pas été très véhémentes de la part de tous au lendemain du 2 Décembre : nombre de ceux qui avaient condamné l'auteur du coup d'État à la mairie du Xᵉ arrondissement, s'étaient vite résignés à un crime qui avait pour eux, cette circonstance atténuante, d'écraser l'esprit de la Révolution. Si les chefs avaient été parmi les vaincus, leur parti, dans la plus grande partie de la province, s'était trouvé de l'autre côté. Mais, peu à peu, l'esprit d'opposition s'était réveillé. L'empire, qui cherchait sa force dans les masses paysannes, n'avait garde de se livrer à une aristocratie impopulaire. Celle-ci, d'ailleurs, était condamnée à le bouder et à lui faire sentir son dédain sans le haïr. Elle eut bientôt un amer dépit de n'avoir aucune place dans le régime impérial ; et les royalistes des deux branches devinrent bien vite des ennemis déclarés du gouvernement. Ils n'eurent pas de peine à comprendre la cause de leur faiblesse : ils n'avaient pas le sens du suffrage universel ; ils n'hésitèrent pas à se rapprocher des républicains, qu'ils sentaient mieux armés pour la lutte. Ainsi s'ouvrit une période où les hommes de la démocratie eurent la surprise de se voir faire des avances par leurs ennemis déclarés de la veille et du lendemain ; où le monde des salons essaya de se faire une popularité ; où l'on vit cette aristocratie, d'ordinaire si dédaigneuse, caresser les masses ouvrières et la jeunesse révolutionnaire.

Malgré ces efforts, quand vint le réveil de l'esprit de liberté et que la France se détacha visiblement de l'empire, ce ne fut pas le souvenir des deux royautés qui y reparut : le pays se mit en marche dans le sens de la République. Les monarchistes libéraux eurent de cruelles désillusions ; ils purent bien vite constater qu'ils ne travaillaient pas pour eux. Les populations où ils se croyaient les plus forts n'échappaient à l'influence gouvernementale que pour passer au drapeau de la démocratie républicaine. Cela leur inspira sans doute de sérieuses réflexions. Et quand le régime du 2 Décembre, déjà fortement ébranlé, dut entrer dans la période des concessions, la plupart des opposants royalistes se rallièrent à ce qu'on appelait l'empire libéral. On les vit aux réceptions des Tuileries. Comme Gambetta le leur dit plus tard, ils avaient mis dix-huit ans pour aller d'une certaine mairie de Paris à un certain palais.

La France n'était pas disposée à les suivre. Tout, dans les dernières années de l'empire, annonçait la Révolution prochaine. On commençait à sentir dans l'air l'électricité qui annonce la tempête. Le retentissement soudain et foudroyant des attaques dirigées contre le gouvernement impérial était un symptôme auquel on ne pouvait pas se tromper. Les morts du coup d'État sortaient en accusateurs de leurs tombeaux. Un discours brûlant, tout rempli de l'inspiration des *Châtiments*, mettait en quelques heures Gambetta hors de pair. Rien ne fut significatif comme le succès de la *Lanterne*. C'était chose étrange de voir ce gouvernement si fort, avec sa police, son armée, son pouvoir absolu, piteusement criblé, bafoué, accablé par les virulentes plaisanteries d'un pamphlet hebdomadaire. En vain il se débattait : un immense éclat de rire sortait de toute la France. Il en était là, que le calembour même était contre lui une arme mortelle, tant le pays faisait chorus ! Ce régime, naguère implacable, semblait perdre le courage de se défendre. La guerre qu'on lui fai-

-ait avait pour elle non-seulement les passions. les enthousiasmes qui se réveillaient dans les foules. mais encore
cette puissance singulière, la mode. Il essaya de ressaisir
tout au moins la bourgeoisie. et de répandre la peur de la
Révolution qu'on sentait venir. Dans les deux dernières
années il organisa des représentations du désordre et fit
construire des barricades par des agents provocateurs. Ce
fut. pendant quelque temps. un des spectacles de Paris
tous les soirs. On savait d'avance où et comment les choses
se passeraient. On voyait arriver de faux révolutionnaires
reconnaissables à leurs blouses blanches qui semblaient
un uniforme. La barricade s'ébauchait. La police venait
la détruire. Le malheur. c'est que cela ne faisait peur à
personne, au contraire. La bourgeoisie elle-même se
plaisait à ce spectacle qu'elle venait regarder des balcons
des cafés voisins. en attendant de voir quelque chose de
plus sérieux. Il y a en France des veilles de révolution où
l'on se prend d'engouement pour le souvenir des vieux
combats populaires, où non seulement un souffle de
révolte passe sur les masses, mais où encore. par l'effet des
grands mouvements d'opinion qui finissent par gagner les
plus paisibles aux passions qui vont armer les éléments
ardents, se joint. dans le public indifférent, une sorte de
curiosité de revoir les tempêtes d'autrefois.

Une heure vint où les masses profondes des grandes
journées reparurent. C'est quand Victor Noir tomba sous
les coups d'un Bonaparte. En voyant la longue avenue des
Champs-Élysées noire jusqu'à l'horizon d'un immense
ondoiement de foule, il n'est personne qui n'ait senti
l'explosion prochaine. Il aurait suffi d'une étincelle pour
qu'elle éclatât ce jour-là.

C'est ainsi que la France semblait se mettre en marche
pour un irrésistible mouvement républicain. Elle ne songeait pas à autre chose : elle ne pensait pas à la guerre ;
jamais l'esprit de chauvinisme belliqueux n'avait été
moins fort. On ne voyait pas l'étranger qui guettait. Les
générations nouvelles s'élançaient tout enfiévrées vers un

avenir démocratique. Cela était si visible, si présent à la pensée de tous, que Victor Hugo, à qui Félix Pyat proposait de rentrer en France pour y prendre part à la lutte, répondait :

« Avant peu, je pense, tombera la barrière d'honneur que je me suis imposée à moi-même par ce vers :

« Et s'il n'en reste qu'un, je serai celui-là.

« Alors je rentrerai.

« Et après avoir fait le devoir de l'exil, je ferai l'autre devoir. »

Au moment où il écrivait ces lignes, il était déjà dans le combat par un journal : le *Rappel*.

Le *Rappel*, c'était l'*Evénement* de 1851 qui ressuscitait au printemps de 1869. Et si quelque chose donna son véritable caractère au mouvement d'alors, c'est le succès formidable de la feuille nouvelle. La poussée des masses dépassait de beaucoup la lutte parlementaire. Elle se rattachait à la protestation inflexible des proscrits. Elle trouvait dans Victor Hugo sa plus haute expression. Elle saluait l'organe attendu par elle, dans le journal sur lequel planait le nom du grand exilé.

Non que Victor Hugo se mêlât plus de la direction du *Rappel*, qu'il ne s'était mêlé de celle de l'*Evénement*. Il avait déclaré dès le début qu'il resterait complètement étranger à la rédaction de la feuille nouvelle. Et ici, je puis parler comme témoin. Entré deux mois après sa fondation au *Rappel*, auquel je suis resté attaché pendant dix ans, je n'ai jamais assisté à aucune intervention du grand poète dans l'orientation du journal. Il y eut souvent, là comme partout, des dissentiments sur la ligne politique à adopter; et j'ai été maintes fois l'interprète d'une des opinions en lutte. Jamais on n'en référait à Victor Hugo, et je sais telle occasion où sa façon de voir était opposée à celle qui avait prévalu dans le *Rappel*. Au début, le journal était dirigé alternativement par Paul Meurice et

Auguste Vacquerie, qui, peu après, resta seul chargé de cette tâche. Mais, s'il ne fallait pas y chercher la direction effective de Victor Hugo, sa pensée y était, représentée par ses fils, par ses deux amis, par les écrivains qui se groupaient autour de sa gloire. D'ailleurs, le *Rappel* reproduisait le caractère de l'ancien *Événement*, élargissant les cadres ordinaires du journal, laissant à la littérature une large place, faisant tour à tour appel à tous les écrivains illustres jusqu'à Quinet, jusqu'à Michelet, jusqu'à George Sand; avec cela alerte, armé en guerre, prompt à l'attaque, mêlant le rire à la passion. Au début, il groupait avec les proscrits, tels que Louis Blanc et Félix Pyat, les plus véhéments entre les écrivains qui criblaient l'empire d'ironies sanglantes, Rochefort et Lockroy.

Le succès fut foudroyant. Le journal jetait chaque matin plus de cent mille feuilles à tous les vents de France. Inutile de dire qu'il était tout entier rempli par la haine implacable de l'empire. Haine joyeuse : c'était en riant qu'on frappait à coups redoublés l'empire chancelant. « Vous reprenez votre œuvre, — écrivait Victor Hugo aux fondateurs du journal, — vous reprenez votre œuvre ce journal au poing, le *Rappel*. Ce sera un journal lumineux et acéré; tantôt épée, tantôt rayon. Vous allez combattre en riant. Moi, vieux et triste, j'applaudis. Courage donc, et en avant! Le rire, quelle puissance! »

Les élections qui suivirent l'apparition du *Rappel* furent pour l'empire une menace significative. C'est alors qu'on se décida à appeler M. Émile Ollivier, et à recourir au plébiscite. M. Émile Ollivier était un grand orateur, un esprit naïf et un pauvre sire. L'empire avait pris par la vanité ce nigaud mélodieux qui se chargea, avec une rare candeur, des deux besognes par lesquelles on se préparait à se débarrasser de lui : le plébiscite et la guerre, les deux espérances de plein rétablissement du pouvoir personnel. L'empire semblait ruiné, quand les sept millions de « oui » qu'il était toujours maître de tirer des

campagnes lui rendirent un peu de force apparente. Ce
n'était qu'un trompe-l'œil. Un régime existant qui se met
aux voix est toujours assuré d'une grosse majorité;
d'ailleurs, l'administration tenait encore les masses rurales
sous sa pression; ce qui était réel et redoutable, c'était
l'opposition de toutes les villes et l'hostilité naissante de
l'armée. Parmi les millions d'électeurs qui avaient
répondu par un « oui » sans enthousiasme à une question
où le « non » restait une déclaration d'inimitié sans
résultat, pas un n'aurait risqué un doigt pour le régime
impérial; les millions de « non » représentaient une force
de combat toute prête et une force de propagande d'un
puissant rayonnement. Mais ce trompe-l'œil suffit pour
faire fléchir un certain nombre de convictions. C'est à
dater de ce moment qu'on commença à entrevoir des
imitateurs d'Émile Ollivier.

Les hommes de l'empire ne se firent pas les mêmes
illusions. Ils comprirent combien leur situation était croulante. Ils en vinrent à la résolution désespérée de jouer
sur le hasard d'une guerre leur pouvoir et leur pays. Et
la France, qui marchait confiante vers un avenir démocratique, se réveilla un matin au bord de l'abîme sanglant
où son maître la jetait.

XII

On sait quelles catastrophes éclatèrent coup sur coup
dès le début de la guerre. Les défaites succédaient aux
défaites. L'empire s'effondrait. Hélas! la fortune de la
France s'effondrait avec lui.

La Destinée ajoutait aux *Châtiments* une page que le
poète, dans sa sombre colère, n'aurait pas osé concevoir :
Sedan. L'homme du 2 Décembre finissait par un désastre

militaire sans précédent et par un désastre moral plus
terrible encore. Après avoir jeté l'armée du pays sous un
cercle de canons prussiens, il ne savait pas même faire
appel aux résolutions du désespoir. Il s'évadait au petit
jour du milieu des troupes. Il se réfugiait chez l'ennemi.
Il allait supplier son vainqueur. Dans un mouvement de
suprême lâcheté, pour le fléchir, il calomniait le pays qu'il
livrait. Son premier mot était pour accuser la France,
pour dire qu'elle l'avait poussé malgré lui à la guerre,
cette guerre résolue pour la dynastie, contre le cri de
la nation. Puis il se sauvait dans une calèche à quatre
chevaux vers la résidence princière qu'il avait obtenue,
tandis que nos soldats, nos officiers, la rage au cœur, les
yeux gros de larmes refoulées, partaient pour leur lieu de
captivité, souvent sans pain, entassés comme des bestiaux
dans les wagons allemands. Victor Hugo allait ajouter aux
poèmes de Jersey une pièce magnifique sur le désastre
de Sedan : celle où il fait gronder le tumulte de la bataille,
avec ses mille clameurs de colère et de mort, au milieu
desquelles éclate soudain ce cri monstrueux : « Je veux
vivre »; celle où il évoque toutes les victoires de la
France, rendant leur épée « par la main d'un bandit ».
Mais si puissant que fût le génie du poète, le spectacle
des faits était plus puissant encore. Il n'y avait pas de
mot dans la langue, qui pût rien ajouter à cette honte.

Aussitôt après, le pays balayait le régime impérial, ou
plutôt, il tombait de lui-même. On a osé parler de
« Révolution faite en présence de l'ennemi ». Le 4 Septembre fut-il vraiment une révolution? Qui songeait à
défendre l'empire? Qui donc aurait pu y songer? Il n'y
eut ni résistance, ni lutte. La foule n'eut qu'à constater
en quelque sorte que le régime du 2 Décembre n'existait
plus. Il avait passé sur la France, entre son crime originel
et son crime final. Né dans le sang, il tombait dans la boue.
Nul parmi ceux qui l'avaient servi, parmi ceux qui l'avaient
aimé, parmi ceux qui le défendaient passionnément la
veille encore, n'aurait osé essayer de l'y relever.

La République revenait; mais dans des circonstances
bien tristement différentes de celles qu'on prévoyait
quelques mois avant. Ce n'était pas le régime populaire
ouvrant une ère de justice démocratique, c'était un gouvernement de combat désespéré contre l'invasion, ne trou-
vant sous sa main que des armes brisées. Des troupes que
l'empire pouvait opposer à l'ennemi, une partie venait d'être
livrée à Sedan; le reste, enveloppé, enfermé, allait être
livré à Metz. Il allait falloir se défendre avec les régiments
épars qui avaient échappé aux désastres, ou avec des
armées improvisées.

Malgré les affreuses menaces de l'avenir, un sentiment
irrésistible de délivrance et d'espoir fit explosion le 4 septembre. Il semblait que, comme en 92, la République dût
faire jaillir les armées de terre, et ramener la victoire
sous notre drapeau. Ceux qui avaient alors âge d'hommes
se rappellent les quelques heures de joie qui donnèrent à
la soirée et à la nuit de cette journée de libération le
caractère d'une fête de la Liberté et de la Patrie. Les plus
cruelles désillusions ne devaient venir que trop vite.

Les proscrits rentraient en foule. Victor Hugo débarquait à Paris le 5. Il venait de Bruxelles, et je lui ai souvent entendu conter ses impressions de voyage. Tant qu'on
était dans la Belgique qui parle flamand, on avait le sentiment de cœur de traverser une satisfaction visible causée
par nos désastres. Les sympathies pour la nation vaincue
apparaissaient dans le pays wallon avec la langue française. Bien entendu, une ovation attendait Victor Hugo à
la gare du Nord et sur la route qu'il suivit par les boulevards; Paris saluait de ses plus chaudes acclamations le
retour du grand proscrit.

Le gouvernement avait été constitué dès le premier
moment sous la présidence du général Trochu, avec les
chefs parlementaires du parti républicain : les députés de
Paris, auxquels quelques députés des départements étaient
associés comme ministres. L'exclusion des proscrits,
Hugo, Louis Blanc, Quinet, Schœlcher, laissait en dehor-

du pouvoir quelques-uns des noms qui avaient le plus d'autorité sur l'opinion. Personne ne réclama ; l'union était alors dans toutes les pensées.

C'est ainsi que Hugo n'eut aucun rôle actif à jouer dans Paris investi. Mais quand vinrent les premiers mécomptes, les regards se tournèrent de son côté, du côté de ses illustres compagnons d'exil. On sait comment fut dirigée militairement la défense de Paris. Le général Trochu avait été le critique le plus clairvoyant des vices de l'armée impériale : il n'avait pas, ou il n'avait plus les qualités d'un chef. Il apportait surtout, dans ses nouvelles fonctions, une résignation religieuse aux rigueurs de la Providence. N'ayant ni la foi au succès, ni l'énergie du désespoir, il reçut passivement les coups répétés du malheur. Orateur intarissable et très séduisant dans le conseil, il employait son temps à démontrer l'inutilité des efforts, et à décourager harmonieusement la défense. Comme tous les irrésolus, il trouvait toujours dans les circonstances du jour des raisons particulières d'inaction. Au début, il était trop tôt pour attaquer; à la fin, il était trop tard. S'il gelait, le froid obligeait à retarder le combat. S'il dégelait, la boue le rendait impossible.

Les généraux dont il était entouré, les Ducrot, les Vinoy, constituaient un nouvel élément d'inertie. Fougueux d'allure par accès, le premier se laissait vite abattre ; sa brutalité n'avait que l'apparence de l'énergie. Le second n'avait même pas cette apparence. Dans l'ensemble, les chefs militaires de l'empire ne croyaient pas, ne pouvaient pas croire à la défense : les premiers désastres les avaient abasourdis. La République l'emportant sans troupes organisées de longue date, là où l'empire s'était fait battre, avec l'armée de leurs rêves, c'eût été pour eux le monde renversé, l'écroulement de tout ce qui leur paraissait le bon sens, une sorte d'aberration de la Fortune. L'esprit de corps, toutes les vieilles routines militaires, toutes leurs sympathies anciennes leur interdisaient d'admettre la victoire. Dans les premiers temps, le point d'honneur et

la colère contre l'ennemi purent les décider à combattre
de loin en loin, mais sans vigueur et sans confiance. A la
fin, les sorties n'étaient plus que des concessions inévitables à ce qu'ils considéraient comme la folie de Paris.

On vit, dans cette étrange ville assiégée, l'armée pacifique et la population belliqueuse. Paris voulait combattre. Il attendit d'abord les résolutions qu'on lui
promettait. Il eut bien vite le sentiment d'un profond
malentendu. Les tiraillements qui se produisaient jusque
dans le gouvernement transpiraient. Il y avait là, d'un
côté, un parti de la paix à tout prix, qui se composait du
seul Ernest Picard. Il y avait un parti de la lutte acharnée,
qui était surtout représenté par Dorian. Les événements
venaient de révéler cet homme admirable et simple. Grand
industriel en même temps que républicain ardent, Dorian,
devenu ministre des travaux publics, s'était mis à la tâche
pour donner des armes à la défense. On sait pourquoi :
c'étaient des ateliers de chemins de fer ou de la métal-
lurgie que ces armes sortaient forcément, dans la ville
investie. Le public aperçut vite en lui une flamme ardente
de patriotisme, une activité infatigable, un don d'organisation merveilleux. Bien que trop modeste et trop pratique
pour sortir de sa tâche, il était perpétuellement en lutte
avec les chefs militaires dont la force d'inertie, la sourde
opposition à tout effort énergique, la malveillance visible
pour l'ardeur belliqueuse du peuple le révoltaient profondément.

A la fin d'octobre, Paris éclata. L'abandon du Bourget,
les négociations confiées à M. Thiers avaient fait déborder
le vase. Ainsi se produisit le mouvement du 31, si inexactement apprécié. On peut dire que la grande ville obéit
dans sa grande majorité, avec les tempéraments différents
de ses divers éléments, à une impulsion et à une inspiration commune, en sens contraires, dans la journée et dans
la nuit. Dans la journée, les bataillons des faubourgs
venaient en masse pour chasser le gouvernement de
l'Hôtel de Ville; les bataillons des quartiers modérés,

appelés pour le défendre, ne le défendaient pas. Un gouvernement nouveau se trouva ainsi installé. Dans la nuit, les bataillons des quartiers modérés revinrent l'expulser à leur tour; et il fut à peine défendu par les bataillons des faubourgs. On a voulu voir là des complots profonds, des projets médités de longue main. Rien de plus faux. Pendant de longues heures, la bourgeoisie la plus calme adhérait au mouvement. Un de mes amis rencontra ce jour-là un membre de l'Institut, artiste dévot, peintre du faubourg Saint-Germain, qui revenait le soir de l'Hôtel de Ville, en uniforme de garde national. On lui demanda des nouvelles. « Cela s'est très bien passé, dit-il, un peu ému. On a nommé un gouvernement nouveau. » La vérité est qu'il y eut là une poussée irrésistible, comme celle qui met en branle les flots profonds de l'Océan: un marée montante et descendante qui apporta, remporta une Révolution.

Pourquoi? La raison en est simple. Dans le premier moment d'irritation, Paris était décidé à remplacer le gouvernement. Ceux en qui il avait confiance étaient tous d'abord les grands noms de la proscription, Victor Hugo, Louis Blanc, Quinet, Schœlcher, et avec eux Dorian, à qui l'on voulait donner la direction de la défense: cela sans exclusion des éléments plus avancés, dont la popularité commençait à grandir. Aucun de ceux que je viens de citer ne se prêta à cette substitution et ne voulut prendre la responsabilité d'un mouvement qui pouvait ouvrir une série indéfinie de mouvements de la rue. Vers le soir, Paris apprit que ceux qui étaient installés à l'Hôtel de Ville, s'appelaient Blanqui et Gustave Flourens. L'opinion n'en était pas encore là. Le gouvernement expulsé se trouva réinstallé, à peu près aussi vite qu'il avait été mis à bas. Les deux opérations se firent sans qu'un coup eût été échangé. Aussitôt après, un vote provoqué par le gouvernement lui donnait une très forte majorité. Son crédit n'en était pas moins profondément ébranlé.

Si la direction militaire était d'une inertie navrante, le spectacle donné par le Paris du siège fut de ceux que l'histoire n'oubliera pas. Elle dira que jamais population n'eut une passion du patriotisme si brûlante et si unanime; que jusqu'au jour où la sourde résistance des chefs de l'armée amena une crise grave, on a sacrifié à cette passion unique tout ce qui pouvait désunir l'effort commun; que les masses populaires disciplinèrent leurs ardeurs, et les classes plus favorisées mirent de côté leurs méfiances; que tous les cœurs battirent longtemps à l'unisson: que riches et pauvres, ouvriers et bourgeois, faisant l'abandon de toutes les habitudes, de toutes les libertés et de toutes les satisfactions de l'existence, demandaient à vivre de la vie du soldat, travaillaient avec acharnement à se mettre en mesure de marcher au combat, et auraient accepté joyeusement toutes les rigueurs de la vie de caserne, si on ne les leur avait obstinément refusées; que les femmes donnèrent l'exemple, mieux qu'avec simplicité, presque avec gaieté, acceptant les privations, les souffrances, le péril des leurs, les longues stations dans la neige, aux queues des boucheries et des boulangeries, pendant l'attente des maigres provisions quotidiennes, réchauffant leurs enfants, leurs frères, leurs maris, au contact de leur vaillant enthousiasme. Ah! s'il s'était trouvé un chef pour employer au salut de la France ces magnifiques forces de combat!... Le cours de l'histoire en aurait pu être changé.

Rien de frappant comme l'aspect matériel de la grande cité. La ville des élégances et des plaisirs, l'hôtellerie de l'Europe, le pays du rire léger, le centre de la pensée et des arts, s'accommodant tout entier aux souffrances du siège et aux devoirs de la défense; des troupes de soldats improvisés, s'exerçant sur les places, sur les boulevards, sur les promenades; partout les baïonnettes brillant sous les feuillages d'automne; ce peuple de deux millions d'âmes portant l'habit de guerre; le noir uniforme de la garde nationale, assombrissait partout les rues: la nuit, que n'illuminaient plus les feux étincelants du gaz, s'abattant en ténèbres profondes, à peine piquées çà et là de la lueur trouble d'un réverbère; dans les gares, le silence, parfois, une remise de ballons installée : à la place de trains, les globes de taffetas prêts à prendre leur vol enflant leur majestueuse rondeur; dans les ateliers toutes les forces de l'industrie pacifique travaillant pour la guerre, la vapeur haletant à grand bruit, les pointes, les rabots de la mécanique moderne, perçant, évidant les brillants canons de cuivre jaune; les boulevards remplacés par les remparts; les fortifications gardées par une armée, où, dans le soldat qu'un sergent envoyait à son poste, l'œil reconnaissait les renommées européennes de la science, des lettres, des arts; Macbeth, Scapin, montant la garde, et criant : « Qui vive! » à la ronde, l'un avec l'accent tragique de Shakespeare, l'autre avec le rire ironique de Molière; les gardes montées dans la neige, et deux hommes du bataillon ramassant la poussière étincelante comme le Paros, pour en improviser deux statues, deux chefs-d'œuvre condamnés à périr au premier dégel, et signées, l'une Moulin, et l'autre Falguière; au delà, dans la campagne, sur la glace des tranchées, les nuits sous le feu de l'ennemi, dont on voit scintiller les casques dans les taillis dépouillés par l'hiver; les défilés de troupes traversant alertement les avenues

avec ce bruit vivant
Que font les pas humains quand ils vont en avant!...

au loin, le cercle des forts, avec le roulement de tonnerre de l'artillerie, qui berça pendant des mois le sommeil des Parisiens, jusqu'à devenir une habitude, et qui arrachait au poète ce cri :

Comme c'est beau, ces forts qui dans la nuit aboient!

la cité qui, par excellence, rayonne et déborde sur la France, sur l'Europe, sur le globe, séquestrée, refoulée

sur elle-même, voyant son horizon finir à Clamart, aux
hauteurs de Montmorency : nulle communication avec le
reste du monde que par le ciel ; l'aérostat, le pigeon
voyageur, franchissant seuls le cercle qui étreint Paris :
tout ce que la capitale sait du dehors, toutes ses angoisses, toutes ses tendresses, suspendues à l'aile d'un oiseau
qui bat dans les nuées ; les passions patriotiques des
républicains remplissant de leur tumulte la cité guerrière ;
les clubs mêlant aux mouvements du jour leurs brûlantes
paroles ; plus d'indifférents, la flamme éparse dans l'air
gagnant peu à peu les existences végétatives le plus profondément incrustées dans les habitudes les plus casa-
nières ; plus de distinction sociale sous l'uniforme que
tous portent, dans la grande fraternité de la lutte ; cet
étrange mouvement d'hommes que font les révolutions,
ces figures qui se révèlent, ces audaces qui se mettent en
avant, ces originalités qui se font jour ; là-dessus, toutes
les épreuves réunies : un hiver du Spitzberg, après s'être
annoncé un soir, dans le ciel nocturne, par un vaste
incendie rose d'aurore boréale, déchaînant sur la ville
assiégée tous les vents glacés du septentrion et la criblant
de ses flèches de glace ; puis la faim qu'on ne rassasie
plus, la viande arrachée à la chair étique, meurtrie à
coups de fouet, du cheval de fiacre, le pain sans farine où
la dent se brise sur des fragments d'os, les nourritures
bizarres et suspectes que l'industrie invente ; un œuf à la
coque devenu une volupté de millionnaire ; les maladies
fauchant les victimes par milliers ; dans tous les cime-
tières, les croix noires sortant en forêts épaisses du sol
fraîchement remué ; enfin le bombardement ; des obus
monstrueux remplissant le ciel plein d'étoiles, de leur
bourdonnement de monstrueux papillons de nuit ; une
pluie de fer s'abattant sur les maisons, sur les rues, du
crépuscule jusqu'à l'aurore, et mêlant quotidiennement
son épouvante aux ténèbres ; les explosions qui massa-
crent ici cinq pauvres enfants d'un seul coup, qui là enveloppent un berceau de leurs mitrailles, sans toucher une

petite fille endormie : et au-dessus de tout cela, une seule pensée, chasser l'étranger; une seule passion, se battre, narguant les obus, riant aux souffrances, et amassant contre les défaites et les défaillances, de profondes et formidables rumeurs de colères furieuses.

Victor Hugo était, par excellence, le génie et la gloire de ce Paris du siège. La grande cité toute transfigurée par la résolution de vaincre, sentait planer au-dessus d'elle les vers géants des *Châtiments*. C'étaient les poèmes de Jersey qui faisaient vibrer les âmes à l'unisson. Leurs accents éclatants retentissaient sur toutes les scènes. Les *Châtiments* quêtaient pour la défense, et l'argent qu'ils gagnaient se changeait en cuivre, pour donner un canon de plus à notre armée. Victor Hugo n'était pas seulement le poète du siège; il était son témoin. Il écrivait ces admirables pièces de l'*Année terrible*, où le Paris du grand combat revit tout entier, avec sa noble âpreté mêlée d'une façon si touchante à la tendresse du grand-père pour l'enfant dont la tête blonde mêle son sourire aux angoisses de la guerre.

Hélas! Tout cela devait être vain. Le jour approchait où le sauvage et rusé chasseur prussien, M. de Bismarck, tenant sa proie sous son couteau, allait siffler l'hallali. A la fin de janvier, la capitulation était signée.

XIII

La population parisienne n'avait subi la capitulation qu'en frémissant. Les élections auxquelles elle dut aussitôt procéder fut l'expression de sa volonté à la fois républicaine et guerrière. Les trois illustres proscrits : Victor Hugo, Louis Blanc, Quinet, étaient élus en tête, avec Garibaldi et Gambetta. Les deux premiers, Louis Blanc et Hugo, recueillirent 216 et 214.000 suffrages.

Quand l'armistice rouvrit le cercle de fer qui, pendant plus de quatre mois, avait séparé la capitale des départements, ces deux parties de la France se trouvèrent animées de passions et de pensées contraires. La séparation avait rompu l'équilibre. On sait ce qui s'était passé en province. Tout d'abord les magnifiques efforts de Gambetta pour réorganiser la défense, avaient rencontré une adhésion qui semblait universelle. Mais à la fin, la série des échecs et l'épuisement du pays, exploités par une opposition à la tête de laquelle s'étaient placés Thiers et Grévy, et dans laquelle s'étaient enrégimentés presque tous les éléments monarchistes, avaient eu raison des bonnes volontés du premier moment. Le courant vers la paix, emportant toutes les masses rurales, était devenu irrésistible. La passion était si forte qu'il sortait de la grande majorité du pays une clameur, presque une haine, contre le grand patriote qui venait de combattre avec l'énergie du désespoir pour l'intégrité et l'honneur de la France. C'était le « fou furieux ». Les plus sottes et les plus indignes calomnies contre ses collaborateurs et lui, étaient accueillies avec une étonnante crédulité. Les élections avaient été, dans la majeure partie de la France, caractérisées par une réaction violente contre son œuvre et ses projets de lutte à outrance.

Cette situation, qui fit exclusivement porter le vote sur la question de paix et de guerre, amena à Bordeaux une Assemblée fort éloignée, sur tout le reste, du véritable esprit de la France. Presque partout, pour y envoyer des partisans de la paix, on prit des monarchistes. Ce n'était pas qu'on fût disposé à accepter une restauration quelconque. Les monarchistes élus s'étaient bien gardés de poser la question sur ce terrain. On peut même dire qu'ils avaient écarté cette pensée par la composition même de leurs listes, où se trouvaient mêlés tous les adversaires de la continuation de la guerre, et où des républicains modérés figuraient, à peu près partout, à côté des fidèles de la branche aînée, ou des amis de la branche

...lette des Bourbons. Les monarchistes ne s'en trouvaient pas moins, en fait, former la majorité de l'Assemblée : leurs idées, leurs passions, leurs rancunes y domi-
naient. La France se trouvait avoir élu surtout les
hommes qu'elle connaissait et qu'elle aimait le moins. Par
une circonstance étrange, les deux seuls éléments qui
représentassent l'esprit du suffrage universel et qui
pussent, en temps normal, se disputer son adhésion, la
démocratie césarienne de l'empire et la démocratie républicaine, se trouvaient, la première complètement exclue
par les hontes récentes et les criminelles responsabilités
du régime tombé à Sedan; la seconde, paralysée précisément à cause de la passion patriotique qu'elle représentait. Il n'y eut presque aucun bonapartiste élu; on sait
que cinq voix seulement protestèrent contre le vote de
déchéance. Et les républicains avancés ne formèrent
qu'une petite minorité.

Les élections se trouvèrent, de la sorte, exhumer un
personnel jusqu'alors à peu près ignoré. Le clergé, qui,
sur nombre de points, conduisit au vote les bataillons
d'électeurs obligés de venir des petites communes voter
au chef-lieu de canton, avait eu sur les choix une influence
dominante. On vit ainsi sortir, du fond des sacristies ou
de ces vieux salons royalistes que Balzac appelait des
« cabinets des antiques », des figures qui semblaient
d'une autre époque. A côté des hommes de mérite de tous
les partis, qui firent de « l'Assemblée du jour de malheur »,
malgré ses passions de recul et ses lourdes fautes, une
des grandes assemblées qu'ait eues la France, apparaissaient beaucoup plus nombreux que d'habitude les originaux dont les écarts divertissent le public. Le Parlement sorti des élections de février en possédait une
collection extraordinaire. L'un de ceux qui firent, dès le
début, le plus de tapage, était un certain vicomte de
Lorgeril qui arrivait des Côtes-du-Nord, légitimiste et
dévot intraitable, et en même temps poète à la fois très
romantique et très ridicule. Avec son ventre énorme et sa

grosse figure largement enluminée de vermillon et de
pourpre, il donnait l'impression singulière d'un Silène
breton. Son fanatisme avait un tour excentrique qui
soulevait des explosions d'éclats de rire. Il exprimait les
idées les plus saugrenues dans le style le plus cocasse,
tout peinturluré de grosses métaphores, les plus burlesques
du monde. Sa voix enrouée ajoutait à ses élucubrations
de tribune une physionomie de plus. On se rappelle quelques-unes des autres figures les plus curieuses de l'Assemblée; par exemple, un certain M. Gavardie — un
magistrat — dont les accès d'éloquence excentrique se
produisaient, en quelque sorte, tous les jours à heure fixe,
avec une fureur croissant de minute en minute; comme
si l'on eût eu affaire à quelqu'un de ces Jacquemart des
vieilles horloges gothiques que les rouages du mécanisme
mettent en branle. Il y avait aussi, dans un genre moins
plaisant, un M. de Belcastel qu'on eût pris pour un moine de
Zurbaran sorti de son cadre, avec sa mine ascétique, son
crâne pointu, sa courte barbe grise, ses yeux étincelants,
et qui avait à la tribune des crises de mysticisme appro-
chant de l'extase. Toutes ces figures d'autrefois ont
aujourd'hui disparu; et le public les a à peu près
oubliées.

On arrivait, de part et d'autre, à Bordeaux, avec des
passions exagérées par les tragiques circonstances que le
pays traversait. Les événements avaient attisé toutes les
flammes. On ne reverra peut-être jamais dans une
Chambre les violences des premiers jours de l'Assemblée.
Les orléanistes eux-mêmes étaient un peu effrayés de
leurs voisins ultra-légitimistes et ultra-cléricaux, dont la
fougue passait toute mesure. Mais les uns et les autres
arrivaient avec une véritable fureur contre les idées de
guerre, contre Gambetta, contre Garibaldi, contre la
République, contre Paris et les Parisiens. On a peine à
croire, après quelques années, que les hommes qui
allaient signer une paix désastreuse, et qui étaient assurément assez bons Français pour en souffrir, aient pu

apporter la passion la plus acharnée, la plus insultante.
contre tout ce qui avait voulu se défendre. La rancune
implacable des chefs militaires défaillants contre ceux
qui n'avaient partagé ni leurs faiblesses, ni leur déconsi-
dération, trouvait dans la foule des élus de 1871 un écho
retentissant. Les Ducrot, les Changarnier n'étaient guère
plus violents que leurs amis étrangers à l'armée, non
seulement contre Garibaldi, mais encore contre Denfert,
coupable d'avoir sauvé Belfort; contre tous les vaillants
officiers qu'on allait dépouiller de leurs grades glorieu-
sement conquis sur le champ de bataille. Les passions
qui allaient se faire jour par l'enquête longuement enragée
dirigée contre le 4 septembre remplissaient dès les premiers jours l'Assemblée de leurs clameurs.

C'était un étrange spectacle que celui de cette Assemblée
de Bordeaux, vue du haut des tribunes. Elle siégeait, aux
lueurs du gaz, dans cette merveilleuse salle de théâtre du
XVIII° siècle, qui est un des chefs-d'œuvre de l'art français, avec ses loges suspendues en encorbellement entre
les sveltes et élégantes colonnes s'élançant dans toute
la hauteur de l'édifice. Nous voyions d'en haut, sous les
bouquets de feux des girandoles, bouillonner à grand
bruit, en flots noirs, cette foule d'inconnus qui tenait la
France dans ses mains. Aux heures d'orage, c'était un
tumulte presque continuel d'interruptions, de cris,
d'injures. On voyait des poings tendus, des hommes
exaspérés s'élancer vers la tribune ou vers un adversaire.
Ce ne fut pas la tâche la moins difficile de M. Thiers, de
venir à bout de l'espèce de cohue parlementaire que produisaient dans les premiers temps, non seulement l'esprit
de parti le plus enflammé, mais les inexpériences inévitables d'une Chambre où l'on ne s'est pas classé, où l'on
ne se connaît pas encore. Il fallait le voir, avec sa presti-
gieuse habileté, sa souplesse incomparable, jouer de cette
foule ardente, flatter, apaiser, caresser les passions, avec
les modulations toujours diverses de son petit air de flûte.
Mais dans les premiers jours, il n'essaya même pas d'em-

pêcher les violences, les défis qui allaient si redoutablement aggraver la situation et déchaîner la guerre civile. Il s'y serait usé sans résultat.

C'est dans cette Assemblée qu'on vit reparaître Victor Hugo à la tribune française. Ce n'était plus, il faut le dire, l'orateur de 1850 et de 1851. Sa parole, toujours magnifique, prenait maintenant un essor orageux au-dessus de la région ordinaire des choses politiques. On reconnaissait, dans son langage, le poète revenant de son Pathmos de Guernesey. La splendeur de ce genre d'éloquence n'était pas propre à saisir un public tel que celui des élections de février lui avait donné. Mais c'était un admirable spectacle que celui du plus glorieux génie de la France, debout à la tribune avec son masque superbe encadré par la vieillesse de cheveux blancs et de barbe blanche, avec le feu incroyablement perçant de son regard, faisant éclater, comme par un roulement de coups de tonnerre, sa puissante et noble pensée, dans cette atmosphère de tempête chargée d'électricité, sur cette foule en majeure partie ennemie et sur laquelle planait une profonde rumeur de passions furieuses.

On devine à quelles protestations il devait se heurter. Pourtant l'Assemblée écouta un très beau discours contre la paix. Un mot très frappant recueillit même l'adhésion des deux principaux membres du gouvernement. « Il y aura désormais en Europe, disait Victor Hugo, deux nations qui seront redoutables : l'une parce qu'elle sera victorieuse, l'autre parce qu'elle sera vaincue. » Des rumeurs se firent pourtant entendre dès lors à certains passages. Un peu après, dans les bureaux, Victor Hugo défendait Paris contre les haines de la majorité, à l'occasion du projet de translation du gouvernement à Versailles. Mais c'est à propos de Garibaldi que l'orage éclata. Le nom du héros qui était venu apporter à la France envahie sa gloire et son épée suffisait pour mettre l'Assemblée en fureur. Garibaldi avait été élu, non seulement par Paris, mais encore par un certain nombre de départements. Voulant rester italien, il ne pouvait pas prendre possession de son siège, et avait déclaré dès le début de l'Assemblée qu'il y renonçait. Cela ne suffisait pas, l'Assemblée tenait à casser toutes ses élections. Victor Hugo prit la parole à propos de celle d'Oran. Dès les premiers mots, le tapage commença. Il devint impossible de s'entendre, quand Victor Hugo eut prononcé cette parole qui n'était que la constatation d'un fait : que de tous les généraux qui avaient lutté pour la France, Garibaldi était le seul qui n'eût pas été vaincu.

Ce fut alors une effroyable bourrasque de colères et de clameurs. L'orateur était comme assiégé par un soulèvement furieux. Le général Ducrot donnait l'exemple. On se rappelle qu'à Paris il avait commandé la bataille de Champigny. Il était sorti à la tête des troupes, en déclarant fièrement qu'il ne rentrerait que mort ou victorieux. Il était rentré aussitôt après, parfaitement battu et parfaitement vivant. Il semble que si quelqu'un devait comprendre que le silence lui était imposé en pareille circonstance, c'était M. Ducrot. Cela ne l'empêchait pas de se démener, avec la dernière violence. Il ne rêvait pas moins, à ce qu'il semble, que de traduire Garibaldi en conseil de guerre. Au moins, il réclamait une enquête sévère. Mais M. de Lorgeril mérite la palme ; ses croassements furieux se succédaient presque sans interruptions au milieu du tumulte. L'*Officiel* a enregistré de lui ces curieuses paroles :

Ce sont des réclames qu'on a faites à Garibaldi : il n'a pas combattu. »

« Il a fait semblant. »

C'est une campagne de mélodrame. »

Et enfin le vicomte breton accoucha de ce mot admirable :

L'Assemblée refuse la parole à M. Victor Hugo, parce qu'IL NE PARLE PAS FRANÇAIS. »

Ce fut une des curiosités de l'histoire de ce temps-là, que Victor Hugo accusé de ne pas parler français par

M. de Lorgeril. Cela a suffi à faire vivre sa mémoire. Grâce à cette énormité, son nom restera attaché à la gloire du grand poète.

Victor Hugo, pâle, impassible, regardait le front haut la foule insultante, hurlante, menaçante, qui ondoyait autour de la tribune. Enfin, sous les coups de sonnette répétés de M. Grévy, un peu de silence se fit. Alors le poète, gravement :

« Je vais vous satisfaire, messieurs, et aller plus loin que vous.

« Il y a trois semaines, vous avez refusé d'entendre Garibaldi. Aujourd'hui, vous refusez de m'entendre. Cela me suffit. Je donne ma démission. »

Puis, descendant de la tribune, il prit la plume d'un des sténographes et écrivit, debout, la lettre par laquelle il notifiait sa résolution au président.

C'est ainsi que ceux qui venaient de souscrire à la mutilation du territoire, continuaient leur œuvre en obligeant le plus grand génie de la France à secouer sur le seuil de l'Assemblée la poussière de ses souliers.

J'assistais à cette scène. J'ai vu, depuis, bien des séances orageuses ; jamais je n'ai revu tumulte si brutal, si sauvage. Les paroles de l'orateur étaient, à la lettre, étouffées par la violence. Et cela, quand l'orateur s'appelait Victor Hugo, Victor Hugo, couronné de cheveux blancs, rentrant de son glorieux exil. On se demande comment une Assemblée française a pu s'abandonner à une fureur si follement, si stupidement, si monstrueusement aveugle.

Elle sentit aussitôt l'étendue de la faute commise. Le président refusa de lire, à la séance, la lettre de démission, et exprima l'espoir qu'on pourrait fléchir Victor Hugo. Dans l'intervalle, on le pressa de revenir sur sa décision. Il refusa et fit bien. L'Assemblée se sentait si honteuse qu'elle laissa Louis Blanc dire le lendemain à la tribune :

« C'est un malheur ajouté à tant d'autres malheurs que cette voix puissante ait été étouffée au moment où elle

proclamait la reconnaissance de la patrie par d'éclatants
accents. Je me borne à ces quelques paroles. Elles expri-
ment des sentiments qui, j'en suis sûr, seront partagés par
tous ceux qui chérissent et révèrent le génie combattant
pour la liberté. »

Au surplus, les défis répétés de l'Assemblée à l'esprit
démocratique amenaient peu à peu nombre de ses membres
à la quitter. Les élus de l'Alsace-Lorraine étaient démissionnaires : Gambetta était démissionnaire ; Rochefort,
Clémenceau, Lockroy, Floquet, Félix Pyat et nombre
d'autres allaient être démissionnaires. Les bancs de
gauche se vidaient peu à peu. Ces départs avaient leur
signification : le conflit allait éclater.

XIV

On sait quel affreux malheur frappa Victor Hugo à Bordeaux, peu de jours après sa démission.

Le 13 mars, comme un dîner réunissait chez lui quelques
amis, on ramena chez lui le cadavre de son fils, Charles
Hugo, frappé subitement d'une congestion foudroyante.

Hélas ! la destinée devait être cruelle pour le poète.
Vingt ans avant, il avait appris brusquement, en voyage,
par un journal, la mort de sa fille Léopoldine, affreusement noyée avec l'époux auquel elle venait de s'unir. On
sait que son autre fille était devenue folle à la suite d'un
mariage malheureux. Charles lui était enlevé brutalement,
dans toute la force et dans tout l'éclat de sa jeunesse. Il
allait, quelques années plus tard, conduire le deuil de son
autre fils, François-Victor. Ne dirait-on pas que, par une
cruauté sans égale du sort, il avait écrit pour lui-même les
vers des *Châtiments* :

Il était comme un arbre en proie à la cognée ;
Sur ce géant, grandeur jusqu'alors épargnée,

> Le malheur, bûcheron sinistre, était monté :
> Et lui, chêne vivant, par la hache insulté,
> Tressaillant sous le spectre aux lugubres revanches,
> Il regardait tomber autour de lui ses branches !

C'est ainsi que le poète quitta Bordeaux, le vendredi suivant, ramenant à Paris le corps de son fils. Le lendemain matin, le cercueil, arrivé à la gare d'Orléans, s'acheminait vers le Père-Lachaise. Au bout de quelques pas, le convoi se heurtait à une barricade. Le matin même avait éclaté le mouvement du 18 mars. En quelques heures, une révolution avait barré, devant le deuil, le chemin du cimetière avec ses forteresses improvisées.

La Révolution ouvrit respectueusement la route au cortège funèbre. Les gardes nationaux armés qui remplissaient les rues oublièrent un instant leur révolte pour l'escorter ou lui faire la haie. Les barricades s'abaissèrent pour le laisser passer. Et le malheur sans égal du poète traversa le soulèvement de la grande cité, salué par la guerre civile.

On comprend sans peine que le poète accablé songea peu à se mêler aux événements qui succédaient à nos défaites. Appelé, par les tristes formalités que la mort nécessite, à Bruxelles, où Charles Hugo avait passé les dernières années de l'exil, il s'y trouvait encore quand Paris fut fermé par le second siège. C'est de là qu'il vit se dérouler l'histoire tragique de la Commune.

Ce n'est ici le lieu ni de la raconter, ni de la juger. La France envahie, écrasée, mutilée, eut ce suprême surcroît de malheur, que la rage de la défaite et le vertige de désastres démesurés la précipitèrent dans les plus redoutables convulsions. Ceux qui ont vu ces temps inoubliables se rappellent la fièvre ardente qui brûlait de passions contraires le sang des Français à Paris et à Versailles. Les Allemands, campés autour de la capitale, regardaient les vaincus se déchirer, rougir le sol d'affreuses tueries et couronner la grande ville des flammes d'un formidable

incendie. Tout le monde sait comment le soulèvement
s'était produit. Il est certain qu'à l'origine il avait eu pour
causes principales la colère de la capitulation et les
craintes pour la République. La population parisienne,
refoulée sur elle-même pendant de longs mois, avait vécu,
au milieu de ses souffrances, d'une pensée de lutte désespérée : apprenant la guerre, s'étudiant à manœuvrer des
fusils, avec l'impatience fébrile de les décharger sur
l'ennemi. C'est dans ce rêve héroïque que la capitulation,
suivie d'une paix désastreuse, l'avait saisie et exaspérée.
On y sentait une si redoutable accumulation de passions
belliqueuses, que l'Allemand vainqueur osa à peine se
hasarder dans un coin de la cité vaincue et se hâta d'en
sortir au bout de quelques heures. Même au point de vue
physique, on y sentait on ne sait quel entraînement vers
le combat qui avait été l'idée fixe de tant de semaines de
sacrifices, et qui n'avait pas été combattu. Ajoutez qu'on
voyait la République aux mains d'un assemblée monarchique qui cachait à peine ses projets de restauration,
et que les négociations pour la réconciliation des deux
prétendants rivaux, qui furent depuis retardées forcément par le mouvement de la Commune, se produisaient
alors à ciel ouvert. M. Thiers avait-il, dès lors, pris absolument le parti de s'y opposer? Il a lui-même raconté
maintes fois que sa résolution n'avait été arrêtée qu'à la
suite des engagements qu'il avait pris à l'occasion du
mouvement communal. Il est cependant vraisemblable
que, dès le début, il chercha à déjouer les tentatives de
restauration, soit parce qu'il comprenait combien elles
étaient peu en harmonie avec l'esprit de la France et quels
périls elles ajouteraient à nos malheurs, soit parce que,
porté à la place la plus élevée, il ne tenait guère à s'en
dessaisir, même en faveur d'un des princes de la famille
qu'il avait servie. Mais, dans la très grande majorité du
public, on avait l'opinion contraire; on se rappelait son
passé royaliste, ses liens avec les d'Orléans, et les mêmes
cons idérations, qui firent que plus tard les monarchies

se dirent trahis quand ils le virent décidément s'opposer à leurs projets, faisaient redouter de sa part, même par des républicains très modérés, une collaboration active au rétablissement d'un trône.

Ajoutez à cela l'impression qui se répandit dans toute la France, devant le spectacle que donnait l'Assemblée nouvelle ; ses membres les plus bruyants apparaissant comme des revenants du moyen âge; les premiers défis adressés à l'opinion publique; l'insulte faite à Paris découronné de sa couronne de capitale, insulte que dans des circonstances analogues, la royauté de 1814 et de 1815 lui avait épagnée; surtout l'absurde loi des échéances qui ruinait d'un coup une grande partie du commerce parisien et poussait à bout les éléments, ordinairement tranquilles, de la petite bourgeoisie, et vous comprendrez sans peine comment, quand à l'aube d'une journée de mars, on vit le gouvernement essayer de reprendre par surprise des canons que la garde nationale avait arrachés aux Allemands et qu'elle considérait comme sa propriété, le soulèvement fut irrésistible et presque unanime. Il ne faut pas oublier qu'au début, même les éléments modérés semblaient accepter le mouvement dans une large mesure, et que l'armée s'y associait de telle façon, que M. Thiers fit sortir à la hâte les régiments encore intacts, dans la crainte de les voir passer à la Révolution.

Mais il était à prévoir que le mouvement, une fois lancé, ne s'arrêterait pas, et que les éléments les plus avancés, qui avaient eu le rôle de l'initiative, en seraient de plus en plus les maîtres. Chaque fois qu'une période révolutionnaire s'ouvre, les redoutables problèmes sociaux qui travaillent les nations modernes y reparaissent à la surface. C'est ainsi que la Commune prit, presque immédiatement, le caractère qu'elle a gardé dans la suite. A l'assassinat de deux généraux, tués dans le désordre des premières heures, répondirent bien vite les fusillades des gardes nationaux qui tombaient, même sans combat, au pouvoir de la troupe. Les tentatives de conciliation, à la fois

favorisées et désavouées par M. Thiers, échouèrent. Et la
guerre civile fut déchaînée.

Quand les troupes purent pénétrer dans Paris par-
dessus les remparts abandonnés par leurs défenseurs,
la lutte avait rempli les deux partis d'une fureur aveugle.
Le dernier combat fut atroce, et la victoire fut implacable. Il faut remonter aux féroces tueries de l'antiquité,
aux exterminations du moyen âge, aux massacres des
guerres de religion, aux dépopulations sanglantes de
la guerre de Trente ans, pour trouver des pendants aux
exécutions qui couvrirent en huit jours Paris de quarante mille cadavres, dont il n'y avait pas la vingtième
partie qui fût tombée dans le combat. On eût dit que la
contagion de la fureur, qui avait sévi à Paris et à Versailles pendant la lutte, se répandait au dehors. Aujour-
d'hui où ces choses sont déjà loin, où l'apaisement s'est
fait, où l'on a vu des condamnés de la Commune, dont
plus d'un est sorti du bagne ou n'a échappé à la peine
de mort que par la fuite, obtenir de hautes situations
dans les ministères les plus modérés, recevoir, au nom de
la France, les représentants des monarchies les plus fidèles
aux idées d'ancien régime, remplir auprès des puissances
étrangères les fonctions diplomatiques les plus importantes, parfois même devenir, contre les partis avancés
dont ils sont sortis, les porte-paroles attitrés et violents
de la politique gouvernementale, on a peine à croire
qu'en 1871, quand Paris était couvert d'une boue sanglante, quand on craignait que les accumulations des
cadavres n'ajoutassent à tous nos autres malheurs les
horreurs de la peste, quand des milliers de prisonniers,
dont on ignorait même les noms, étaient parqués sous la
pluie, dans les fanges de Satory, ce fut une question de
savoir si le droit d'asile ne serait pas supprimé pour les
hommes de la Commune, et si les pays étrangers ne livreraient pas, à la plus implacable des répressions, ceux
qui avaient réussi à franchir la frontière.

Le 25 mai 1871, M. d'Anethan, ministre des affaires

étrangères belges, interpellé à la Chambre de Bruxelles,
déclarait que, tout au moins, la Belgique les livrerait.

« Ce ne sont point des réfugiés politiques, disait-il :
nous ne devons pas les considérer comme tels. Ce sont
des hommes que le crime a souillés, et que le châtiment
doit atteindre. »

Victor Hugo avait, à maintes reprises, blâmé les actes
de la Commune : notamment à propos du décret des
otages et de la destruction de la colonne Vendôme.
Cette suppression du droit d'asile le révolta. On était à
une de ces heures, trop fréquentes dans l'histoire, où,
avec l'entraînement de la victoire, un courant tem-
pétueux, déchaîné, courbe, renverse, brise, roule, em-
porte tout dans ses flots irrésistibles; où les notions
ordinaires de pitié, d'humanité, le souci des règles nor-
males qui sont la garantie commune, les simples inspirations du sang-froid et du bon sens, ne peuvent plus
faire entendre leurs voix dans la clameur des passions
triomphantes; où il semble qu'aucune force humaine n'a
la puissance de se mettre en travers du torrent que
l'orage a fait crever sur le sol, jusqu'à ce qu'il ait passé,
ravageant, dévastant sa route; où tout ce que l'on peut
attendre d'une tentative de résistance, ce n'est pas de
l'arrêter, c'est de se faire broyer par lui. Nous avons vu,
aux heures de révolutions et de grandes commotions
nationales, ces explosions terribles de l'esprit public.
Toutes les foules sont sujettes à ces affolements collectifs.
Ils deviennent formidables quand ils s'étendent sur un
pays entier, plus encore, sur toute l'Europe. Au milieu des
huées où le cri : Tue! répond au cri : Assomme, — dans le
réveil de tous les vieux instincts féroces du primitif animal
humain, par l'éclat rouge du sang largement versé; —
parmi les dénonciations tenant suspendu le soupçon sur
toutes les têtes, à une heure où les exécutions hâtives
peuvent rendre mortel le moindre mot, le moindre malentendu, quand les colères furieuses des partis abritent sans
le savoir les intérêts privés, les haines privées, les ven-

geances personnelles qui se cachent dans leurs rangs, quand dans l'opinion victorieuse, les chefs eux-mêmes ne tiennent plus leurs soldats, et semblent trahir sitôt qu'ils essayent d'arrêter les pires excès, il se dégage, de la situation que le pays traverse, une puissance collective qui domine tous les esprits faibles, arrête la protestation des plus vigoureux, électrise les fureurs des uns, paralyse l'action contraire des autres, et livre pour un temps, presque sans contestation possible, le monde à la passion sauvage de la destruction.

Victor Hugo se dressa seul, offrant sa robuste poitrine au choc de l'entraînement qui semblait irrésistible. Ceux qui ont assisté à cette époque savent s'il était certain d'attirer sur sa tête toutes les haines, et peut-être pis. Mais, on l'a déjà vu : la tempête était son élément.

Lui, hôte de la Belgique, il écrivait à l'*Indépendance belge* une lettre où il offrait sa maison comme asile aux réfugiés.

Il y disait :

« Je proteste contre la déclaration du gouvernement belge relative aux vaincus de Paris.

« Quoi qu'on dise et qu'on fasse, ces vaincus sont des hommes politiques.

« Je n'étais pas avec eux.

« J'accepte le principe de la Commune ; je n'accepte pas les hommes.

« J'ai protesté contre leurs actes : loi des otages, représailles, arrestations arbitraires, violations des libertés, suppressions de journaux, spoliations, démolitions, confiscations, destruction de la colonne, attaques au droit, attaques au peuple..

« Je reviens au gouvernement belge.

« Il a tort de refuser l'asile.

« La loi lui permet ce refus : le droit le lui défend...

« L'asile est un vieux droit. C'est le droit sacré des malheureux...

« Quant à moi, je déclare ceci :

« Cet asile que le gouvernement belge refuse aux vaincus, je l'offre.

« Où? En Belgique.

« Je fais à la Belgique cet honneur.

« Qu'un vaincu de Paris, qu'un homme de la réunion dite Commune, que Paris a fait son élue, et que pour ma part je n'ai jamais approuvée ; qu'un de ces hommes, fût-il mon ennemi personnel, surtout s'il est mon ennemi personnel, frappe à ma porte, j'ouvre. Il est dans ma maison. Il est inviolable.

« Est-ce que, par hasard, je serais un étranger en Belgique? Je ne le crois pas. Je me crois le frère de tous les hommes et l'hôte de tous les peuples...

« Si l'on vient chez moi prendre un fugitif de la Commune, on me prendra. Si on le livre, je le suivrai. Je partagerai sa sellette. Et pour la défense du droit, on verra à côté de l'homme de la Commune, qui est le vaincu de l'Assemblée de Versailles, l'homme de la République qui a été le proscrit de Bonaparte. »

On aurait aisément compris que le gouvernement belge prît assez mal ce fier et courageux défi. Il avait, il est vrai, affirmé une décision odieuse et insoutenable; mais, cette première faute commise, il eût été naturel qu'il n'acceptât pas de la voir relever en de tels termes par un étranger, si illustre qu'il fût, et si juste que fussent ses reproches. Mais les faits qui se produisirent ensuite passent toute mesure et toute vraisemblance. A vingt-six ans de distance on a peine à les comprendre, tant ils semblent indiquer une véritable aberration !

Dans la nuit qui suivit la publication de sa lettre, Victor Hugo déjà endormi est réveillé par des coups de sonnette répétés à sa porte. Il ouvre sa fenêtre, et demande : « Qui est là ? » Une voix répond : « Dombrowski. » Dombrowski était, on le sait, un des chefs militaires de la Commune. Il se dirige vers la porte. Au même moment, une grosse pierre vient frapper la muraille. Il comprend, revient, regarde, aperçoit une bande d'une cinquantaine de per-

sonnes, leur crie : « Vous êtes des misérables ! » et referme
la fenêtre. A ce moment, son carreau est brisé par un
fragment de pavé, et des cris s'élèvent de la place : « A bas
Victor Hugo ! A bas Jean Valjean ! A bas lord Clancharlie !
A bas le brigand ! »

Cette bande était conduite par le fils du ministre de
l'intérieur, M. Kervyn de Lettenhove.

La place où cela se passait est au centre d'une des capitales de l'Europe civilisée. Il y a une police dans toutes
les capitales ; et des agressions aussi bruyantes sont vite
réprimées. Par une rencontre plus que surprenante, pas
un agent ne se trouvait là au moment où un fils de ministre
venait attaquer une maison à coups de pierre. On a donné
de ce fait suggestif une explication quelque peu dérisoire.
Les agents chargés de surveiller la place auraient été,
cette nuit-là, occupés à une arrestation importante. Je laisse
au lecteur le soin de se demander s'il est vraisemblable
que, dans une ville telle que Bruxelles, on soit organisé
de telle sorte que, quand on a une arrestation à faire,
une portion de la cité soit tout à fait dépourvue de police,
et que des violences très bruyantes contre une maison
puissent être continuées pendant une durée de plusieurs
heures, sans que la force publique soit avertie.

Il y avait, dans la maison, avec Victor Hugo, sa belle-
fille, Mᵐᵉ veuve Charles Hugo, ses deux petits-enfants,
leur bonne, et deux autres enfants. Mᵐᵉ Charles Hugo et
la bonne vinrent les premières. On devine leurs alarmes.
Les clameurs et les insultes continuaient : une grêle de
pierres tombait sur la maison ; quelques-uns vociféraient :
« Enfoncez la porte ! » Les enfants s'étaient réveillés et
mêlaient leurs cris et leurs larmes au tapage qui montait
de la place. L'un des enfants de Mᵐᵉ Charles Hugo était
malade. Enfin Mᵐᵉ Charles Hugo et les enfants se mirent
à crier : « Au secours ! Au feu ! » Cependant les projectiles
continuaient à pleuvoir. Quelques-uns s'efforçaient d'arracher les volets du rez-de-chaussée, heureusement revêtus
de fer et solidement maintenus à l'intérieur.

Cette scène sauvage se prolongea pendant près de deux heures. L'approche du petit jour, qui paraît de bonne heure à la fin de mai, y mit un terme. La bande se décida à s'en aller. On put appeler peu après, d'une fenêtre, deux ouvriers qui passaient, et les prier d'aller chercher cette police si étonnamment absente. Ils revinrent à trois heures un quart avec un seul garde de ville, qui voulut bien aviser ses chefs et leur porter un échantillon des projectiles lancés et des vitres qu'ils avaient brisées.

On a essayé d'atténuer les faits, de dire que « Victor Hugo avait exagéré. » Le bourgmestre de Bruxelles, un certain Anspach, qui avait la responsabilité de la police de la ville, et qui semble avoir été des plus violents contre le grand poète à ce moment, a tenté de vagues dénégations. J'ai entendu souvent depuis les témoins des faits les raconter. Ils ne sont pas douteux. On se demande, d'ailleurs, sur quoi s'appuient les dénégations des intéressés. La police n'a pas paru pendant toute la durée de la scène ; on va voir qu'aucune recherche sérieuse, aucune enquête réelle ne l'a suivie. Où donc ceux qui ont prétendu atténuer les faits attestés par toute la famille du grand poète ont-ils pris leurs renseignements ? Serait-ce auprès des agresseurs ? Ils les connaissaient donc ?

Aussitôt après les violences de la place des Barricades, un arrêté du ministre de la justice, un sieur Cornesse, enjoignait au « sieur Victor Hugo, homme de lettres », de quitter le royaume, avec défense d'y rentrer à l'avenir, *« sous les peines comminées par l'article 6 de la loi du 7 juillet 1865, prérappelé ».*

L'arrêté, on le voit, était rédigé dans le belge le plus pur.

Les cinq représentants du parti avancé à la Chambre ayant interpellé le gouvernement à ce sujet, le sieur Cornesse eut l'occasion de justifier à la tribune ce qu'il appelait « l'acte que le gouvernement a posé ces jours derniers ».

Il profita de l'occasion pour déclarer franchement qu'à

son gré, il y avait des hommes plus coupables que les
auteurs matériels des crimes d'assassinat, de pillage ou
d'incendie ; « ce sont ces malfaiteurs intellectuels, disait-
il textuellement, qui propagent dans les esprits des théories funestes, et excitent à la lutte entre le capital et le
travail. » C'étaient ceux-là qu'il s'agissait de livrer à la
répression la plus impitoyable.

Puis, avec une subtilité véritablement admirable, il
reprochait à Victor Hugo, quoi?... l'assaut donné à sa
maison, en l'absence de la police. « Ces manifestations
troublaient la paix publique », disait le sieur Cornesse.
Ainsi le grand poète était expulsé pour avoir excité le fils
du ministre de l'intérieur à venir assaillir sa maison à
coups de pierre.

Il va de soi, comme je le disais tout à l'heure, que malgré l'engagement pris par ce singulier ministre de la justice, aucune recherche sérieuse ne fut ordonnée sur les
désordres de la nuit du 27 mai. Il est évident que le premier acte de l'instruction devait être de recueillir les
témoignages de Victor Hugo et des siens. Le lecteur ne
devinerait pas à quelle époque on s'y décida. C'est le
20 août, trois mois après, que Victor Hugo, alors en
Luxembourg, fut cité devant un juge pourvu d'une commission rogatoire ! Il refusa de prendre part à cette plaisanterie. On fit venir le fils du ministre de l'intérieur, qui
avait été désigné par toute la presse libérale, et qui avoua.
Il en fut quitte pour cent francs d'amende. On ne poussa
pas les recherches plus loin. Il est d'ailleurs évident qu'à
ce moment, il était impossible de retrouver la trace de faits
déjà vieux de trois mois.

En revanche, la justice belge instruisit un autre procès
contre François-Victor Hugo. Le père était expulsé : restait à savoir si le fils, le traducteur de Shakespeare,
n'était pas un voleur. Il avait chez lui de vieux tableaux
quoi de plus naturel que de supposer que ses amis les
communards les avaient dérobés quelque part, — au
Louvre, par exemple, et qu'il était ou le receleur ou le

bénéficiaire de leur larcin? Les tableaux furent saisis, en
l'absence de l'accusé; l'instruction fut ouverte. Je ne ris
pas : le fait est raconté par Victor Hugo lui-même, dans
Actes et Paroles. Voilà à quel point de démence on en
était arrivé.

Le bourgmestre de Bruxelles, M. Anspach, dont la
police, comme on l'a vu, était allée obligeamment, dans la
nuit du 27, se promener ailleurs, reçut pour sa part, du
gouvernement français, la croix de commandeur de la
Légion d'honneur.

Eh bien! avec tout cela, Victor Hugo avait atteint son
but.

On sait qu'aucun gouvernement européen n'osa rendre
aucun des réfugiés de la Commune; pas même la Belgique
malgré les déclarations répétées des ministres.

Insulté, hué, lapidé, expulsé, le grand poète n'en avait
pas moins, contre le déchaînement de toutes les passions,
sauvé le droit d'asile.

Ce ne sont pas seulement les colères belges que Victor
Hugo avait attirées sur sa tête; on devine comment il était
traité par les victorieux en France.

Jamais, peut-être, la presse ne se déchaîna contre un
criminel ployant sous le poids de sa honte, plus que ne
le faisaient, contre le plus grand poète de la France, la
plupart des feuilles épargnées par l'état de siège. Des
écrivains justement renommés, qu'on a pu voir quelques
années après dans son salon, parmi ses admirateurs les
plus démonstratifs et les plus assidus, trouvaient à ce
moment, pour le couvrir d'outrages, une verve, une furie
incroyables. Un poète de grand mérite, que je ne veux
pas nommer, écrivait et publiait ces vers, dans une pièce
de circonstance destinée à crier haro! sur les vaincus :

> ... Pour la profondeur de la stupidité,
> Si le puits est Hugo, Courbet est la citerne!

Une des modes du jour, dans les journaux du monde

élégant, consistait à attribuer à Victor Hugo des poésies apocryphes, toujours, bien entendu, révoltantes d'absurdité, et dont les vers étaient faux par-dessus le marché, les fabricants de ces vilenies ne sachant guère les faire autrement.

On ne proposait pas, il est vrai, de fusiller l'auteur des *Châtiments*. Au sortir de Belgique, il était allé à Vianden, en Luxembourg, où les balles des pelotons d'exécution ne pouvaient pas aller le chercher. On était réduit à se rabattre sur les deux amis qui furent pour lui presque des fils littéraires. Tous les jours, un des organes autorisés du « high life », après le récit plus ou moins authentique des fusillades du jour, où figuraient, en général, un certain nombre de faux Vallès, de faux Billioray et de faux Dombrowski, ajoutait ce refrain suggestif :

De Vacquerie et de Meurice, pas de nouvelles !

Par bonheur, cette invite ne fut pas entendue ; mais il se trouva un confrère pour proposer à la Société des auteurs dramatiques de rayer comme indignes de la liste de ses membres, non seulement Meurice et Vacquerie, mais encore l'auteur de *Hernani*, de *Marion Delorme*, de *Lucrèce Borgia*, de *Ruy Blas* et des *Burgraves*. Cet homme s'appelait M. Xavier de Montépin.

Le tumulte ne s'apaisa que lentement. Il reprit de plus belle quand, quelques mois après, comme il fallait faire une élection à Paris, Victor Hugo fut candidat.

C'est à l'occasion de cette candidature qu'il imagina, à la place de « mandat impératif », le « mandat contractuel ». Deux mots différents pour désigner une même chose. Car il est bien évident que les hommes politiques considérables qui, dans le même temps, acceptaient ou venaient d'accepter des mandats impératifs, par exemple Gambetta et Challemel-Lacour, n'entendaient pas promettre de subir, en quoi que ce fût, dans leur rôle parlementaire, des injonctions contraires à leurs convictions

personnelles. Ils entendaient seulement se lier, vis-à-vis
du suffrage universel, conformément aux idées qu'ils pro-
fessaient, et se refuser à rester, après avoir changé d'opinions, les représentants d'électeurs avec lesquels ils
avaient cessé d'être d'accord. C'est en ce sens que le mandat électoral est non pas indicatif, mais impératif. Clémenceau a dit avec raison : « Tout mandat est impératif pour
un honnête homme. » On rendait la même idée en qualifiant de « contractuel » le programme qui forme de la
sorte un véritable contrat entre l'électeur et l'élu. Cette
expression, qui d'ailleurs n'a pas prévalu. et qui n'a guère
été employée que là, avait l'avantage de ne pas permettre
de confusion entre le mandat ainsi compris, et l'engagement de se mettre entre les mains d'un groupe ou d'un
comité, comme un moine entre celles de son supérieur.

Le programme de Victor Hugo comprenait, avec le
maintien de la République, l'amnistie, l'abolition de la
peine de mort, la rentrée de l'Assemblée à Paris, la levée
de l'état de siège, la dissolution de l'Assemblée aussi
rapide que possible, le service militaire obligatoire pour
tous, l'instruction primaire obligatoire. gratuite et laïque.
l'instruction secondaire laïque et gratuite, la séparation
de l'Église et de l'État, les libertés d'association, de
réunion, de presse, l'élection des maires et adjoints, la
décentralisation, la suppression de l'inamovibilité de la
magistrature, l'impôt « vraiment proportionnel » sur le
revenu. On reconnaît les idées que Victor Hugo défendait
depuis longtemps ; celles que nous l'avons vu exprimer
dès le lendemain de 1830, dans *Littérature et Philosophie
mêlées*, et reproduire dans *Napoléon le Petit*. La sanction
indiquée au mandat contractuel était assez impraticable.
On la cherchait dans « la démission qui pourra. en cas
d'infraction au contrat, être demandée à l'élu par un
jury d'honneur tiré au sort parmi les représentants républicains de l'Assemblée ayant signé, eux aussi, un mandat
contractuel ». Il faut dire que la sanction, en pareille
matière, reste à découvrir. Il ne peut guère en exister

d'autre que le discrédit du député infidèle, et sa non-réélection.

Victor Hugo avait pour concurrent un certain M. Vau-train, maire d'un arrondissement sous le siège, qui dut à cette élection une heure de célébrité. Ce Vautrain était le type complet du bourgeois médiocre, solennel et trembleur. Tout fut mis en œuvre pour le faire triompher. Bien entendu, la presse bien pensante recommença à couvrir Victor Hugo d'injures. On put lire, dans telle feuille autorisée du parti gouvernemental, *l'Opinion Nationale*, des phrases comme celle-ci : « Il nous faut un homme sérieux : nommons M. Vautrain. » Les promesses n'étaient pas épargnées : M. Thiers faisait dire que si M. Vautrain était élu, il ferait restituer à Paris sa situation de capitale, l'Assemblée ne pouvant manquer d'être touchée par cette preuve de modération de la grande ville. On employa des moyens plus vigoureux : le journal qui était le défenseur désigné de la candidature de Victor Hugo, *le Rappel*, qui venait de reparaître, fut de nouveau supprimé par l'état de siège avant le début de la période électorale. Il est fort probable que cela n'aurait pas suffi si l'on n'avait recouru à un procédé dont l'efficacité était à peu près certaine. Des élections complémentaires avaient eu lieu à Paris le 2 juillet précédent, c'est-à-dire quelques semaines après la prise de Paris par l'armée. On était en pleine terreur; le massacre était d'hier: Satory, les pontons étaient encombrés de prisonniers; tout ce qui, même sans avoir participé à la Commune, se sentait suspect d'opinion avancée et redoutait une des dénonciations si fréquentes alors et si redoutables, s'était soigneusement abstenu de paraître dans les salles de vote; beaucoup se cachaient. On imagina de rayer des listes électorales quiconque n'était pas venu prendre part au vote le 2 juillet. Aucune loi, bien entendu, n'autorisait cette façon exorbitante d'étendre à une année entière les effets de la terreur qui avait suivi la guerre civile. On obtint ainsi un suffrage universel largement mutilé. Le 8 février précédent, il y avait 545.000 électeurs à Paris ; le 7 janvier 1872, les deux candidats réunis obtinrent 218.000 voix : à peu près ce que Victor Hugo seul en avait à la fin du siège. D'après les proportions habituelles, on reste au-dessous de la vérité en évaluant à cent mille électeurs le nombre de ceux dont les suffrages se trouvaient ainsi escamotés. M. Vautrain eut 122.000 voix et Victor Hugo 96.000.

Les habiletés de cette nature portent bien rarement bonheur à ceux qui les emploient. M. Thiers paya cher la victoire obtenue par ces tristes moyens. Un an plus tard, une nouvelle élection avait lieu à Paris, à un moment décisif. Il présentait un candidat assurément plus remarquable et plus sympathique que M. Vautrain, M. de Rémusat. Le candidat présenté par le parti avancé, le fidèle et modeste républicain qui s'appelait Barodet, était alors complètement inconnu. Dans l'intervalle, M. Thiers avait donné des gages à la démocratie ; on le voyait assailli par les monarchistes ; son crédit dans l'opinion publique parisienne s'était considérablement accru. Il avait donc toutes les conditions voulues pour réussir plus aisément que l'année précédente. Son candidat fut battu à plate couture. Il n'est pas douteux que Paris n'ait pris, dans une large mesure, sa revanche de l'élection précédente. La réflexion venue, on s'était senti un peu honteux de l'échec du grand poète qui était l'honneur de la démocratie et de la France. Ajoutez que M. Vautrain, une fois à l'Assemblée, avait révélé tout son néant. Quand on veut dicter des choix au suffrage universel, il se rebiffe. Une fois passé à la seconde, il éprouve le besoin de montrer qu'il n'obéit à personne. C'est donc pour avoir trop réussi contre Victor Hugo, que M. Thiers échoua contre Barodet. La défaite de Victor Hugo ne lui avait servi de rien : on sait ce que le succès de Barodet lui coûta. Ce fut le gros prétexte mis en avant par les auteurs du complot monarchiste, pour se débarrasser de M. Thiers. Dès que l'Assemblée fut revenue de vacances, il tomba pour ne plus se relever.

Victor Hugo ne devait plus rentrer dans les luttes politiques. Il se voyait une autre tâche. On sait combien ses années de vieillesse furent fécondes en œuvres de poésie et de prose. Cependant il allait accepter un dernier siège au Parlement: mais ce fut au Sénat qu'il voulut entrer. Victor Hugo avait toujours cru à la nécessité d'un Sénat. Il exprimait à ce sujet des idées qui auraient quelque peu étonné le grand public. Il voulait une Chambre haute composée de grands écrivains, de grands artistes et de grands savants, et formée par la réunion des cinq Académies, mais à condition de les faire élire au suffrage universel. Cette Chambre haute n'aurait eu qu'une autorité morale, le dernier mot appartenant toujours à l'autre Chambre: mais Victor Hugo était convaincu que le Sénat, tel qu'il le comprenait, aurait conquis, par son seul prestige, une influence prépondérante. Tout cela était fort loin de l'Assemblée sortie de la constitution Wallon, et où le grand poète allait prendre place.

On sait que chaque commune désignait alors un électeur sénatorial unique, que cette commune fût ce monde qui s'appelle Paris, ou que ce fût le plus humble des villages. Les quarante habitants d'un hameau pesaient du même poids dans le vote que deux millions de Parisiens. Aux élections sénatoriales de 1876, les premières qui aient eu lieu, ce fut Victor Hugo qui fut choisi comme délégué. « Le conseil municipal de la première commune de France, de la commune française par excellence », disait son président, Clémenceau, « avait le devoir de choisir, pour représenter cette laborieuse démocratie parisienne qui est le sang et la chair de la démocratie française, un homme dont la vie fût une vie de travail et de lutte, et fût en même temps, s'il se pouvait rencontrer, la plus haute expression du génie de la France. »

Les délégués sénatoriaux n'avaient pour la capitale la même ambition qu'à un degré moindre : car Victor Hugo fut élu quatrième sur cinq.

Il ne prit la parole qu'une fois, le 22 mai 1876. C'était

pour défendre la grande cause de l'amnistie. Il lut ce jour-là, car il déclare avoir tenu à écrire son discours pour ne rien laisser dans une telle question au hasard de la parole, il lut ce jour-là des pages admirables sur cette grande question. Après un appel saisissant au sentiment de pitié pour les souffrances et pour les misères multipliées par la répression, venaient quelques mots d'une rare puissance, dans leur mesure voulue, sur le massacre dont les victimes sont encore ensevelies sous les pavés de la grande ville. « Depuis cinq ans, disait-il, l'histoire a les yeux fixés sur ce tragique sous-sol de Paris, et elle en entendra sortir des voix terribles, tant que vous n'aurez pas fermé la bouche des morts et fait l'oubli. » Une comparaison saisissante entre l'impunité du 2 Décembre et l'implacable répression qui s'est acharnée sur la Commune terminait ce très beau discours, digne de ceux que Victor Hugo avait prononcés autrefois. Ce fut la dernière fois que le grand poète parut à la tribune française. Dans ses dernières années, il resta bien entendu inébranlablement fidèle à ses convictions, mais il ne prit plus de part active au combat.

Ainsi se termina le rôle politique de ce puissant génie. La démocratie a le droit d'en être fière. On a accusé Victor Hugo d'avoir été conduit par l'ambition ; d'avoir changé d'opinion, suivant ce qu'il considérait comme les besoins de sa gloire ; d'avoir voulu atteindre le pouvoir à tout prix ; d'avoir flatté le peuple comme il avait flatté les rois. On n'a pas lieu de s'étonner de ces accusations : elles sont dans la force des choses. Il y a, au fond de la nature humaine, un besoin secret de prendre sa revanche de l'admiration qu'impose le génie. Puis on n'accepte pas trop de supériorités diverses chez le même homme. Les grands esprits qui sont entrés dans la politique avec leur large et puissant coup d'aile, ont toujours paru des intrus aux médiocrités professionnelles. On se méfie d'eux, on se demande de quoi ils se mêlent, on veut les renvoyer à leurs vers ou à leurs livres. Des petites jalousies

de métier repoussent la force incomparable qu'ils apportent à l'idée commune. Chateaubriand, Lamartine avaient
été traités d'une façon analogue, mais avec moins de violence. Victor Hugo, ayant une envergure encore plus
vaste, avait droit à des outrages pires.

Le plus simple bon sens suffirait à montrer l'absurdité
de ces accusations. Victor Hugo!... un ambitieux du pouvoir? un courtisan de la foule? un mendiant de popularité?... Et quelle a donc été sa vie publique à dater du
jour où il s'est jeté dans la lutte? Car je laisse de côté le
pair de la monarchie de Juillet, qui, jusque dans son
fauteuil du Luxembourg, restait étranger à la politique
active.

Il embrasse la cause du peuple. A quel moment?
Quand on peut ainsi recueillir de faciles applaudissements? Quand au lendemain de Février, les réactionnaires d'hier et de demain se transforment, pour quelques
semaines, en démocrates ardents? Quand dans l'entraînement de la Révolution, on peut presque croire à un
enthousiasme unanime? Non : dans cette période, il se
réserve: il cache à peine sa sourde opposition au mouvement: il reste, avec une dignité qui n'est pas commune à ce moment, un des vaincus de Février; il résiste
encore à tout ce qui porte son génie orageux vers la cause
de la Révolution. Pour lui ouvrir les yeux tout à fait à la
lumière de sa propre pensée, il faut que ce peuple, tout-
puissant après Février, ait été écrasé en Juin; que ces
idées, que tout le monde essayait de balbutier au début,
soient persécutées et proscrites; qu'au mouvement qui
semblait entraîner irrésistiblement la France entière en
avant, succède une des plus redoutables réactions qu'elle
ait traversées. Alors, il se donne tout entier à la cause
des vaincus. Il rompt avec le pouvoir qu'il a travaillé à
établir dans un moment d'erreur, et qui assurément
n'aurait pas dédaigné son amitié. Il se brouille avec ses
amis de la veille, avec la partie de la France dont les
vaniteux recherchent le plus ardemment les suffrages.

Nous avons vu bien des ambitieux : il faut convenir que, d'ordinaire, ils s'y prennent de façon différente.

Il est entré dans une armée déjà décimée par les proscriptions. Ce qu'il obtient, c'est l'exil. La République venait de remplir quelques années de notre histoire : et, je viens de le rappeler, on n'y avait pas vu Victor Hugo sur les routes qui conduisent au pouvoir. Elle reviendra dix-huit ans après, à un moment où il sera la gloire incontestée de la démocratie; et on ne le verra pas non plus chercher sa part de la victoire. Mais, au coup d'État, il réclamait sa part du péril dans la lutte sans espoir pour la République égorgée. Et quand le complot présidentiel a triomphé, quand le despotisme est établi, c'est Victor Hugo qui s'est dressé devant lui en accusateur, en juge. Chercheur de popularité? dites-vous. Auprès de qui? Où donc est le peuple, à ce moment? Le peuple! Dans une heure de défaillance qu'il regrettera plus tard amèrement, il a laissé faire, il a presque accepté le guet-apens. Un silence de mort s'étend sur la France. Les quelques voix qui protestent au nom de la justice éternelle se perdent sans écho. La Fortune semble combler le crime de Décembre, qui peu à peu s'impose à l'Europe entière. Huit ou dix éternelles années s'écoulent avant que les premiers symptômes de réveil ne paraissent. Et c'est par ambition, par courtisanerie pour la foule, que le poète se fait exiler de France, chasser de Bruxelles, chasser de Jersey; et fait entendre, dans l'Europe complaisante et muette, la voix terrible de la conscience?

Mais le jour de l'expiation arrive. Expiation affreuse, hélas! où le pays qui a subi un maître est cruellement enveloppé. Victor Hugo rentre dans cette France républicaine qui a appris dans les *Châtiments* les idées de liberté. Dans le Paris du siège, il représente la gloire la plus haute et la popularité la plus éclatante. Je cherche à voir à l'œuvre son ambition, ses avances aux passions de la foule; je cherche en vain. Il ne se mêle, et ne cherche à se mêler à aucun des mouvements qui se font

ou qui se préparent. Il n'a qu'un mot à dire, qu'un geste
à faire pour devenir l'homme de la situation. Il se refuse.
C'est ainsi, comme on l'a vu, que la journée du
31 Octobre avorte. Il écrit, comme il le fait depuis longtemps, ces belles pages que les événements du jour ne
cessent pas de lui inspirer. Ce sont les appels aux Allemands, aux Français, aux Parisiens. Il n'a pas un mot sur
les querelles intérieures; pas un blâme public pour des
fautes contre lesquelles l'opinion s'exaspère peu à peu.
Mais vienne le jour où Paris sera écrasé; où une clameur
universelle s'élèvera contre la Commune vaincue; où il
faudra, pour rappeler les plus simples notions d'humanité, se mettre en travers d'un entraînement en apparence
irrésistible; c'est alors qu'il se lève, et qu'il expose à
toutes les insultes sa tête blanchie par l'âge et couronnée
par la gloire.

Pour un ambitieux, pour un flatteur du succès, pour un
chercheur d'applaudissements faciles, pour un homme
qui guette le souffle du matin, voilà, on en conviendra,
une carrière bien bizarre et toute à contresens. S'il voulait avoir l'existence la plus rayonnante du monde, rien
ne lui serait plus aisé, sans qu'il ait pour cela à sacrifier
quoi que ce soit de cet attachement aux idées généreuses
qui conviennent aux noms les plus illustres. Il est le
plus grand poète du siècle; il a fait vibrer une longue
suite de générations aux plus profondes émotions du
cœur humain; il lui suffira d'un peu de prudence, d'un
peu de crainte de se compromettre, d'une sage réserve
dans l'expression de ses sentiments, pour rester très
populaire auprès des uns, sans cesser d'obtenir le respect des autres. Au point de vue littéraire, après des
luttes âpres, il est entré dans la période triomphante.
Qu'il y consente seulement; et tous ne verront plus en lui
que la plus haute illustration de la patrie française.
Cela ne l'empêchera pas d'être démocrate, républicain,
libre penseur; il plaidera toutes les grandes causes chères
à la pitié humaine, et gardera ainsi une popularité sans

égale. On peut le faire avec une mesure diplomatique.

Point du tout : sitôt que quelque grande iniquité se produit, il faut qu'il pousse un rugissement terrible, et se jette dans la mêlée du côté du plus faible ! Ce génie dont le nom est le nom le plus éclatant de toute l'Europe, regardez-le ! A soixante-neuf ans, il semble qu'il va chercher les huées : il attire sur lui tous les outrages, toutes les persécutions ; sa maison est assaillie à coups de pierre, il se fait chasser encore une fois ; il déchaîne contre lui toutes les injures de ceux mêmes qui le courtisaient hier, et qui le courtiseront encore demain... pourquoi ? pour faire respecter le droit d'asile refusé à des vaincus.

Ce qui éclate dans toute son existence, aussi bien littéraire que politique, c'est précisément l'opposé de cet esprit de flatterie aux idées dominantes, de recherche du succès, de besoin de bravos, que ses critiques de parti pris s'obstinent à lui attribuer. C'est, au contraire, une perpétuelle flamme de combat ; le tumulte des orages qu'il soulève, et où il se jette passionnément ; la fierté hautaine des héros légendaires qu'il aimait à chanter debout au milieu des assauts qui les enveloppent, sentant l'éclair de leur épée plus resplendissant sous une grêle de pierres, au milieu des huées, et arrêtant seuls la poussée furieuse d'une foule avec leur poitrine de géant dressée en travers.

Que l'orgueil ait une grande part dans cette existence politique, je le crois, et peu m'importe. Oui, l'orgueil du génie qui comprend qu'il doit se montrer au temps présent, et se montrer à la postérité, luttant pour les idées les plus hautes, avec la puissance la plus redoutable. Il me semble, je l'avoue, que cet orgueil-là est une des formes de la conscience. Il me semble aussi qu'un tel orgueil ne pourrait pas venir à la pensée d'un homme qui n'aurait pas profondément ressenti les nobles colères du droit et les hautes inspirations de la pitié. Mais je ne discute pas ces points de doctrine. Si c'est là de l'ambition, puisse l'avenir réserver à l'humanité beaucoup d'ambitieux du même genre !

XV

On sait combien était féconde la vieillesse du grand poète.

Tout d'abord parurent deux œuvres où la vigueur de son génie était encore entière : un recueil de vers, *l'Année terrible*, consacré aux douze mois de désastres et de malheurs que la France venait de traverser ; et un roman, *Quatrevingt-treize*, qui n'est point indigne de ses aînés.

L'Année terrible offre un intérêt particulier : le livre est écrit tout entier, en quelque sorte, d'après nature, et sous le coup des événements. J'ai déjà parlé des admirables tableaux du Paris du siège qui y abondent. La pièce sur Sedan a encore la puissance des *Châtiments*. Ajoutez les pièces de polémique, les unes d'une verve satirique étincelante, les autres d'une grande élévation. C'est assurément une œuvre curieuse et rare, que ce témoignage sur les événements les plus formidables de notre histoire par le plus grand de nos poètes.

Malgré l'inspiration charmante de *l'Art d'être grand-père*, malgré la vision colossale de la *Fin de Satan*, préparée d'ailleurs depuis longtemps, puisque Auguste Vacquerie en lisait des fragments à Guernesey, malgré la grandeur étrange du drame intitulé *Torquemada*, enfin malgré quelques pièces d'une grande beauté dans la nouvelle *Légende des siècles*, et nombre d'autres morceaux dignes d'êtres retenus dans les autres recueils de la fin, ces publications des dernières années n'ajoutent rien d'essentiel à l'œuvre de Victor Hugo ; mais l'impression qu'on en garde a quelque chose de frappant. On reste étonné de cette puissance de production, qui paraît devenue pour Victor Hugo une fonction normale, et comme une habitude. Les vers semblent se frapper spontanément dans ce vaste cerveau toujours en travail. Ils s'en échappent par poignées, nets et brillants comme des médailles d'or. Théophile Gautier admirait particulièrement, en romantique fervent, dans la *Légende des siècles*, ces longues énumérations de noms propres, souvent bizarres, toujours bizarrement réunis, accompagnés d'épithètes ou d'incidentes pittoresques, frappant l'esprit par leurs profils curieux, par leur éclatante coloration, et qui font passer dans les poèmes de Victor Hugo comme des défilés de figures de légende, dont les vieux maîtres allemands n'auraient pas désavoué l'aspect puissant, hérissé et fantastique. Dans les derniers poèmes, ces énumérations débordent, on les dirait inépuisables. L'idée n'offre rien de nouveau, les cadres des œuvres de la fin sont ceux des œuvres antérieures. Le plus souvent Victor Hugo ne fait que recommencer les morceaux de la *Légende des siècles*, des *Châtiments*, des *Chansons des rues et des bois*, avec une force de conception moindre. Mais le vieux magicien a gardé son empire surnaturel sur le monde des mots et des rythmes : Prospéro n'a point abdiqué. Les esprits cachés qui font vivre les syllabes du langage et les cadences des vers obéissent toujours à ses ordres. Jadis, quand son génie était en pleine force et en plein combat, il les évoquait impérieusement pour leur faire construire un des monuments les plus magnifiques de la pensée humaine. Maintenant, le monument est achevé, mais le Maître les évoque encore comme pour les passer en revue ; et ils viennent encore, en essaims innombrables, se soumettre docilement à ses lois.

Les dernières années de Victor Hugo s'écoulèrent dans la sérénité radieuse d'une gloire dorénavant incontestée. Peu à peu les clameurs s'étaient apaisées ; les passions s'étaient lassées ; les haines avaient désarmé ; les fumées des luttes civiles s'étant lentement dissipées; le plus puissant génie dont notre pays pût s'enorgueillir reparaissait à la France républicaine dans toute sa grandeur. Ses drames reprenaient l'un après l'autre possession de la scène, et c'était chaque fois l'occasion d'ovations nouvelles. C'était chose curieuse, dans cette période, que le salon du Maître, ouvert aux plus humbles, recherché des plus illustres, réunissant des hommes de tous pays, les célébrités de toute nature, où le savant coudoyait le poète, l'homme politique l'artiste, et tel souverain de passage à Paris les révolutionnaires les plus ardents. On eût dit une sorte de cour plénière du génie, comme en tenaient les héros des légendes gothiques. Au début de cette période, Victor Hugo avait encore cette merveilleuse force de jeunesse qui, chez lui, résista si longtemps à l'action de l'âge. Rien ne lui ressemblait moins que le portrait qu'à force de le reproduire ses ennemis avaient presque fait accepter à la plus grande partie du public. J'ignore si le Hugo olympien, entouré d'hommages presque religieux et se raidissant dans une solennité majestueuse, a jamais existé réellement. Ce que les hommes de ma génération peuvent dire, c'est qu'ils en ont vainement cherché la trace dans le Victor Hugo qu'ils ont connu. Nous l'avons vu accueillant entre tous, attentif à dire au débutant le plus obscur un mot sur ses modestes productions, encourageant, mettant à l'aise les humbles et les timides, endurant les importuns avec une longanimité qui parfois nous faisait bouillir, toujours vivant et simple, aimant le rire large et franc de vieux génie gaulois. Assurément, cela n'excluait pas une certaine grandeur d'attitude. Si familier qu'il se fît, on voyait toujours sur son front le rayonnement de sa gloire, et autour de sa robuste stature le cortège que lui faisaient ses chefs-d'œuvre et les souvenirs de ses luttes pour la liberté. Il y avait une puissance incomparable dans ce corps musculeux, dans ce masque aux larges reliefs et aux plis sévères, dans le feu vibrant du regard, dans l'accent profond de la voix. On eût dit, à son allure, que cette

haute figure de vieillard sortait toute vivante d'une de
ces épopées où il aimait à montrer les preux d'autrefois
dans la grandeur simple et populaire de leur large hospitalité. Parfois, sur une étincelle jaillie de la conversation,
l'inspiration lui venait et, alors, c'était, sur le sujet qui
l'avait mis en verve, des morceaux superbes d'éclat et de
passion.

Enfin, après une longue existence de labeur surhumain,
sonna l'heure de la suprême lassitude. Un jour vint où
l'âge appesantit brusquement sa main sur le poète. Pendant de longs mois, dans son salon toujours ouvert et
rempli, on put le voir, grave, immobile, muet dans son
fauteuil, les paupières mi-closes, comme assoupi par
l'approche du sommeil sans fin, présidant encore de sa
haute et puissante figure la foule qui se pressait autour
de lui. Il ne lui restait plus, de ce qui avait été pour lui la
vie, avec la tendresse passionnée des siens, que la grande
rumeur de gloire qui berçait le repos du vieillard.

La Mort annonçait sa venue : Victor Hugo l'attendait
sans un tressaillement. Sa foi dans une autre vie était
devenue, avec l'âge, plus ferme que jamais. Si quelques
doutes avaient pu l'assaillir en d'autres temps, doutes
qu'il n'exprima jamais nettement et qu'il est seulement
possible d'entrevoir dans ses œuvres, ils s'étaient éva-
nouis. Le panthéiste qui écrivait le *Satyre*, le penseur
épouvanté du néant qui se penchait, à Jersey, sur l'abîme
obscur de l'infini, était revenu, avec l'âge, à la pure formule spiritualiste. Ce n'est pas assez de dire qu'il croyait
à l'existence au delà de la sépulture : il la voyait. On peut
presque, en détournant le mot d'un grand écrivain, dire
que dans ses dernières années il l'avait devant ses yeux
comme ses paupières. Elle prenait dans sa pensée une
forme précise, tangible, dont il parlait dans ses conversa-
tions, et dont les détails, assez étranges, semblaient absolument arrêtés dans son esprit. Aussi l'acceptation du tombeau n'était-elle pas, pour lui, un mot qui se rencontrait sur
les lèvres plus qu'au fond du cœur, ou une idée qui, mal-

gré sa sincérité, restait mêlée d'un frisson involontaire.
Quand il sentit approcher la mort, il dit : « C'est bien,
elle vient à son heure. »

Et pourtant, la Mort ne pouvait pas venir à bout de cette
incroyable puissance de vie ! Elle avait beau faire : elle
n'arrivait pas à le terrasser : on eût dit qu'elle y retournait ses griffes. Ce fut un long combat, comme un corps à
corps d'une semaine entière. Elle tenait sa proie; elle
n'avait qu'à l'achever. La haute intelligence qu'elle
détruisait avait accepté son sort tant qu'il y resta une
lueur de pensée. D'ailleurs, elle était déjà noyée dans ce
rêve confus, où la conscience s'éteint, et qui exclut tout
effort de résistance. Et pourtant la mort s'y usait comme
sur du granit. Parfois, pendant de longues heures, le poète
immobile, sourd à toutes les voix, les yeux grands ouverts
sans rien voir, semblait avoir glissé insensiblement dans
le repos éternel; on disait autour de lui : « C'est fini ! »
Et il se réveillait ! — On voyait de temps à autre fuir le
dernier signe d'intelligence; le pouls disparaissait sous
les doigts de l'ami qui ne quittait pas son chevet. Et il
revenait à la vie, souriant à ceux qui l'entouraient ! —
D'autres fois, c'était une respiration haletante, qui battait
les secondes, qui parfois les devançait; comme la palpi-
tation du dernier soupir ; et il ressuscitait encore ! Pendant ces longs jours d'agonie, on entendait confusément
bruire sous ce vaste crâne des vols de pensées mystérieuses, comme si l'approche du silence éternel leur donnait un paroxysme de mouvement tumultueux. Quelles
visions emplissaient les dernières lueurs de ce grand
esprit? On l'ignore; mais on put constater que, jusque
dans le crépuscule des ténèbres sans fin, les rythmes y
frappaient encore leur sonore cadence, que l'idée y jaillissait encore avec les deux ailes du vers. C'étaient des
mots le plus souvent obscurs, au milieu desquels on dis-
tingua ceux-ci :

Voici donc le combat du jour et de la nuit !

Enfin le combat se termina et le poète rendit le dernier soupir.

Je l'ai vu le lendemain sur son lit de mort. La chambre où il avait expiré était étroite et simple, décorée seulement des photographies de ses deux petits enfants, et presque remplie par le grand lit de bois sculpté à baldaquin, où le poète était couché au milieu des fleurs semées sur ses draps.

Il semblait encore presque vivant. La mort ne s'y révélait que par deux signes : cette pesanteur de la matière abandonnée par l'étincelle de la vie dont témoignent les bras abattus, la tête lourdement renversée, et qui donne au repos suprême un affaissement sans égal, — et la lividité de l'argile humaine dès que le sang a cessé d'y courir, — le visage et les mains blêmes sur les draps blancs. Mais même après cette longue semaine de résistance à la destruction, c'était encore le masque puissant du génie, avec son accent de grandeur impérieuse mêlé d'une étrange sérénité. Le haut de la tête baignait dans l'ombre : on voyait la bouche ouverte et les yeux fermés. La mort l'avait si peu entamé, qu'il semblait qu'il allait rouvrir les yeux, et se redresser, et parler. Autour du lit, des artistes illustres fixaient pour la postérité cette scène inoubliable, les uns pétrissant la glaise, les autres tenant le crayon ou la palette. On entendait des sanglots étouffés. La pensée évoquait derrière le poète endormi le peuple des créations auxquelles il a donné l'existence ; toutes les grandes figures du roman, de l'épopée et du drame ; les chevaliers de taille surhumaine faisant crier le plancher sous leurs pas, le monde de la passion et le monde du rêve, depuis la Fée gothique des ballades jusqu'à la Némésis géante des *Châtiments*.

On sait quelles funérailles la nation fit à Victor Hugo. Ce qui fut un des traits décisifs de leur caractère, c'est que la pensée douloureuse qui s'attache à tous les deuils y eut moins de place que partout ailleurs. Victor Hugo s'était couché dans le cercueil longtemps après avoir accompli

tout ce qui peut être l'œuvre d'un homme. On ne sentait
pas, sur le cortège qui le conduisait à sa dernière demeure,
flotter affreusement l'ombre de ces sinistres oiseaux de
nuit qu'un grand écrivain évoquait à propos d'un autre
deuil. Ses obsèques apparaissaient moins comme une des
tristes solennités de la mort, que comme la glorification
d'une vie admirable.

Au temps où la France avait le souvenir encore récent
d'une série de victoires qui n'a peut-être pas d'égale dans
les annales humaines, elle avait élevé, comme le monument de vingt-trois ans de combats incomparables, la
porte colossale dont Napoléon avait conçu la pensée, et
qui s'ouvre si majestueusement sur les splendeurs du
soleil couchant. C'est là que la France, hélas ! vaincue et
mutilée, fit la chambre mortuaire du grand poète : soit
parce qu'il avait, mieux qu'aucun autre, chanté ses victoires d'autrefois et ses malheurs présents ; soit pour rappeler que la pensée a aussi ses grandeurs, ses batailles et
ses conquêtes. En même temps, pour recevoir les restes
du grand poète, on rendait le Panthéon à la destination
que la Révolution lui avait assignée ; on en faisait de
nouveau la sépulture et le temple de toutes les gloires de
la Patrie.

Paris présenta, le jour des funérailles, un spectacle
sans précédent. On vit, pour la première fois, des obsèques célébrées par des millions de personnes. On était
accouru de toute la France, et même du reste de l'Europe.
Des masses compactes de foule bordaient, à perte de vue,
la route que le cortège devait suivre. Aucun des témoins
de cette journée n'a pu oublier l'impression de stupeur et
le vertige qui saisissait l'esprit, quand, au débouché des
Champs-Élysées, on voyait les deux côtés de l'avenue,
jusqu'au bout de l'horizon, la vaste place de la Concorde,

les rives et les quais de la Seine, les terrasses des jardins
publics et les escaliers des monuments, entièrement couverts d'un immense frémissement de têtes humaines. Les
toits, les corniches, les branches des arbres, les estrades
improvisées, étaient surchargés de grappes vivantes. Les
perspectives de la grande cité couronnée de monuments
de tous les siècles, et sur laquelle Prairial jette si superbement sa parure de frondaisons, encadraient cette fête de
la gloire, derrière laquelle le regard apercevait tantôt
l'Arc de Triomphe, si magnifiquement chanté par le poète,
tantôt cette Notre-Dame qu'il a peuplée à jamais de ses
créations. C'est dans ce milieu que le cortège, si long que
l'avant-garde était depuis longtemps au Panthéon avant
que la queue eût quitté le point de départ, déroulait ses
innombrables bataillons, chargés de bouquets et de cou-
ronnes sur lesquels flottaient des bannières multicolores
Des délégations de toutes les parties du monde marchaient
derrière le char funèbre. Pour avoir quelque idée de cette
fête triomphale, il fallait voir du haut du péristyle du
Panthéon ce cortège sans fin, largement épandu sur toute
la largeur de la rue, dont les futaies du Luxembourg
bornaient l'horizon, affluer pendant des heures entières.
Les foules succédant aux foules, les bataillons marchant
après les bataillons, on ne sait quelle prodigieuse marée
de peuple enflant sans relâche ses flots toujours renouvelés
d'hommes en marche. Le printemps avait prodigué à la
fête au delà de ce que l'imagination pouvait concevoir,
ses trésors éblouissants de fleurs et de feuillages. On
voyait s'amonceler sur les marches du majestueux édifice
les roses, les violettes, les palmes, les bouquets multicolores, tout ce que la nature fait éclater de splendeur sur
la végétation pour fêter le retour du soleil.

La Rome antique a laissé le souvenir impérissable des
triomphes qu'elle réservait aux plus illustres de ses généraux victorieux. L'histoire trace un tableau éblouissant
de ces immenses défilés, qui se déroulaient indéfiniment

avec leurs étendards, leurs trésors conquis, leurs innombrables multitudes humaines, dans les rues de la capitale du monde. Les funérailles de Victor Hugo furent une sorte de triomphe posthume, décerné par la Patrie française au Génie qui avait combattu et souffert pour le Droit.

FIN

SAINT-DENIS

IMPRIMERIE H. BOUILLANT

20, RUE DE PARIS, 20

Succursale à Paris, 28, rue Serpente (Hôtel des Sociétés Savantes).

www.ingramcontent.com/pod-product-compliance
Lightning Source LLC
LaVergne TN
LVHW011904180726
843502LV00003B/589